“学研创”合一

“五育”融合理念下的小学财经素养教育

李玲 刘冲◎主编

中国财经出版传媒集团
中国财政经济出版社
·北 京·

图书在版编目(CIP)数据

“学研创”合一：“五育”融合理念下的小学财经素养教育 / 李玲，刘冲主编. -- 北京：中国财政经济出版社，2025. 3. -- ISBN 978-7-5223-3799-9

Ⅰ. G623.92

中国国家版本馆CIP数据核字第20255X5D78号

责任编辑：杨　然　　　　责任校对：胡永立

封面设计：陈宇琰　　　　责任印制：张　健

“学研创”合一：“五育”融合理念下的小学财经素养教育

“XUEYANCHUANG” HEYI：“WUYU” RONGHE LINIANXIA DE XIAOXUE CAIJING SUYANG JIAOYU

中国财政经济出版社 出版

URL：http：//www. cfeph. cn

E-mail：cfeph@ cfeph. cn

社址：北京市海淀区阜成路甲28号　邮政编码：100142

营销中心电话：010-88191522

天猫网店：中国财政经济出版社旗舰店

网址：https：//zgczjjcbs. tmall. com

涿州汇美亿浓印刷有限公司印刷　各地新华书店经销

成品尺寸：170mm × 240mm　16开　17.25印张　255 000字

2025年3月第1版　2025年3月河北第1次印刷

定价：69.00元

ISBN 978-7-5223-3799-9

（图书出现印装问题，本社负责调换，电话：010-88190548）

本社图书质量投诉电话：010-88190744

打击盗版举报热线：010-88191661　QQ：2242791300

本书系四川省高等学校人文社会科学重点研究基地核心素养教育研究中心2024年度重点课题“为未来新型劳动者发展奠基的小学财经素养教育实践研究”（项目批准号：KCE24ZD04）、四川省教育学会2022年度教育科研课题“聚焦价值观育人的小学生财经素养教育课程建构研究”、中国陶行知研究会财经素养教育专委会2024年度课题“为未来新型劳动者发展奠基的小学财经素养教育实践研究”（项目编号：CJX202409）的研究成果。

/编 委 会/

主　编：李　玲　刘　冲

副主编：许　静　罗　维　朱琴音　李美松

编　者：（按姓氏笔画排序）

马　玲　马雁屿　王　艺　王　雁　王小奉　邓雨杭

古萌睿　田宣宣　伏　犀　刘　旭　刘　琪　刘玉琴

刘建华　刘虹宏　李　晨　李书琴　杨　露　邹婷婷

张正英　张秀林　陈　兰　罗　钰　罗言颜　周海童

庞洪敏　胡铃苹　姚向艺　高亚祎　唐　鸿　雷　琳

藏彦琴

序言

PREFACE

一心一“益”

怀师者之心，行育人之“益”

2011年8月，成都高新区益州小学（以下简称“益小”）建校。

2012年8月，益小新团队成立。

2011—2025年，历经14年的发展，益小现有一校、两区，72个教学班，3338名学生，300余名教职员工。

回望过去的14年，是益小快速成长的14年，是学校品牌度、美誉度持续提升的14年，是值得每一个全情投入的“益小人”记取的14年。教师团队凝心聚力、乐教敬业，学校呈现出强劲的发展态势，形成了以未来学校建设为核心的数字化特色，以“五会”育人、“乐活”载道为理念的课程建设及德育活动特色，以社会主义核心价值观为指导的校园文化建设特色，以及以“东方特质，国际视野”为目标的对外交流特色。其中，以“学生为本，国家为重”为主题的财经素养校本体验课程，益小持续深耕12年，已充分彰显出它的课程价值。

益小的快速发展，缘于每一个“益小人”的共同努力，探寻出高新区本土孕育的自主品牌学校发展模式，走出了一条自主成长之路。

回望益小的发展之路，我想我们坚持做了三件事。

一、秉持一个理念：每个孩子不可能都是第一，但每个孩子却是我们的唯一

"每个孩子不可能都是第一，但每个孩子却是我们的唯一。"进入益小校园，举目而视23个大字镌刻在益小教学楼的主题墙面上，这一核心理念传递的是对庸俗化、功利化教育的鞭笞，是对"以人为本"生命观的坚守，更是"益小人"对公平、正义、道义、良知、人性和教育真谛的捍卫和呵护。

二、深植一种文化："乐活"教育，给孩子一个值得回忆的童年

教育的目的是让孩子成为一个有幸福力的人，教育的过程应在孩子快乐的状态下自然发生。基于这种认知，益小提出"乐活"的教育思想，构建"乐活"校园文化，以"乐学"（趣中求乐、精中求乐、乐而创造）、"学活"（实中求活、新中求活、活而发展）为两大抓手，设置了"关照每个儿童发展"的五大课程板块，搭建了必修和选修两大课程平台，确保学生在多元化课程体系中，在"乐活"校园文化的熏陶中寻找自我、发现自我，实现快乐成长。

三、弘扬一种精神：精益求精，从起步走向卓越

"益小人"想办一所有生命力的学校。

何为精益求精？平凡、规范是基础，坚守、创新是灵魂，二者有机结合，就成为了益小的核心竞争力。

犹记2012年，适逢"新优质学校"概念的引入，让我们明白理想的学校是在"不挑选生源、不争抢排名、不集聚资源"的前提下，在较短时间内实现科学、有效的持续发展，关照每个孩子真实的成长。我们理想的益小是这样的：它温暖、开放、公平、充满创意……每一间教室都充满着育人的契机，每一个角落都充盈着生命的律动，以学生成长的轨迹装点最美益小校园！

这些，就是“益小人”喜欢的样子！

“益小人”知道天道酬勤，“益小人”更相信天道酬勤。

在建校14年的时间里，益小尊重、敬畏每一个生命个体，在育人的深度、广度上着力，呈现出多元化、个性化的课程建构和校园文化。益小成长为全国文明校园、中国气象学会气象教育特色学校、中国教育学会财商教育实验基地学校、全国首批5G未来学校、四川省文明校园、四川省教育厅“5G+教师综合评价”试点学校、成都市文明校园、成都市社会主义核心价值观校园文化建设示范学校、成都市“新优质”学校、成都市阳光体育示范学校、成都市艺术教育特色学校、成都市教育科研先选单位、成都市“未来学校”试点学校、成都市首批财经素养教育基地学校，是中国财经素养教育协同创新中心实验基地、四川省教育科学研究院教师教育实训基地学校、四川省乡村小学校长培训项目基地学校、四川省小学教育改革研究共同体会员学校、四川省创新教育联盟学校、成都传统工艺“百校联盟”成员单位等。学校多次在全国、省、市、区各级各类比赛中荣获佳绩……

益小——一所年轻而有梦想和追求的学校！

目录

CONTENTS

导　论

财经素养是个体在生活中处理经济问题、作出财经决策的综合水平，它涵盖了财经知识、财经技能、财经态度等多个方面。随着经济的快速发展和人民生活水平的提高，财经素养教育越来越受到重视，国家也在通过各种途径和方式，如学校教育、职业培训、社会宣传等，来提升国民的财经素养。中国财经素养教育协同创新中心组织研制的《中国财经素养教育标准框架》，依据立德树人根本任务，以支持学生成长为适应现代社会经济生活的合格公民为目标，提出了“五维三标”的财经素养框架。五个基本维度分别是收入与消费、储蓄与投资、风险与保险、制度与环境、财富与人生，三个素养目标包括认知、技能、态度。这些维度和目标旨在帮助学生学会观察和理解社会经济生活现象，了解创造财富和国家繁荣的基本规律，以及树立正确的财富观和人生幸福观。

小学阶段开展财经素养教育意义重大，突出体现在以下几个方面：首先，财经素养教育为学生打下了理解基本经济概念和掌握理财技能的基础，帮助他们从小树立正确的价值观和消费观，培养理性消费的习惯。其次，通过财经素养教育，学生的决策能力和批判性思维得到提升，同时增强了他们对家庭和社会的责任感。此外，财经素养教育是素质教育的重要组成部分，与多学科紧密相连，促进了学生的全面发展，使他们更好地适应未来经济社会的要求。在这个过程中，学生不仅能提前认识到财务风险，还能激发其对经济、金融等领域的兴趣，为未来的职业发展奠定基础。同时，财经素养教育能促进家庭和谐，帮助学生养成良好的生活习惯，在促进个人成长和社会适应能力提升方面发挥重要作用。

成都高新区益州小学（以下简称"益小"）成立于2011年。学校在德智体美劳全面发展的教育方针指引下，以创造性的校本化实践回答"为谁培养人""培养什么人""怎样培养人"等根本问题。学校以"精益求精"为核心价值观，旨在追求卓越，敢于超越；以"每个孩子不可能都是第一，但每个孩子却是我们的唯一"为教育理念，体现了学校对每一位学生的尊重和关注，致力于让每一个孩子都能享有自信、获得成功；以"建东西方教育思想兼容的现代化、国际化、特色化的高品质学校"为办学目标，体现了学校对教育国际化的追求，以及对学校品质的高度重视；以"让每一位孩子享有自信和成功，使全体学生成为'会生存、会做人、会学习、能创造'的具有现代文明素养的国际小公民"为育人目标，关注学生德智体美劳全面发展，注重对学生国际视野和跨文化交流能力的培养；以"愉快是发展的前提，发展是愉快的基础"为办学特色，体现了学校对学生在学习和生活中的愉悦感受的重视，以及对学生全面发展的追求；以"思无涯，行有矩"为校风，以"爱无疆，育有道"为教风，以"勤于问，善于听，精于思，敏于行"为学风，在每个师生身上追求道德情操和学识才华的统一。益小秉持"让每一位孩子享有自信和成功"的儿童观，"以生命关爱生命、以生命滋养生命"的教育观，"乐活乐学"的课程观，强调学生在趣中求乐、精中求乐、乐而创造，形成了一个完整而系统的教育理念体系。在学校文化的引领下，益小深耕小学财经素养教育领域，经过十多年的探索与实践，形成了鲜明的育人特色，取得了显著成效。

益小提出了明确的小学财经素养教育目标。益小将财经素养教育纳入学校教育教学体系，基于财经素养教育理论研究和实践探索，明确了财经素养教育的目标，即为学生未来走入经济社会所需的理财技能打下基础，同时培养学生的财富品质、道德之心、计划能力、时间管理能力。学校制定了财经素养教育阶段目标，从财富观、财务知识、理财技能三个维度进行架构，分为低、中、高三个学段，确保教育内容的系统性和针对性。

益小构建了丰富的小学财经素养教育内容。一是集家长和教师之力，编写了《小富翁·大财智——小学生财商教育读本》。该读本针对不同年级的学生，设计了不同难度的内容，如一、二年级学生学习钱币的基础知识，三、四年级学生了解储蓄，五、六年级学生学习财富支配、投资等知识和技能。读本中的素材和案例来源于学生的校园生活，贴近学生实际，增强了教育的实效性。二是开设了财经素养教育专题课程，包括财经读本课程和财经课程两类。财经读本课程以《小富翁·大财智——小学生财商教育读本》为主要内容，通过游戏、体验、合作活动等方式，提升学生的金融知识，培养理财技能，塑造正确价值观。财经课程则通过系列化、生活化的情景体验，让学生感悟职业责任，提升财经素养。三是实施了小学财经素养教育融合课程。学校将财经素养教育与每个学科进行有机融合，如在语文课中阅读各种商品的使用说明，在数学课中认识人民币、学习计算方法等，这种跨学科的教学方式有效提升了学生的财经素养。

益小探索了多样化的小学财经素养教育途径。一是小学财经素养教育主题活动。学校通过丰富多彩的主题活动，如“小富翁系列活动”“跳蚤市场”“爱心义卖”等，让学生在模拟社会的各种场景中，将财商知识学以致用，从小学会理财、学会生存、学会做人、懂得生活。这些活动培养了学生用智慧、劳动获得财富并用好财富的意识。二是搭建小学财经素养教育实践平台。学校搭建了一系列小平台，如“多多益善”加油站、“多多益善”小银行、“小富翁·大财智”显示屏等，以便更好地推进财商教育。这些平台为学生提供了实践的机会，让学生在实践中学习和成长。三是开展小学财经素养教育研学实践。学校注重“体验—创生”，结合小学生的年龄特点，以学校“同心圆俱乐部”为核心，家校社企四维联动，给孩子们创设各种生活化、社会化的场景，形成低、中、高三个年段各有侧重、螺旋上升的财经素养研学实践课程。这种研学实践的方式让学生在真实的场景中参与社会财经生活，提升了他们的财经素养。

益小构建了完善的财经素养评价机制。将财经素养课程的评价与学校德育评价体系相结合，通过自己评、同学评、老师评、家长评等方式，对学生的劳动观、义利观、奉献观以及行为习惯、学业表现、思想价值观等进行全方位的评价。这些评价方式促进了学生养成良好的品格，也有助于学校准确把握学生财经素养发展表现。

经过多年的探索与实践，益小的财经素养教育取得了显著的成果。学生的财经素养得到了有效提升，树立了合理消费、理性投资、珍惜财富等正确的财富观。同时，学生的计划能力、时间管理能力等也得到了培养和发展。学校的财经素养教育还得到了家长和社会的广泛认可和赞誉。这些成就不仅体现出学生财经素养的提升，也体现出学校办学水平和教育质量的整体提高。

第一章

发展历程

第一节 财经素养教育起步阶段

益小财经素养教育的起步阶段是2011—2013年。此阶段，益小将财经素养教育作为评价手段，实践应用初见成效。

一、初遇挑战，集思广益，迎难而上

益小建校于2011年8月，学校按照省级示范学校的标准进行高规格规划与配置，拥有优越的人文环境、专业的师资团队、先进的教育理念、开放的办学策略、精细的现代管理①。在成都高新区教育强势发展的背景下，益小面临着高期待、新团队、强对手的挑战。高期待势必会带来高压力。面对新机遇，益小人制定“规范化，创品牌”“精细化，优品牌”的战略目标，从课堂课程、德育常规、师资培养、家校协作等多方面着力，潜心发展。

2012年9月，我们通过问卷的形式与全体教师就益小所处区域环境所带来的巨大机遇和挑战，以及教育理念、办学愿景进行了充分讨论、分享。在坚持遵循教育规律、关注生命成长的原则下，我们以新的管理理念、新的思维方式、新的视角来审视并构建益小的教育文化，达成的共识是通过我们的

---

① 彭之梅，李益众.益州小学：一所指向幸福的未来学校［J］.四川教育，2021（19）：43-45.

努力，实现益小美誉度提升、教师职业荣誉感提升”，并明确了“每个孩子不可能都是第一，但每个孩子却是我们的唯一”的育人理念①，唱响了“给孩子一个值得回忆的童年”校园流行语，高效、快速地完成了益小的顶层设计。益小致力于在校园环境建设、学生培养模式创新、教师专业发展促进、教材开发以及国际国内交流等方面，深度融合东西方教育思想的精髓，全心耕耘基础教育优质品牌，全面实现“建设东西方教育思想兼容的现代化、国际化、特色化的高品质学校”的办学目标，致力于培养全体学生成为“具备‘会生存、会做人、会学习、会分享、会创造’能力，并拥有现代文明素养的国际小公民”，带着东方特质走向世界！

二、初心不渝，砥砺前行，笃行致远

建校初期的益小以一种毅然决然的气概，将自己置身于“必须拼搏、必须创新、必须成功”的境地。借助高新区灵活的管理体制，益小紧紧把握住高额投入、高端整合、高速发展的机遇，做好顶层设计，因地制宜，开放办学，整合优质教育资源，致力于师资培养和新课程研发。

益小秉承精益求精的精神，围绕“每个孩子不可能都是第一，但每个孩子却是我们的唯一”的育人理念，构建“关照每个儿童发展”的多元化课程体系。我们以陶行知先生和陈鹤琴先生的“活教育思想”为理论支撑，提出“乐活”的教育理念。“乐”即乐学，趣中求乐、精中求乐、乐而创造。“活”即学活，实中求活、新中求活、活而发展。益小构建了“乐活”校园文化，以“乐学”“学活”为两大核心，营造“乐活”校园文化，创设充满人文关怀的育人环境，实践个性化教育、多元化成长，让每一个生命在开放的校园里体验成功的喜悦，奠基自信人生！益小实现了“快乐中发展，发展中快乐”的办学追求，围绕特色的育人目标——让全体学生成为会生存、会

① 刘晓军.益州小学一所新锐学校的异军突起——成都高新区跨越式发展样本学校系列报道（一）[J].四川教育，2013（11）：11-16.

做人、会学习、会分享、会创造的具有现代文明素养的国际小公民，制定了“五会”达人评价细则，确保目标清晰，指导具体落实①。

2013 年9月23日，成都市委常委、成都市教育局的同志到益小调研，对益小的“乐活”课程给予了充分肯定。他们希望益小能坚持个性化培养的思路，注重学生人文素养的养成，为学生的成长和成才打下坚实基础。

益小立足“生本”，树立全面育人的思想，重视学生的基本道德教育、文明习惯教育和心理健康教育，注重德育方法，拓宽育人途径，增强德育的实效性，注重学生人文精神的培养，把人文教育贯穿于所有学科教育之中；立足“师本”，强化教师对益小核心价值观的认识和理解，在常规引导中实现益小主流价值观的强化，促进制度要求内化，使其逐渐转化为教师的自觉行为，不断提升教师的专业水平；立足“校本”，缔造益小的文脉；立足“人本”，实行民主的制度管理，建立和谐、创新的管理文化，激发师生的发展潜能和创造活力。

经过不懈努力，益小形成了以“五会”育人、“乐活”载道为理念的课程建设及德育活动特色，以社会主义核心价值观为主线的校园文化特色，以“东方特质，国际视野”为目标的对外交流特色，以及以“学生为本，国家为重”的财商教育校本体验课程特色。在每位“益小人”的努力下，益小不断地从起步走向卓越……

三、初试锋芒，启蒙财商，任重道远

在探索的初期，财商教育的目标和内容尚不明确，本土化和系统化建设几乎为零，缺乏可供借鉴的现成经验，反而激发了“益小人”做事的热情。或许是初生牛犊不怕虎的勇气，或许是创业者的热情，“益小人”怀着对教育的执着，开始了“摸着石头过河”。

---

① 李玲.个性化教育多元化成长——小学学科课程校本重构与实施路径［J］.教育科学论坛，2022（13）：65-69.

（一）理念引领，概念解读，开启财经素养教育探索

在“每个孩子不可能都是第一，但每个孩子却是我们的唯一”这一育人理念的指导下，益小致力于将学生培养成会生存、会做人、会学习、会分享、会创造的具有现代文明素养的国际小公民，使学生“带着未来特质走向世界”。这一“五会”育人目标涵盖了德、智、体、美、劳等多方面素质，旨在培养能够适应不断变化的社会环境的小公民。“会生存”着重于生存技能训练，“会做人”着重于道德素质养成，“会学习”着重于学习能力培养，“会分享”着重于公共理性培养，“会创造”着重于个性专长培养，财商教育是其中极为重要的一个育人维度。“五会”育人目标如何实现？未来素质的培养如何具体落实？益小师生通过不断实践，期望将这一育人目标从“价值体系”转化为“教学体系”，再落实为“成长体系”，最终使全体师生受益。

2012年，益小率先在课程中对学生进行财商教育的探索，面向全体学生实施财商教育。我们认识到，财商教育是培养学生核心价值观、形成核心素养的重要途径。学生从小就需要树立正确的财富观念，掌握科学的理财技能，这样才能拥有自主而幸福的人生。我们紧扣社会主义核心价值观教育和“立德树人”这一根本任务，结合益小的育人理念和“五会”育人目标，将财商教育与益小德育评价和德育活动进行整合，并逐步纳入益小课程建设体系，着力探索有实效、可持续的财商教育课程，培养孩子们树立正确的财富观，促使孩子们形成正确的幸福观，学习适应未来的技能，为其未来发展打下坚实基础。

（二）搭建平台，创设场景，助力财商教育实践

2013年，益小推出了“银杏币”，这是一种在校园内流通的虚拟货币，可用于储蓄、买卖、兑换、评优等。益小“银杏币”与益小“五星班

级”“五会达人”评价紧密结合，是虚拟的鼓励和知情意行的自我建构，是基于学业成绩、行为习惯等内在品质的物化表现。

为了更好地助力财商教育的开展，配合“小富翁玩转大校园”“小富翁去春游”“小富翁健康之旅”“小富翁科技之旅”“小富翁爱心义卖”等系列活动的有效实施，益小充分利用各类空间，搭建财商课程平台，创设财商教育体验场，如“多多益善”小银行、“多多益善”加油站、“天籁坊”星秀台等，让益小的孩子们能够将自己赚到的“银杏币”运用于生活场景，逐渐探索出财商教育与德育评价和德育活动的契合点，让孩子们在评价中、在活动中学会理财、学会生存、学会做人、懂得生活，使财商教育能够真正落地生根。

（三）课题初探，乐活助力，强化财商价值引领

2013年，益小聚焦“乐活”课堂，认真开展课例和课题研究，立项市级课题《低段语文识字、阅读、习作三位一体“215”课堂教学模式研究与实践》。在专家的指导下，益小语文组教师多次开展课例研究，并形成了相应成果，如案例、反思、论文等。2013年11月，益小教师圆满完成了市课题规划办公室对该课题的阶段性小结检查。同年，该课题成功申报为省级课题“小学生群文阅读研究”的子课题。在省市级课题研究的过程中，我们将财商教育与各项课题实践相结合，不断探索，为日后的财经素养教育研究提供参考，强化了财商教育在益小课程教学中的价值引领。

第二节　财经素养教育进阶阶段

益小财经素养教育的进阶阶段是2014—2019年。此阶段，益小财经素养教育实现了课程化，依托财经素养课程，培养“五会达人”，促进学生乐活成长。

一、踔厉奋发，勇毅前行，渐显品质校园

2014年起，益小立足发展实际，结合"五年战略、十年规划"中提出的"个性化、固品牌"要求，我们以科学发展观为指导，始终将质量放在首位，将精益求精的精神作为益小文化的核心，引领所有工作。益小进一步加强团队建设，强化相关管理，优化教育环境，提高管理水平，致力于提高办学品质，突出办学特色，丰富办学内涵，推动学校发展。

（一）一路发展，屡获佳绩，建立特色课程体系

益小以"打造具有高新区自主品牌特色的新优质学校"为目标，拥有强烈的自主发展意识，办学水平显著提升，办学声誉持续增长。益小探寻出一条在高新区本土孕育和成长的自主品牌发展模式，走出了一条自主成长之路。在发展过程中，益小荣获了四川省文明校园、成都市社会主义核心价值观校园文化建设示范学校、成都市"新优质"学校、成都市阳光体育示范学校、成都市艺术教育特色学校等多项荣誉，并在各级各类比赛中屡次获奖。益小根据自身的办学定位、对教育和课程的理解，以及对社区资源的整合，制定了以"五会育人、乐活载道"为核心理念的特色课程体系，让学生在"乐活"校园文化的熏陶中寻找和发现自我，实现快乐成长。

（二）入心见行，善思善用，不断优化课程设置

课程体现了益小的教育思想和教学理念，是实现教育目标、支撑办学行为、促进学生全面发展的关键载体，也是创建益小特色，提升教师专业水平和学校管理水平的主要平台。基于对课程及其改革的深刻理解，以及对学生核心素养培养的重视，益小坚定地树立了"课程育人"的理念，并形成了"人、事、物皆课程，时时、处处皆课程"的思想认知。益小致力于国家课程校本化建设的研究与实践，将各项工作课程化，彰显课程的生命力、凝聚

力和感召力。在“每个孩子不可能都是第一，但每个孩子却是我们的唯一”的育人理念指导下，益小构建了以“五会育人、乐活载道”为主题的基于核心素养的课程规划体系。该体系从课程背景、目标、架构、取向、特质、模块、评价、管理、保障等方面对益小的课程建设进行了顶层设计。益小明确了独特的“五会”育人目标：培养全体学生成为会生存、会做人、会学习、会分享、会创造的具有现代文明素养的国际小公民。这些目标全面覆盖了德、智、体、美、劳等各方面素质，旨在培养能够适应不断变化的社会生活环境的小公民。为了认真贯彻“强化益小课程评价体系建构”的要求，确保评价体系与“五会”育人目标和“乐活”课程特质相契合，我们以创新精神和实践能力为重点，实施了“多一把评价的尺子，多一位成功的学生”的评价体系，以落实“课程育人”的理念。益小还积极开展各层次培训，统一认识，确保“乐活课程、五会育人”评价得到全方位推进。通过自主探索，我们以“过程性评价与终结性评价相结合，定性评价与定量评价相结合”的思路为指导，梳理现有做法、经验和思路，探索评价的方法路径和策略措施。通过梳理学科知识，细化教学策略，设计分类评价，实施有效教学，落实课标要求，进行校本化实践与研究，及时总结、提炼有益做法与经验。益小以积极关照和发展核心素养为目标，在现有课程建设的基础上，不断丰富和优化课程设置，为学生提供更优质的课程。同时，益小确立了“个性化教育，多元化成长”的课程理念，设置了“关照每个儿童发展”的五大课程板块，搭建了必修和选修两大课程平台，确保学生在多元化课程体系中寻找自我、发现自我，实现快乐成长。五大课程板块包括学术基础、人格养成、强身健体、艺术熏陶、创新实践；两大课程平台分别指向：必修——基于益小层面的个性化课程；选修——基于学生层面的个性化课程。课堂教学聚焦“乐活”二字，即乐学，趣中求乐、精中求乐、乐而创造；学活，实中求活、新中求活、活而发展。益小日益完善的课程建设规划体系，是对国家课程校本化建设的顶层设计，统一了全校教师的思想认知，明确了课程改革的目标，明晰了课程建设的抓手，厘清了课程实施的平台与途径。

（三）不忘初心，砥砺前行，奋力开创益小发展全新篇章

随着益小的不断发展，益小的声誉和影响力不断提升，我们成功举办了四川省教育科学研究院校长培训班、成都市新优质学校校长培训班、成都市校长任职资格培训班，并组织相关专家到校参观、学习、交流。2017年11月，益小校长携益小师生、家长代表参加由四川省精神文明建设办公室、四川省教育厅、四川省关心下一代工作委员会指导，四川广播电视台妇女儿童频道《梦想1+1》栏目策划的《起立敬礼》节目录制。2018年9月5日，四川省人民政府副省长杨兴平莅临益小看望慰问辛勤工作的老师们，为老师们致以亲切的问候和节日的祝福。杨兴平副省长对益小的教育理念、办学质量、教育环境以及教育教学工作给予了充分的肯定和赞扬，并高度评价道：“益州小学办得很好！益小很年轻，但是底蕴深厚，理念很新。”在上级领导的关怀和鼓励下，益小将再接再厉，不忘初心，砥砺前行，奋力开创益小发展全新篇章！

二、文明焕彩，新区添翼，赓续强校厚基

（一）文明荣光，文明之花香满校园

作为成都市首批社会主义核心价值观校园文化建设示范校，益小始终以社会主义核心价值观为核心，积极推进文明校园的创建。益小通过党建铸魂，坚守教育初心，加强领导班子建设；深化价值引领，构筑益小精神文化系统；聚焦“五会”，完善教师培养体系，促进教师队伍发展；融“一课三育”，构建“五会”育人课程，完善校园文化建设；创设优美环境，浸润“乐活”文化；打造“未来学校”，加强“四维联动”，推进活动阵地建设。益小先后被评为成都市级文明校园、四川省级文明校园。益小不断以“五会达人，乐活载道”的育人理念，擦亮全国文明校园的底色。2018年9月，益

小校长在全国中小学文明校园创建调研座谈会中作了主题为《践行社会主义核心价值观创建文明校园》的交流发言，作为四川省唯一的学校代表，分享了益小文明校园的创设经验。会上，中央精神文明建设指导委员会办公室三局副局长对益小作为一所次新学校能在文明校园创建上作出这样的成绩给予了充分肯定和高度赞扬。

（二）一校两区，新区添翼美美与共

2019年9月，益小东校区如同一片冉冉升起的朝阳，在万众期待中精彩绽放，顺利开校。市民口中的益小有了另一个别称：一所横跨益州大道的小学。自2017年新校区选址确定那天开始，“益小人”本着精益求精的益小精神，全程参与新校区的设计建设，主体施工与校园文化同频共振。大到建筑、桥梁的整体设计，小到一砖一瓦、一草一木，无不凝聚着“益小人”的汗水和智慧。新校区的投入使用，进一步扩大了益小优质教育资源的覆盖面，使益小成为高新区优质教育资源均衡化的典范学校。

（三）高速发展，课程价值不断彰显

2014—2019年是益小的快速成长期，益小在高起点的基础上实现了高速发展，品牌影响力不断扩大，品牌美誉度持续攀升。这5年，对每一位全情投入的“益小人”来说，都是值得铭记的。教师团队凝心聚力，乐于教学，敬业奉献，使益小展现出强劲的发展势头。在“五年战略、十年规划”办学方针的指导下，益小构建了以“未来学校”建设为核心的信息化特色，确立了以“五会育人、乐活载道”为理念的课程体系及德育活动特色，形成了以社会主义核心价值观为引领的校园文化建设特色，以及以“东方特质，国际视野”为目标的国际交流特色。特别是以“学生为本，国家为重”为主题的财经素养校本体验课程，其课程价值已得到充分展现，使益小在财经素养教育领域走在全国的前列。

三、深化实践，拓宽视野，课程落地生根

聚焦价值观育人的财商教育，旨在引导个体从关系的角度认知和了解财经活动的常识，学会理解和处理人与人、人与国家、人与社会的经济关系和道德关系。它将财富与个人的幸福生活，以及个体的国家、社会责任紧密结合起来。益小的财经素养教育以价值观育人为核心，以劳动教育为起点和手段，以“五会育人”为目标和方向，是劳动教育、生活教育、知识教育、思想教育和情感教育的综合体。以“学生为本，国家为重”为教育理念，围绕益小财经生活、家庭财经生活、社会财经生活三个领域，体验性学习和创生性学习两个层次，通过情境创建，以切身体验、价值明辨、实操参与、反思总结四个环节，让学生形成正确的劳动观、义利观、奉献观。

（一）活动多样，课程多元，场景升级重实践

在益小的教育中，课程无疑是培养财经素养的主要途径。为系统推进财经素养教育，益小采取了内生外引的策略，通过校本课程开发与专业资源整合，构建了多元化的课程模式，包括独立的财商素养课程（涵盖财商素养的认知、财商读物的阅读、财商技能的训练与应用等）、与其他学科融合的课程（将财商课程融入语文、数学、英语、品德等学科中），以及以财商为主题的活动课程（将财经思维有机渗透至各类丰富的学生活动）。这些课程模式的开发与实施，旨在向学生渗透财商文化，树立正确的财商价值观，使其具备符合社会伦理的意志品质，掌握基础的财商技能，并能在实际情境中进行应用。

多姿多彩的主题活动课程是益小实施财商教育的创新实践载体，包括“小富翁”系列活动、跳蚤市场、爱心义卖等。在“小富翁玩转大校园之职业大体验”“小富翁玩转大校园之美食节”“小富翁去春游”等系列活动中，孩子们被引导参与社会实践，模拟各种社会场景，将财商知识应用于实践，学会理财，学会生存，学会做人。这些活动对培养孩子们良好的行为习惯具

有积极的引导作用，教会孩子们通过智慧劳动获得财富，并合理使用财富。“跳蚤市场”是孩子们每年最期待的活动之一，在这个活动中，孩子们可以自由买卖自己制作的物品，所有物品的价格根据他们进行的“市场需求”调查结果来设定。当然，孩子们也可以使用益小发行的虚拟货币在这个市场中购买自己心仪的商品[①]。

财经素养课程的评估机制注重学生的全面发展和健康成长，益小将它与德育评价体系相结合。益小整合评价工具，创新设计了课程小工具，实施多元评价，开发了“小富翁·大财智”排行榜、心愿卡、活动任务单、志愿者排行榜等多种评价工具。2014年，“小富翁”银行启动，学生可以通过“小富翁”理财手册（存折）将自己赚到的虚拟货币存入“银行”，初步了解利息知识，培养节俭的生活习惯，实践与储蓄相关的财经知识和技能，从而学会用智慧和勤劳获得财富，开启自主理财的旅程。2015年3月，益小推出“五会达人”志愿者护照，记录孩子们参加的志愿者活动，理解财经素养还应该包含感恩、分享、助人等，让学生在帮助他人、服务社会的同时能传递爱心、传播文明，构建财经素养教育中的公益观。2016年3月，“多多益善”加油站全面升级，每周向孩子们开放，孩子们可以用自己赚到的虚拟货币购买自己喜欢的各种小物品。由志愿者们担任加油站“售货员”，在这里孩子们可以用等额的虚拟货币换取各种心愿卡片。卡片种类繁多，包括爱心捐赠卡、同桌邀请卡、免作业卡等。2016年9月，益小设置“小富翁大财智”财经素养显示屏，每天为孩子们展示益小“小富翁财富榜”、经济新闻、股市动态图、财经素养主题实践活动回放等，为学生提供更直接的观察与体验，激励每位学生做“具有大财智的小富翁”。

（二）科研指引，课题深耕，课程体系初展现

财经素养作为现代社会公民必备的核心素养之一，其重要性正受到社会

---

① 李玲，袁华.小议财经素养教育的落地［J］.中国德育，2017（21）：45-47.

各界越来越多的关注。教师是立校之本，高品质的教师队伍是打造高品位学校的基石。为了深入推进财商教育，益小持续开展针对教师的财商素养专业培训，旨在丰富教师的财商知识，提升教师对财商教育的价值认识。2014年6月，益小申报的"小学生财商教育实践与研究"被立项为成都市重点规划课题并顺利开题，全体教师都深入研究，结合自己的学科，思考如何开展小学生财商教育。课题组骨干成员围绕小学生财商素养年段目标，开展了高效务实的研究，通过研究国内外财商教育的现状，借鉴发达国家的理念，进一步明确了财商教育的内涵，确定了研究的目标、内容、方法与措施，并制定了小学生财商教育低、中、高三个不同年段的课程阶段目标，从财富观、财务知识、理财技能三个维度构建了课程体系。2015年，益小注重对课题研究成果的管理，广泛收集教师教案、活动设计、论文、随笔、家长教育个案等，课题在成都市教育科研课题阶段评审中被评为优秀。2016年，益小对市级课题"小学生财商教育的实践与研究"的研究成果进行总结、提练与推广。2018年3月，益小申报的市级重点课题"小学生财商教育实践与研究"顺利结题。同年11月，四川省教育科研基础教育研究类一般课题"小学生财商教育实践研究"顺利开题。在开题论证会上，益小"财经素养教育朱曦工作室"正式授牌成立。省级课题"小学生财经素养教育的实践与研究"阶段研究成果获四川省教育科研课题2019年度阶段研究成果三等奖，获成都市教育科研课题2019年度阶段研究成果二等奖，获成都市第十七届基础教育优秀教育科研成果评选二等奖。在益小，财经素养教育的实践形式不断丰富，实践内容不断创新。

经过几年的探索与实践，益小根据学生的身心特征，逐步确定了小学生应该从小养成的财富品质的核心内涵，加深了对小学生财商教育的理论认知，研究了每个年段学生应该掌握的财经知识，应该训练的财商技能，益小已逐步构建起完整的财经素养教育课程体系。在不断的学习和研究中，益小人认识到：对小学生来说，财经素养教育不仅指理财教育，它在为学生未来面对经济社会所需的理财技能打下基础的同时，切实培养学生的财富品质、公益道德之心、计划能力、时间管理能力等。通过财经素养教育，学生将理解作为一个社会人和经济人，为什么要学习有关财富、货币的知识，有了财富和货币应该怎样生活。其实财经问题归根到底是生活问题，而不是财富问题或货币问题。从小能树立正确的财富观念，才能有积极的人生态度和自主而幸福的人生。财经素养教育绝不只停留在理财的知识和技能层面，更重要的是让学生正确理解财富，拥有健康的财富观念——不仅取之有道，而且用之有度。这样的统一认识，就是“益小人”对财经素养教育的价值判断，引领着“益小人”在对学生进行财经素养教育的道路上走得不偏不倚。

（三）校本创生，课程引进，家校协同共育人

2014年起，益小结合市级课题“小学生财商教育实践与研究”的研究成果，自主开发小学生财商教育读本。2015年12月，《小富翁·大财智——小学生财商教育读本》由四川科学技术出版社正式出版，并在省级课题开题论证会上隆重发布。这套读物是在确定以财富观、财务知识、理财技能为培养目标的基础上，由24名来自工商管理、教育、投资理财等领域的家长和益小20名教师共同编写而成的。《教育导报》以“财商教育，许孩子一个自主幸福的未来”为题，进行了专题报道。《成都晚报》也对益小自编的财商教育读本进行了报道。

此套读物分为低、中、高三册，每册包含4个单元，共16个主题。在明确的目标体系的指引下，校本教材《小富翁·大财智——小学生财商教育读本》的内容围绕牵手财富、管理财富、创造财富、珍惜财富四个维度展开。这套读物作为财商课程的专用读物，一、二年级的学生侧重于学习钱币的基础知识，三、四年级开始学习合理消费和储蓄，五、六年级则学习财富支配、投资等知识和技能。读本中的素材和案例均来源于益小学生的校园生活，财商教育特色活动完全融入其中，以“小富翁”系列活动为主要实

施途径，以益小"银杏币"为支撑，通过"小富翁玩转大校园""小富翁银行""小富翁当家"等系列活动，学生学会理财、学会生存、学会做人、懂得生活。这个过程虽然艰难，但学生们在做中学，在学中做；这个过程是快乐的，其中的智慧碰撞、理念升华，使老师和家长都得以成长。

益小利用自身资源积极探索小学生财商教育，编写了财商教育读本，开展了系列主题活动，引进了各类财商教育课程。2016年，益小引进台湾"优达创意理财"课程，对学生进行财商教育，这是学生们翘首以盼的全新课堂。同年，益小与英中财商教育机构合作开设了国际财经素养公益亲子课堂，涉及三、四、五年级的学生，进一步拓展了财商教育的渠道。2017年，益小引进青年成就（Junior Achievement，JA）课程，该课程由全球最大的非营利教育组织提供，是专注于青少年职业、创业和理财教育的课程项目。这一课程与工商界和教育界进行合作，旨在推广以原则为核心、互动性为特色的商业和经济教育，从而培养青少年的品格、创造力和领导力。益小同步开展JA课程教师培训，引导学生通过情境化、活动化的方式快乐学习财经知识。同时，益小也在国际交流课程中指导学生学以致用，积极进行异国财商教育体验。"时时为课堂，处处皆课程。"益小以财商教育校本课程的开发为主要载体，将课程设置外延至家庭，不断丰富课程内容，对小学生进行全面的财商培养。

（四）交流探讨，互利共赢，实践经验誉全国

2017年，随着财经素养教育理念的提出，益小的财商教育逐渐过渡为财经素养教育，相关研究与实践在全国范围内的影响力逐渐扩大。

2017年2月，益小在中国教育科学研究院主办的全国教育科研工作会议暨中国教育科学论坛上作了题为《财经素养教育，许给孩子一个自主幸福的未来》的专题分享，并就益小的财经素养教育目标体系和《小富翁·大财智——小学生财商教育读本》进行了主题交流。北京大学教育学院副院长

岳昌君教授在中国教育科学论坛分论坛——财经素养教育的探索与实践上的讲话强调："财经素养教育已然成为益小教育的催化剂，生活教育的必修课。"2017年5月，益小受邀参加全国财经素养高峰论坛，并就益小财经素养教育的实践研究做了专题发言。同年，《小议财商教育的落地》发表在期刊《中国德育》上，《时代教育》杂志也对益小的财经素养教育实践情况进行了探讨。2018年5月，益小受邀参加中国教育科学研究院主办的中国财经素养教育发展论坛，在论坛上做了有关益小财经素养教育实践的专题发言。同年11月，益小教师作为代表参加了小学财经素养教育课堂观摩研讨会，展示了财经素养专题课程"小富翁·大财智"。2019年，益小受邀参加中国财经素养教育协同中心主办的中国财经素养教育区域实践论坛和《中小学幼儿园财经素养教育教师指导用书》编写研究会，并交流、分享了小学财经素养教育读本《小富翁·大财智——小学生财商教育读本》的编写经验。同年，益小教师参与中国财经素养教育协同创新中心策划的《财经素养教育主题活动读本》的编写工作。作为中心基地学校和教师研学共同体成员校，益小潜心研究，积极实践，以领跑者的姿态走在全国财经素养教育的前列。

第三节　财经素养教育深化阶段

益小财经素养教育的深化阶段是2020—2024年。此阶段，益小财经素养教育实现"五会"融合，开展多维度联动育人。

一、奋进凝力，底色奠基，荣膺"全国文明校园"

益小秉承"每个孩子不可能都是第一，但每个孩子却是我们的唯一"的教育理念，尊重并敬畏每一个生命个体。益小以"精益求精"为治学精神，致力于在育人的深度、广度上进行探索，构建了多元化、个性化的课程体系和校园文化。在《成都高新区益州小学第二个五年规划》和《成都高新区益州小学促育人质量提升三年实施方案》的指导下，益小展现出强劲的发展势头，办学实力持续增强，社会声誉日益提升。益小成功探索成为高新区本土孕育、成长的自主品牌，走出了一条自主成长之路，顺利实现了"打造具有高新区自主品牌特色的新优质学校"的发展目标，成为一所充满活力、拥有梦想和追求的学校。2020年11月20日，益小荣获第二届"全国文明校园"称号。短短9年的时间，益小的发展势头迅猛，实现了从新生到知名，从一校到两区，从普通到优质的高速发展。

（一）文化立校，厚植文明土壤

文明如同清风，令人心情爽朗；文明如同雨露，滋润我们的心灵；文明是精神，彰显人的风貌。文明是素养，是美德，是责任，是幸福，是快乐，更是学生成长道路上的坚固基石。益小校长指出："文明校园建设的核心在于培育和践行社会主义核心价值观。"益小以社会主义核心价值观引领校园文化建设，全校师生自觉将社会主义核心价值观内化于心、外化于行，使文明成为师生的习惯、常态。

走进益小，你会看到爱岗敬业的教师、活泼可爱的学生和风景如画的校园。在这里，每一面墙壁都富有教育意义，每一个角落都能育人，文明的气息在细微之处影响着每一个人。益小精心打造的"精益求精"标志、文化长廊、理念文化墙、"奔跑·益小"雕塑、正衣镜、"送宝贝回家"失物招领处、"多多益善"加油站等校园文化小平台，时刻陶冶着学生的情操，让社会主义核心价值观无处不在，引导每一位学生成长为文明的小公民。

（二）特色课程，涵养文明之风

课程的性质决定了学生的培养方向。益小创造性地将社会主义核心价值观与"五会"育人课程体系相结合，将社会主义核心价值观融入教材、课堂和学生思维。

益小的目标是培养具备现代文明素养的学生，他们会生存、会做人、会学习、会分享、会创造。为此，益小构建了关照每个儿童发展的多元化课程体系，并将"五会"德育特色课程与每月的主题活动相结合，以提升学校的发展水平和学生的品德素质。通过"一课三育"深度开发，学生在树立理念信念的同时，也掌握了体育技能、艺术才能，并拓展了多项兴趣爱好。80余个兴趣社团和微课堂为学生提供了满足其多元需求的个性化教育服务。

益小紧密围绕社会主义核心价值观，结合"五会"育人目标和财经素养课程，构建了校本化的志愿服务课程。通过挖掘育人内涵，创新课程架构，将财经素养特色课程与志愿服务课程相融合，建立了多元的志愿服务平台，并将志愿服务活动融入财经素养"小富翁"主题活动、国旗下主题活动、班级特色研学主题活动等。益小运用5G技术和虚拟现实技术（Virtual Reality，VR），将技术与教育教学情景相结合，形成了智慧教育体验场景，创新了志愿服务情境，使志愿服务实施方式更加灵活、课程资源更加丰富、学习体验更加便捷[①]。同时，益小深入开展财经素养教育，落实劳动教育，创新主题德育课程，开发STEAM项目式课程，在各类课程的共同作用下，实现"五育"并举，培养时代新人。

（三）四维联动，传播文明风尚

教育一个孩子，带动一个家庭，文明整个社会。益小以"同心圆俱乐部"（家长委员会）为核心，形成了家校社企四维联动共建共育机制，加强了益小与居民、社区、企业的双向交流和深度联动，构建了"益+"家校社企共育活动课程。通过协同育人，形成了家校社企的思维合力，让益小的文明之花绽放，香飘万家。

一花独放不是春，百花齐放春满园。益小积极创设各类活动宣传阵地，

① 李玲，朱琴音.着眼整体育人，建构校本化志愿服务课程［J］.四川教育，2021（1）：23-24.

分享文明校园创建经验，展示文明校园创建成果。同时，益小搭乘5G和“未来学校”的快车，助力智慧教育的发展，促进科技与文明的高度融合，用科技的力量推动文明校园建设更上一层楼。

文明校园的创建是一个永无止境的过程，益小始终在路上。我们秉持精益求精的精神，以文明校园建设为核心，推动学校教学质量全面提升，创建高品质益小，促进教育的高质量发展。

二、满怀初心，践行使命，铸就“十年一剑”

在益小10周年校庆之际，如何有效实现个性化教育、多元化成长，并向“益小10年”交出满意的答卷，我们面临五大课题：应对智慧教育的挑战；适应教育国际化进程；进一步提炼益小教育品牌价值；实施教师队伍的体系化、分层化、个性化发展；凸显课程改革与创新意识，增强核心竞争力。面对新的机遇和挑战，益小坚持以“创字当头、惟高惟新、以质为炬、争先率先”的高新精神为引领，认真落实立德树人根本任务和高质量发展根本要求，把握发展契机，不忘初心、牢记使命，全力书写奋进之笔，以更强劲的发展态势投入益小目标的达成，筑牢服务意识，强化质量意识，在育人深度和广度上持续着力，培育“乐活”育人的教育品牌，以学生成长为核心效益，推动内涵、品质双提升，探寻高新区本土孕育、成长的自主品牌发展模式。

“无论你的名字是什么，益州小学都是你梦想开始的地方。”2021年8月，益小迎来了自己10岁的生日。益小校长在10年校庆典礼上分享了益小的成长故事。站在益小建校10年的时间节点上，我们始终坚持三件事——秉持一种理念：每个孩子不可能都是第一，但每个孩子却是我们的唯一；深植一种文化：乐活教育，给孩子一个值得回忆的童年；弘扬一种精神：精益求精，从起步走向卓越。

“益十年，新时代”，益小落实“双减”政策和“五项管理”，开展学生全面发展评价改革与实践，为学生的幸福一生奠基。益小不忘初心，努力践行，用更饱满的状态、更成熟的姿态，进一步彰显品牌魅力。益小持续发力，在教育、科研、数字化、国际理解等方面取得累累硕果，相继荣获全国首批5G未来学校、四川省绿色校园、成都市教育科研先进单位、成都市5G教师评价试点校、成都市馆校合作试点单位、高新区智慧教育示范校、高新区智能研修平台试验校、高新区国际理解教育课程建设试点校等。

2024年5月30日，在“六一”国际儿童节来临之际，时任四川省委副书记、成都市委书记施小琳来到益小，看望慰问少年儿童和教职工代表，向全省各族少年儿童致以节日问候。她强调，要深入学习贯彻习近平总书记关于少年儿童和少先队工作的重要论述，全面落实党中央和省委决策部署，扎实推进益小、家庭、社会协同育人，促进少年儿童成长成才、全面发展，为中国式现代化建设培养优秀接班人。施小琳走进益小，与同学们亲切交谈，和大家一起参加庆祝“六一”儿童节社团活动，认真观看书法、绘画、文学、科普、版画、烹饪、川剧、志愿服务等社团展示，向社团赠送图书。她指出，习近平总书记十分关心少年儿童的健康成长，对少年儿童事业寄予殷切期望。四川省委认真落实习近平总书记的重要指示精神，始终把培养好少年儿童作为一项战略性、基础性工作抓紧抓实。希望同学们从小立志为强国建设、民族复兴而读书，学好文化知识，练就强健身体，提高综合素质，争当德智体美劳全面发展的新时代好儿童。施小琳详细了解益小建设发展、教育教学、教师队伍建设等情况，强调要把立德树人作为根本任务，强化思想政治引领，加强党、团、队一体化建设，在少年儿童心中播下听党话、跟党走的种子。要推动义务教育优质均衡发展，通过名校引领、结对合作、网络课堂等方式，全面提高基本公共教育服务水平。要着力构建协同育人格局，健全益小积极主导、家庭主动尽责、社会有效支持的工作机制，合力抓好少年儿童科学知识、道德品质、身体和心理素质等的培养，切实维护校园安全，为少年儿童快乐学习、健康成长创造良好环境。

三、完善体系，智慧共享，引领财经素养教育

益小持续开展财经素养教育课程，并以领跑者的姿态走在全国财经素养教育的前列。益小认真贯彻立德树人的根本任务和高质量发展的根本要求，致力于构建以"学生为本，国家为重"为主题的财经素养校本体验课程，紧密围绕劳动教育的育人内涵和时代特征，确保劳动教育的有效实施。

（一）5G奠基，未来引领，创新财经素养教育模式

益小积极实践智慧教育，依托5G智慧应用场景，以课题为驱动，将财经素养教育与打造成都市"未来学校"试点校和高新区5G示范校目标紧密结合。2020年，益小5G+VR智慧教育云教室正式投入使用，引起社会各界广泛关注，《中国日报》《人民日报》《四川日报》《教育导报》《川观新闻》等多家媒体对益小5G+VR智慧云教室应用场景进行了报道。2021年12月，益小申报的课题"5G+VR在小学财经素养课程中的场景开发与益小方式探究"作为四川省教育学会2021年度重点科研课题"5G技术在教育领域的应用策略及实践研究"的子课题成功立项。课题组成员结合《小富翁·大财智——小学生财商教育读本》及财经素养教学实践经验，开展基于5G网络环境、5G技术和5G智慧云场景的校本课程资源建设、开发及应用研讨，设计开发"穿越货币小镇"（包括贝壳小镇、刀币小镇、交子小镇）和"职业体验教育"（包括银行职业体验、图书馆职业体验）2类共5个5G+VR财经素养教育体验场景，设计开发刀币、贝币、交子3种AR货币模型，突破教学过程中的重点和难点，增强学生的学习兴趣和课堂体验。同时，开展5G+VR财经素养体验场景发展前景的相关探究，探索5G+VR场景在益小财经素养教育教学中的应用，初步形成了5G+VR财经素养场景应用的课程模式和学习方式，通过师生培训、科技体验、课例研讨、竞赛活动等形式，提升智慧教育背景下师生的综合素养。

经过3年的课题研究，益小取得了多项成果。我们认识到，5G环境及空间建设对支撑小学财经素养教育教学具有重要作用，不但增强了场景的真实性、体验性、互动性和沉浸感，而且提升了空间在教育教学过程中的多功能应用。由于5G+VR教学场景具有个性化、趣味性、自主性、体验性、互动性等特点，它们对开展财经素养教育起到了积极的促进作用。同时，益小也探索出了5G+VR财经素养校本课程场景的开发模式，以及将5G+VR场景应用于课前、课中、课后的不同课程模式和学习方式，在学生、教师、学校三个层面表现出积极的影响。益小共有3篇案例在成都高新区学校教育信息化案例评选活动中获奖，5篇论文被*Science Insights Education Frontiers*学术期刊收录，5篇论文在成都高新区"5G+教育"论文评选活动中获奖并被收录在北京理工大学出版社出版的《"教育+5G"融合创新发展研究实践》一书中。2023年3月，益小在高新区智慧教育交流座谈会上分享了智慧教育的工作成效和未来计划，推广了益小的智慧教育成果，促进了财经素养教育和智慧教育的纵深发展。

（二）校本课程，主题活动，扎实推进"五育"并举

在坚持为党育人、为国育才的教育宗旨和使命下，益小肩负着为学生终身发展和社会适应打下坚实基础的责任。培养面向未来的新型劳动者，是益小对"为谁培养人""培养什么人"等问题作出的符合国家要求、体现地方和益小育人特色的校本化回答。在12年的实践探索中，益小以校本财经素养课程为支撑，帮助学生掌握基础财经知识，提升理财技能，树立正确的世界观、人生观和价值观。通过劳动教育，学生学会创造财富，理解财富的正当价值，并认识到以劳动创造财富的社会责任。益小以学科融合为主要途径，聚焦各学科特点，精准找到融合的切入点，使劳动教育在语文、数学、美术、体育、安全、道德与法治等学科中得到综合渗透。劳动教育的实施，旨在促进学生学习与生活的落地，推动学生综合素养的培养与提升，实现德

智体美劳全面发展。益小以主题活动为载体，构建多个平台，将劳动教育融入"小富翁"主题活动、国旗下主题活动、班级特色研学主题活动和家长课堂主题活动，引导学生参与社会实践，将劳动知识与技能应用于实践，从小学会理财、学会生存、学会做人，体验劳动的艰辛与快乐，树立"幸福都是奋斗出来的"的思想。

依托财经素养教育，深入推进新时代劳动教育，促进学生德智体美劳全面发展，将劳动教育与学科学习融合、与儿童生活融通、与家校社企联结、与未来发展同向，坚持"五育"并举，培养时代新人。

（三）视角独特，体系建构，启迪未来财经智慧

聚焦于财经素养教育的顶层设计，益小补充并重构财经素养的理念与育人目标，同时完善了财经素养课程、教学、活动的实施路径。此外，益小丰富了财经素养教育的评价体系，完善了教育治理体系，从而形成了包括三位一体的课程目标体系、三域两层的课程体系、"三三"教学体系、三类多元评价体系、三层联动治理体系在内的一系列成果。

益小提出："小学教育应该为每个学生成长为新型劳动者奠基。"作为培养新型劳动者的摇篮，学校承担着至关重要的使命。财经素养是新型劳动者不可或缺的素养之一。因此，构建财经素养教育体系的目的是帮助学生从小树立正确的劳动观、义利观、奉献观。通过系统的课程学习和实践活动，引导学生掌握劳动、义利、奉献的相关知识，深刻理解劳动的内涵，辨识义利，理解奉献的意义，为他们未来的职业生涯打下坚实的基础，成为具备财经素养的新型劳动者。

聚焦价值育人的财经素养课程，以"学生为本，国家为重"为教育理念，以培育学生健康生活、实践创新、责任担当三个核心素养为目标，帮助学生形成正确的劳动观、义利观和奉献观三大价值观，这明确了益小财经素养教育的关键素养和价值观目标体系。围绕财经素养教育的价值观念、必备

品格、关键能力三个维度，益小厘清了每个阶段的教育侧重点，体现了阶段性、序列化与提升性的特点，形成了三位一体的财经素养教育目标体系。针对小学生财经素养的培育，益小开发了基于问题情境的四环价值观引导模式，即切身体验—价值明辨—实践参与—反思总结。根据三大价值观育人目标，益小构建了“三域两层”的财经素养教育课程结构。其中，“三域”涉及家庭财经生活、学校财经生活和社会财经生活三大领域，“两层”指向体验性学习和创生性学习两个层次。无论家庭财经生活、学校财经生活还是社会财经生活，都同时包括体验性学习与创生性学习两个层次①。财经素养课程以培养新型劳动者为目标导向，提出了基于特色课程的低、中、高三学段财经素养教育途径，基于主题活动的“小蜜蜂”“小管家”和“小富翁”三类财经素养教育途径，基于学科融合的学科、跨学科、超学科三层次财经素养教育途径，即“三三”教学体系，并从学生素养发展评价、学生学习评价、教师教学评价三方面进行评价，形成三类多元财经素养教育评价体系。为了有效开展、深入探究、不断创新财经素养教育，益小构建了三层联动的小学财经素养教育治理体系，即从组织层面强化课题引领和项目组建设，促进财经素养教育实践落地生根；从制度层面完善制度建设，激励教师开展财经素养教育相关实践；从资源层面完善人财物保障，打破财经素养教育的时空限制。

（四）成果应用，推广交流，迈向卓越教育之路

在10余年的教育实践中，益小搭建了为未来新型劳动者奠定基础的小学财经素养教育体系，取得了显著的教育效益和广泛的社会影响。

1.学生价值观、能力双飞跃，教师专业能力与日俱增

通过实施小学财经素养教育，学生对劳动、义利和奉献的理解得到了

---

① 李玲，朱琴音.家校社企共育的财经素养课程构建与实践［J］.四川教育，2023（7）：45.

深化。他们能够清晰地认识到劳动的价值，积极投身于各类劳动；在面对生活中的义利冲突时，能够作出明智的判断；懂得奉献的意义，愿意为他人服务，对奉献者表示敬意，并展现出强烈的责任感。家长和相关社会人士的反馈表明，益小学生在价值观念、必备品格、关键能力等方面有了显著提升，展现出积极的公益心和社会参与意识。与同龄学生相比，他们展现出更强的自我管理能力和更良好的行为规范，为未来的学术发展奠定了坚实的基础。

同时，教师的专业能力也得到了显著提升。近些年来，益小培养了30余名市区教坛新秀、优秀青年教师和优秀德育工作者，10余名教师取得教育硕士学位。教师团体开发了财经素养教育校本课程，并参与编写了财经素养教育读本和相关教材，共出版了3本系列教育读本，编写了6册财经素养教育读本和1套教材，开发了3册评价手册，撰写了3本系列成果集。教师教育论文、案例、故事在多家报纸、期刊中进行发表，有200余人次获奖。所有益小教师都参与了各级各类课题研究，部分教师申报了“校园币账簿式管理”“‘小富翁’美食节系列课程开发”等子课题，并撰写了《校园里的小商机》《小议财经素养教育的落地》等论文，开发了20余种包括财经素养教育读本课程、班级财经素养课程、财经素养+语文、财经素养+数学、财经素养+STEAM等在内的课程。

随之而来的是益小办学声誉的持续提升。益小被中国教育科学研究院授予“中国财经素养教育协同创新中心实验基地”称号，被中国教育学会命名为“中国教育学会财商教育实验基地学校”，成为成都市首批“财经素养教育实践基地学校”。四川省委教育工委李江书记来益小调研工作，充分肯定益小“从起步走向卓越，于细微处见精神”的办学理念，并鼓励益小实现优质教育资源的辐射。

2.教育读本广传播，教育论坛展风采

除以上教育成效外，益小搭建的为未来新型劳动者发展奠基的小学财经素养教育体系，还产生了较大的社会影响。

在中国学生财经素养教育论坛、全国财经素养高峰论坛等平台上，益小向全国介绍了为未来新型劳动者发展奠基的小学财经素养教育实践。益小参与了在重庆市、成都市、南京市、武汉市、郑州市、北海市、山南市等地举办的50余次学习交流活动，益小编写出版的《小富翁·大财智——小学生财商教育读本》在北京、上海、广州等地多所学校得到推广运用。

国家、省、市新闻媒体对益小的报道超过了20次，《教育导报》《成都日报》《中国德育》《时代教育》等报纸、期刊分别进行了专题报道。成都市政协提案委员会副主任何长明到益小进行专题调研，并将益小的案例写入政协提案，积极推广。益小案例被收录在成都市人民政府政务信息中，并在全市范围内得到推广。

3. 实践研究获赞誉，卓越之路正迈进

著名学者顾明远教授赞誉益小在财经素养教育方面的先行实践和研究成果；中国教育科学研究院高等教育研究所所长张男星肯定益小的实践研究，认为益小的财经素养教育“有思想引领、有行动示范、有团队建设”；南京师范大学朱曦教授认为“益小的课例可操作性强，有价值引领，对财经素养教育研究具有推动作用，是小学财经素养教育的课例典范”；四川大学经济学院常务副院长朱方明教授称赞“益小以课程为载体，在小学生中开展财经素养教育，在我国无疑是一个创举，是一件非常有意义的事情”。

第二章

建设背景

第一节　政策背景

一、落实立德树人根本任务

（一）政策脉络

新时代，财经素养教育已成为我国经济战略的重要内容，是贯彻落实党的教育方针、实现立德树人根本任务、培养德智体美劳全面发展的社会主义建设者和接班人的必要路径。自党的十八大以来，“立德树人、全面发展”成为我国教育改革的重要指导思想和核心理念，政策脉络逐步清晰并不断深化。

1.政策类型和发布时间

教育政策类型与核心内容概览如表2–1所示。

表2–1　教育政策类型与核心内容概览

政策类型	政策（会议）名称	发布时间	核心内容
理念提出	党的十八大	2012年	把立德树人作为教育的根本任务，明确德智体美全面发展的培养方向
教育改革意见	《教育部关于2013年深化教育领域综合改革的意见》	2013年	强调德育贯穿教育各阶段，提出德智体美协调发展的综合性教育目标

续表

政策类型	政策（会议）名称	发布时间	核心内容
教师队伍建设	《中共中央 国务院关于全面深化新时代教师队伍建设改革的意见》	2014年	强调教师在立德树人中的关键作用，提出教师要以德立身、以德立学、以德施教
全面发展目标	党的十九大	2017年	提出要“培养德智体美劳全面发展的社会主义建设者和接班人”，强调新时代教育的全面发展要求
高校思想政治工作	全国高校思想政治工作会议、课程思政建设	2018年	强调立德树人是高校思政工作的核心任务，推动课程思政建设，将思想政治教育融入所有课程
减负与素质教育	“双减”政策	2021年	减轻学生学业负担，推动素质教育，切实保障学生拥有充足时间实现德智体美劳各项发展
劳动教育	多项地方性政策与实践活动	2021年至今	强化劳动教育，强调其在全面发展中的重要性，劳动教育是培养学生综合素质的重要环节

2.政策之间的关联性

（1）理念提出与政策延续

党的十八大提出将立德树人作为教育的根本任务，为后续一系列教育政策的施行奠定了基础。该理念在《教育部关于2013年深化教育领域综合改革的意见》中得以具体化，提出了德智体美协调发展的教育目标，并贯穿于各个教育阶段。

（2）教师队伍建设与德育实施路径

2014年，《中共中央 国务院关于全面深化新时代教师队伍建设改革的意见》明确了教师在立德树人中的核心作用，进一步细化了德育实施的路径。此政策直接服务于党的十八大和《教育部关于2013年深化教育领域综合改革的意见》，以确保教师在实际教学中能够贯彻立德树人根本任务。

（3）党的十九大与学生全面发展要求的深化

党的十九大进一步确立了立德树人根本任务的战略高度，明确提出培养全面发展的社会主义建设者和接班人。此后，教育领域的政策逐渐围绕这一目标展开，尤其在高校和中小学的具体实践中得以体现。

（4）高校与中小学的政策协同

2018年，全国高校思想政治工作会议与课程思政建设推动了立德树人根本任务在高等教育中的贯彻落实，并将课程思政推广到各学科的教学中。2021年，《关于加强新时代中小学德育工作的意见》则延续并细化了该思路，推动德育教育在基础教育阶段的全面覆盖，形成从基础教育到高等教育的德育一体化体系。

（5）减负与素质教育的融合

“双减”政策不仅减轻了学生的学业负担，还为素质教育的发展提供了条件，进一步推动学生德智体美劳的全面发展。这一政策与之前的教师队伍建设、德育工作意见形成联动，共同推进了立德树人根本任务在教学过程中的有效落实。

（6）劳动教育的强化

近年来，各地不断出台劳动教育政策，将其纳入全面发展教育体系。这一举措不仅是对德智体美劳全面发展理念的实践，也是对党的十九大以来政策精神的具体回应。

从理念提出、逐步深化、具体实施，再到全面覆盖，这些政策展现了我国教育理念在立德树人根本任务与全面发展目标的引领下，层层推进，相互协同。

（二）政策分析

1.政策发展特点

关于“立德树人、全面发展”的政策文件，从党的十八大以来，经历了理念提出、逐步深化、具体实施到全面覆盖的过程。各阶段政策文件的发展特点如表2-2所示。

表2-2　　教育政策发展阶段及其特点

阶段	特点	代表政策/会议	发展特点
理念提出与战略定位	确立根本任务，明确教育目标	党的十八大（2012年）	从宏观层面对教育工作进行战略定位，确立立德树人的根本任务，为后续政策提供核心指导
政策系统化与改革深化	提出系统性改革，推动理念落地	《教育部关于2013年深化教育领域综合改革的意见》（2013年）《中共中央 国务院关于全面深化新时代教师队伍建设改革的意见》（2014年）	将德智体美协调发展的目标具体化，强调教师队伍在立德树人中的作用，形成系统化推进框架
目标深化与全面覆盖	强调全面发展的多维度	党的十九大（2017年）	提出德智体美劳全面发展的教育目标，深化培养学生的社会责任感、创新精神和实践能力
具体实施与实践推进	强化课程思政，构建育人体系	全国高校思想政治工作会议与课程思政建设（2018年）	实现思想政治教育全覆盖，推动课程思政建设，形成全员、全过程、全方位育人的体系
深度实施与综合治理	政策细化，注重"五育"并举	"双减"政策（2021年）	通过细化政策，减轻学业负担，推进素质教育，确保德智体美劳全面发展要求和德育工作的有效落实
政策创新与社会协同（展望未来）	注重创新与社会化，加快推进教育现代化	—	注重教育信息化和社会协同发展，广泛吸引社会资源参与，推动教育资源整合，形成全社会育人合力

根据表2-2，从整体来看，有关"立德树人、全面发展"的政策文件在发展过程中展现出以下特点。

①从战略到操作：从宏观战略定位逐步转向操作性政策，确保政策理念

在实际教育工作中的全面落地。

②从系统化到全覆盖：从初期的系统化改革到后期的全方位育人体系建设，逐步覆盖基础教育、高等教育和职业教育的各个层次。

③从理念传导到协同实施：随着政策的不断深化，立德树人根本任务不仅在教育系统内部得到贯彻，还逐渐向社会各界传导，形成学校、家庭、社会协同育人的新局面。

这些特点反映了新时代我国教育政策的不断演进与完善，为培养德智体美劳全面发展的社会主义建设者和接班人奠定了坚实基础。

2.政策发展方向

（1）从理念到实践：政策的落实与细化

各项政策的颁布展示了教育发展方向从宏观战略逐渐向具体落实与实践推进的转变。党的十八大首次提出"立德树人"这一教育理念，奠定了教育发展的总方向。之后，各项政策逐步具体化，从教师队伍建设到课程思政，再到中小学德育工作意见，政策层层推进，确保立德树人根本任务在实际教学中的落地实施。这种逐步细化的政策发展，体现了国家将理念切实转化为教育实践的决心。

（2）从单一领域到全面覆盖：多维度育人目标的实现

早期的政策主要聚焦于德育工作，但随着政策的深化，全面发展的理念逐渐覆盖到教育的各个方面。特别是党的十九大以来，我国明确提出德智体美劳"五育"并举，强调学生的全面发展。这一发展方向表明，教育不仅要传授知识和技能，更要培养具有社会责任感、实践能力和创新精神的新时代建设者。政策的多维度发展，反映了新时代教育要求的多元性和综合性。

（3）从高等教育到基础教育：育人理念的纵向延展

政策的实施逐渐从高等教育扩展到基础教育，形成了从小学到大学的立德树人体系。2018年，全国高校思想政治工作会议的召开和课程思政建设的发展，初步形成了高校思政工作的全覆盖模式，后续的《关于加强新时代中小学德育工作的意见》则进一步推动这一理念在基础教育阶段的渗透。从高等教育到基础教育的延展，体现了教育体系纵向一体化发展趋势，其目标是在整个学习过程中培养学生的价值观和道德素养。

（4）从应试教育到素质教育：减负与素质提升并重

在“双减”政策的推动下，教育的发展方向开始转向素质教育，减轻学生的应试负担，增加德智体美劳综合素质培养的时间和空间。减负政策与立德树人根本任务相辅相成，为实现学生全面发展创造了更为宽松的环境。这一发展方向强调教育的均衡性，关注学生的身心健康和全面发展。

（5）从单一学校责任到社会协同育人：广泛社会参与

随着政策的深化，教育已经不仅是学校的责任。未来的教育将更多依赖于社会协同育人，广泛吸引社会资源参与其中。政策的发展逐渐向社会化、社区化迈进，通过多方合作和资源整合，形成全社会育人合力。这种发展趋势反映了教育现代化和社会多元参与的重要性，也是未来政策关注的重点。

（6）从传统教育模式到信息化与创新教育：教育的现代化发展

未来的教育政策将更加注重创新性和信息化建设，以应对数字化时代带来的挑战。信息技术、人工智能等前沿科技将在教育领域发挥越来越重要的作用，以推动教育现代化进程。在立德树人根本任务的大框架下，政策将进一步鼓励教育模式创新，培养学生具备适应未来社会发展的核心素养。

（三）学校落实

立德树人根本任务的落实与学生的全面发展相辅相成。从学校层面来看，立德树人根本任务不仅涵盖德育、智育、体育、美育、劳动教育等内容，还包括教育活动的具体组织方式和实践形式。

1.德育为先，全面育德

益小以“五会”课程体系为平台，开设了心理健康课程、小干部培养提升课程、文明礼仪常规课程、国旗下主题活动等课程。学校教师认真揣摩研究，结合儿童的心理特点，创新性地将社会主义核心价值观编成手语动作，让学生们边记边做：富强——双手向上握拳，民主——双手交叉抱胸，文明——敬少先队队礼……社会主义核心价值观及配套手语动作不仅在全校进行推广，同时面向社区进行广泛宣传。结合"五会"育人目标，构建以"五会达人成长记"为依托的评价体系。将"五会"与每月主题活动相结合，确保月月都有德育主题，周周都有德育内容。例如，2月德育课程主题是"会生存"，围绕该主题将评选"自理之星"。每周的主题与月度德育主题相结合，为班级发展和学生成长提供更广阔的舞台。

2.课程思政，学科渗透育人

（1）学科教育中的德育渗透

有什么样的课程，就会培养出什么样的学生。益小校长李玲说："人、事、物皆课程，时时、处处皆课程。"学校各项工作只有真正课程化，才有其实施的阵地和生命力。益小创新性地将社会主义核心价值观与学校"五会"育人课程体系相融合，推动社会主义核心价值观进教材、进课堂、进学生头脑。以培育会生存、会做人、会学习、会分享、会创造的具有现代文明素养的学生为目标，构建"关照每个儿童发展"的多元化课程体系，并将"五会"育人特色德育课程与学校每月的主题活动相结合，提高学校的发展水平，提升学生的品德素质。深度开发"一课三育"，让学生在课程中树立理念信念，掌握体育技能、艺术才能，拓展多项兴趣爱好。60余个兴趣社团、扬长社团为每一位益小学子提供个性化的教育，满足学生多元发展的需求。

（2）课程整合与主题教育

益小围绕重大节日和重要历史事件（如劳动节、儿童节、元旦、一二·九运动等），开展跨学科主题教育活动，将德育融入日常教学和校园生活。

3.全面发展的素质教育

（1）智育与创新教育

重视基础学科知识的传授，同时通过创新教育、科学探究课、兴趣小组等方式培养学生的探究精神和创新能力。益小成立了3个校本课程开发小组，结合高新区特色和学校教学特色，以及学校STEAM学习空间——空中课堂的环境建设和布局规划，完成“桥”“未来交通”“益小气象站”“空气质量”4门（共16课时）STEAM校本课程的开发及课程实施材料的制定。益小以校本课程开发为抓手，全面提升教师的STEAM教学实践能力，丰富学校STEAM校本课程资源，形成独具益小特色的STEAM教育，更好地培养学生的创新精神和实践能力。

（2）体育与健康教育

益小开展了丰富多彩的各项运动活动，如一年一度的学校“奥运会”、五年级的足球联赛、六年级的篮球联赛、体育学科节等，增强学生体质，培养运动习惯。

（3）美育与审美教育

通过音乐、美术、书法、舞蹈等艺术课程，以及校园文化活动、艺术展演等，提升学生的审美能力和艺术素养。

（4）劳动教育与实践活动

益小持续开展财经素养教育，并以领跑者的姿态走在全国财经素养教育的前列。校长李玲谈到，财经素养教育的核心在于深植学生的“三观”：正确的劳动观、合理的金钱观、正义的财富观。学校认真落实立德树人根本任务和高质量发展根本要求，着力建设以“学生为本、国家为重”为主题的财经素养校本体验课程，紧扣劳动教育的育人内涵和时代特征，通过点面结合，深耕财经素养教育，有效落地、落实劳动教育。以校本财经素养课程为依托，让学生了解基本的财经知识，提升理财技能，培养正确的“三观”；通过劳动创造财富，理解财富的正当意义，进而懂得自身所承担的社会责任。以学科融合为主渠道，聚焦学科特点，精准定位学科融合切入点，让劳动教育在语文、数学、美术、安全、道德与法治等学科中实现综合渗透。实现劳动教育在学生学习、生活中的落地，促进学生综合素养的提升。以主题活动为载体，学校搭建多个平台，将劳动教育融入"小富翁"主题活动、国旗下主题活动、班级特色研学主题活动和家长课堂主题活动。例如，举办我是自理小能手、我是环保小卫士、我是最棒小农夫、我是厨艺小达人等活动，不断拓宽劳动教育的广度。积极引导学生参与社会实践，将各种劳动知识与技能学以致用，从小学会理财、学会生存、学会做人，感受劳动的艰辛与快乐，树立"幸福都是奋斗出来的"的思想。学校依托财经素养教育，细化推进新时代劳动教育，筑牢学生德智体美劳全面发展的基石，实现劳动教育与学科学习的融合、与儿童生活的融通、与家校社企的联结、与未来发展的同向，坚持"五育"并举，培养时代新人。

4. 校园文化与环境育人

（1）营造积极向上的校园文化

通过文化墙、班级文化建设、校内外展示活动等，营造积极向上的文化氛围，潜移默化地影响学生的思想和行为。

（2）开展主题教育与实践活动

开展"文明校园""书香校园"等建设活动，组织爱国主义教育、志愿服务、环保行动等实践活动，丰富学生的校园生活，增强其社会责任感。

（3）搭建校园文化平台

益小积极搭建各种校园文化平台，于细微处践行社会主义核心价值观。精益求精的学校精神引领着师生，文化长廊、理念文化墙、"奔跑 · 益小"雕塑等，时刻陶冶着学生的情操。国学经典《三字经》写道："冠必正、纽必结。"校门口的正衣镜提醒孩子们做一个文明守纪的好学生；"送宝贝回家"失物招领处培养学生们诚信、友善的好品格；"多多益善"加油站由志愿者们担任售货员，认真敬业地完成奖品及心愿卡的兑换工作，让社会主义核心价值观无处不在。班级文化是班级师生共同创造的精神财富，是校园文化的重要组成部分。益小将班级文化建设作为学校精神文明建设的重要窗口，注重"一班一品、班班特色"的班级文化建设理念，并为每个班级印制班级发展报告册。学校每周评选“五星班级”，每月评选“阅读之星”“文明之星”“公益之星”，每学年评选“书香班级”“经典诵读优秀班级”。例如，学校“明德班”以经典诵读为特色，积极开展“每日诵读小明星”评比、“经典阅读分享会”、“读经典·演经典”、“读经典·画经典”等活动，让学生们“以书香为伴，与圣人同行”。班级文化俨然成为学校一道亮丽的风景线，个性十足，特色鲜明，形成了各美其美、美美与共的良好局面。

5.家校共育，形成教育合力

（1）搭建家校合作平台

益小搭建了“同心圆俱乐部”作为家校合作的平台，开展了丰富的家校活动，如家长会、家校开放日、家长进课堂等。加强家庭与学校之间的沟通与协作，形成教育合力，共同促进学生成长。

（2）加强家庭教育指导

益小通过“同心圆”家长课堂的形式，邀请专家为家长提供教育指导，转变其教育理念，促进家庭教育与学校教育的协调发展。

6.学生自治与自我管理

（1）班级管理与学生自治

益小各班通过班干部轮值、值周生制度、班规制度等形式，培养各班级的自我管理能力。同时，通过学校大队委、“益小110”等形式，培养学生的自我管理能力和民主参与意识，增强学生的责任感和集体意识。

（2）学生组织与社团活动

鼓励学生参与学校的各类社团和组织，如少先队、兴趣社团、扬长班、国旗方阵、大队部等，在参与中锻炼学生的综合素质，提升其合作能力与领导能力。

7.综合实践活动与社会责任

（1）组织校外实践活动

组织学生参观博物馆、科技馆、爱国主义教育基地，参与社区服务、环保活动等，拓宽学生视野，增强其社会责任感。

（2）开展跨学科项目与实践课程

开展项目化学习、社会调查、主题研究等活动，将德智体美劳全面发展的教育理念融入学生的实践与探究活动中。

（3）创新志愿服务课程体系

益小紧扣社会主义核心价值观，结合学校财经素养课程，围绕“五会”育人目标，积极开展志愿者服务活动。挖掘育人内涵，创新志愿服务课程体系，将财经素养特色课程与志愿服务课程相融合，使财经素养课程的整体架构紧扣志愿服务的主体内容，体现志愿服务内容与形式的校本化与创新性。搭建多元志愿服务平台，让学生亲身体验，将志愿服务活动融入学校财经素养“小富翁”主题活动、国旗下主题活动以及班级特色研学活动中。“小富翁志愿者玩转大校园”系列活动、“小富翁志愿者去购物”等丰富多彩的主题活动课程，通过模拟社会场景，引导学生们参与社会实践，并学以致用，从小学会理财、学会生存、学会做人。形式多样的主题活动引导学生进行实践体验，使其感受劳动的艰辛与收获的快乐，树立公民责任意识，培养公益心。利用现代信息技术，以5G+VR创新志愿服务情境，将VR技术与教育教学情景相结合，创造智慧教育体验场景，探索5G+VR在小学财经素养和志愿服务课程中的创造性应用，创新场景开发与学习方式，使志愿服务实践方式更加灵活、课程资源更加丰富、学习体验更加便捷。为了让志愿服务过程清晰可见，扎实推进志愿服务课程的实施，学校开发了“五会达人”志愿者护照、志愿者排行榜、益小“银杏币”、“小富翁理财手册”等过程性评价小工具，并通过评选年度“公益之星”，对学生的志愿服务进行总结性评价。

二、财经素养教育的提出与发展

（一）政策脉络

2006年，教育部联合中国保险监督管理委员会发布了《关于加强学校保险教育有关工作的指导意见》，该意见明确提出：“将保险教育纳入国民教育体系，增强全体学生的保险意识。中小学课程要适当渗透与保险教育有关的内容，增强小学生的保险意识。”2013年，中国人民银行会同中国银行业监督管理委员会、中国证券监督管理委员会、中国保险监督管理委员会研究制定了《中国金融教育国家战略（草稿）》，明确提出将金融教育纳入国民教育体系，并逐步加大对各部门金融教育专项资金的投入，初步明确了我国金融教育的治理机制、工作目标以及实施措施。2015年，国务院办公厅印发了《关于加强金融消费者权益保护工作的指导意见》，提出要保障金融消费者的受教育权，建立金融知识普及长效机制，明确规定“教育部要将金融知识普及教育纳入国民教育体系，切实提高国民金融素养”。2015年，国务院印发《推进普惠金融发展规划（2016—2020年）》，提出“建立金融知识教育发展长效机制，推动部分大中小学积极开展金融知识普及教育，鼓励有条件的高校开设金融基础知识相关公共课”。2018年，中国教育科学研究院协同西南财经大学、上海财经大学、中央财经大学、中国财政科学研究院、山东省教育科学研究院、四川省教育科学研究所等单位成立的中国财经素养教育协同创新中心发布了《中国财经素养教育标准框架》，这是国内第一份系统的、学段相对完整的财经素养教育标准框架。2019年，中国证券监督管理委员会（简称“证监会”）联合教育部发布了《关于加强证券期货知识普及教育的合作备忘录》，指出在学校普及证券期货知识，有利于提高国民投资理财素质；教育部要着力推进证券期货知识在大中小学的课程开发和普及，要根据学段特点开展不同课程，利用线下讲座、网络课程等多种方式提升教师的金融素养，利用夏令营、社团课等活动拓展学生的财经知识；证监会则要发挥其平台作用，免费为教师和学生提供财经知识与能力学习平台。2021年，教育部在《对十三届全国人大四次会议第3972号建议的答复》及《关于政协第十三届全国委员会第四次会议第2901号（教育类155号）提案答复的函》中答复，教育部协同中国人民银行等部门共同推进财经素养教育，主要包括在各学段加强财经素养教育以及提升教师团队的财经素养两个方面。

1. 文件类型、内容主题及时间

教育政策文件及发布时间如表2–3所示。

表2–3　　教育政策文件及发布时间

序号	适用范围	政策文件名称	发文主体	发布时间
1	全国	《关于加强学校保险教育有关工作的指导意见》	教育部联合中国保险监督管理委员会	2006年12月12日
2	全国	《中国金融教育国家战略（草稿）》	中国人民银行、银监会、证监会、保监会	2013年5月
3	全国	《关于加强金融消费者权益保护工作的指导意见》	国务院办公厅	2015年11月4日
4	全国	《推进普惠金融发展规划（2016—2020年）》	国务院办公厅	2015年12月31日
5	全国	《中国财经素养教育标准框架》	中国财经素养教育协同创新中心	2018年1月23日
6	全国	《关于加强证券期货知识普及教育的合作备忘录》	证监会联合教育部	2019年3月15日
7	全国	《对十三届全国人大四次会议第3972号建议的答复》	教育部	2021年9月28日
8	全国	《关于政协第十三届全国委员会第四次会议第2901号（教育类155号）提案答复的函》	教育部	2021年10月15日

从政策文件的类型来看，国家层面出台的有关财经素养的文件共有6个；从政策名称来看，有指导意见、战略、规划、备忘录、答复五类。其中，《关于加强金融消费者权益保护工作的指导意见》《推进普惠金融发展规

划（2016—2020年）》由国务院直接发布，《中国金融教育国家战略（草稿）》由中国人民银行等金融机构发布，是国家层面的政策方针和重要举措，为财经素养教育的发展提供了方向性的指导；《关于加强证券期货知识普及教育的合作备忘录》《关于加强学校保险教育有关工作的指导意见》《对十三届全国人大四次会议第3972号建议的答复》《关于政协第十三届全国委员会第四次会议第2901号（教育类155号）提案答复的函》由教育部发布和回复，是国家教育部门对国家政策的贯彻落实，为全国中小学开展财经素养教育指明了方向；《中国财经素养教育标准框架》由高校、社会机构等联合发布，是国内第一份相对完整的、系统的财经素养教育标准框架，对规范和引领财经素养教育发展具有重要意义。

从发布时间来看，早在2006年，教育部就联合中国保险监督管理委员会（简称“保监会”）发布了《关于加强学校保险教育有关工作的指导意见》，有意识地加强国民保险教育、金融教育及财经素养教育。2012年，国际学生评估项目（PISA）中增加了财经素养测试，促进了世界范围内财经素养教育的研究，之后国内关于加强财经素养教育的政策文件相继出台。2018年，《中国财经素养教育标准框架》发布，这是国内第一份系统的、学段相对完整的财经素养教育标准框架，是财经素养教育的重要里程碑。

2. 政策关联性分析

从横向看，由国务院发布的《关于加强金融消费者权益保护工作的指导意见》《推进普惠金融发展规划（2016—2020年）》，为在全国范围内推行财经素养教育提供了指导意见和政策依据，其他各部门发布的政策文件则是对国家重大战略的贯彻落实。

从纵向看，2018年发布的《中国财经素养教育标准框架》是对之前各项政策意见汇总后得出的一份具有里程碑意义的标准框架，是实施各项政策的重要途径，为全国中小学实施财经素养教育提供了具体可行的参照。

（二）政策分析

1.发展特点

第一，政策内容的不断完善和细化，使财经素养教育有标可依。在经济全球化的新时代背景下，财经素养教育已经成为我国经济战略的重要内容，是贯彻落实党的教育方针、实现立德树人根本任务、培养德智体美劳全面发展的社会主义建设者和接班人的必要路径。财经素养教育不仅是公民的个体问题，更是国家层面的战略问题，既要落实在公民个体，也要指向国家战略。2006年发布的《关于加强学校保险教育有关工作的指导意见》明确提出，将保险教育纳入国民教育体系，增强学生的保险意识，并在中小学开设相关课程，为教育部门实施财经素养教育提供了政策依据。2015年，国务院办公厅相继印发《关于加强金融消费者权益保护工作的指导意见》《推进普惠金融发展规划（2016—2020年）》，明确规定教育部要将金融知识普及教育纳入国民教育体系，推进落实国民金融素养提升战略，除中小学外，还鼓励大学开设相关课程，将加强公民金融教育提高到国家战略层面。2018年发布的《中国财经素养教育标准框架》是针对各学段系统的财经素养教育标准框架，填补了国内财经素养教育的空白。该标准将我国财经素养教育的目标分为5个维度，分别是收入与消费、储蓄与投资、风险与保险、制度与环境、财富与人生，每个维度下又对应3个子目标。该标准不仅明确了我国财经素养教育的标准，与他国标准相比，还具有显著的中国特色：一是更重视财经价值观的引导；二是更突出个体与社会、国家的经济关联；三是更注重弘扬传统文化中的优秀经济思想；四是更强调劳动创造财富的理念；五是更强调对制度、规则的遵守。教育部在2021年发布的《对十三届全国人大四次会议第3972号建议的答复》中明确表示，将进一步完善财经素养教育的课程方案，制定课程标准，组织修订职业教育专业简介和专业教学标准。可以看出，财经素养教育越发受到国家及社会的关注，政策内容和覆盖范围不断完善，财经素养教育变得有标可依。

第二，在政府的引领下，社会力量的参与日益深化，学校逐渐成为财经素养教育的主阵地。财经素养教育的发展得益于国家战略方针的引领，《中国财经素养教育标准框架》的发布则得益于多方社会力量的参与。中国教育科学研究院协同西南财经大学、上海财经大学、中央财经大学、中国财政科学研究院、山东省教育科学研究院、四川省教育科学研究所、重庆课堂内外杂志有限责任公司、康德集团等单位成立了中国财经素养教育协同创新中心（简称“中心”）。中心组建了包括科研院所、高等院校、国家部委、行业企业、中小学校等不同机构专业人士在内的项目研制组。研制组经过前后6次专家函询，汇聚财经、教育等众多领域近100名专家学者的力量，协同高校与地方教育科学研究院（北京、上海、广东、四川、重庆等地）及试验基地学校（四川成都高新区益州小学、广东省广州市第十六中学等），开展财经素养教育实验项目，对学生、教师、家长、教育管理者等不同群体进行调查研究，在理论研究和实践探索中不断完善并最终制定出《中国财经素养教育标准框架》。该标准框架成为大中小学推进、落实财经素养教育的实施标准。

2.发展方向

第一，政府主导，联合多部门共同推进财经素养教育。党的十九大报告提出了发展素质教育的任务，素质教育成为教育改革与发展的战略主题，财经素养作为一种核心素养，得到了社会的广泛关注，财经素养教育也日益受到重视。提高公民的财经素养是一项系统而复杂的工程，需要社会各界协同持续努力，需要政府、教育机构、金融机构、企业主、非营利机构以及个体、家庭等多方参与。我国本土化财经素养教育标准《中国财经素养教育标准框架》的发布，得益于国家政策的方向引领和社会各方力量的共同推进。标准发布后，证监会及教育部在《关于加强证券期货知识普及教育的合作备忘录》中明确表示，要联合提升公民财经素养，着力推进大中小学开设财经素养课程。未来，我们期待在政府的主导下成立专门机构，形成成熟的、系统的组织机构及保障措施，加强社会部门联合，从不同的方面积极推进财经素养教育的发展。此外，国家层面还要领导成立财经素养教育质量考核部门，形成本土化、具有共识性的项目评估工具。

第二，优化标准，引导财经素养教育规范发展。当前经济社会发展进入新时代，在经济发展向高质量发展转化的过程中，质量作为发展的核心内涵，同样也是教育领域要关注的问题。长期以来，教育部将提高质量作为教育发展的核心任务。习近平总书记强调：“标准决定质量。”为此，有必要深入落实标准化改革方案，推动教育标准化体系建设，形成教育实践有标可循、教育权益有标可保、教育创新有标可依、教育改革有标可引的新局面。2006年，教育部和保监会联合发布《关于加强学校保险教育有关工作的指导意见》，并分别从保险教育、金融知识普及教育、金融消费者宣传教育等不同角度提出了相关意见。这些政策文件表明，财经素养教育得到了普遍的关注与重视，并被提升到了国家战略的高度。通过对财经素养内涵本土化的反复讨论，业界就“财经素养”的概念与内涵达成共识。2018年，中国财经素养教育协同创新中心发布《中国财经素养教育标准框架》，并制定了幼儿园、小学、初中、高中、大学五个阶段的教育框架，每个阶段的内容从收入与消费、储蓄与投资、风险与保险、制度与环境、财富与人生5个维度进行架构，每个维度又从知识、能力、素养三个层次进行细化、递进和升华。《中国财经素养教育标准框架》的研制，有利于保障财经素养教育实施基准的相对一致，为学校和社会机构开展财经素养教育及相关活动提供规范化目标参考，为财经素养及财经素养教育的测评提供质量参照。该标准将在实践中不断优化，我们期待未来出台更具有针对性、明确性、系统性的财经素养教育政策，制定更细化的财经素养教育标准，如财经素养水平评价标准、分年龄段的财经素养教育内容、财经素养教育教学标准等，使学校财经素养教育拥有更加具体的参考标准。

第三，依托劳动课程，开展跨学科主题学习，融合财经素养教育，培养核心素养。《义务教育劳动课程标准（2022年版）》提出："劳动课程要培养的核心素养，即劳动素养，指学生在学习与劳动实践中逐步形成的适应个人终身发展和社会发展需要的正确价值观、必备品格和关键能力，主要包括劳动观念、劳动能力、劳动习惯和品质、劳动精神。"《义务教育语文课程标准（2022年版）》同样明确指出了劳动教育的重要性，强调学生在劳动实践中学会尊重劳动和普通劳动者，能正确理解劳动对个人生活、家庭幸福、社会进步、国家富强和人类发展的意义，认识到劳动创造人、劳动创造财富、劳动创造美好生活的道理，形成正确的劳动观念。《中国财经素养教育标准框架》设定的首要目标是检验学生能否成为一名自食其力的劳动者，积极创造社会财富并累积个人财富。可见财经素养教育目标的达成与新课标中核心素养的培养目标密切相关。财经素养教育可依托于劳动课程，并与学校各学科积极融合，设计跨学科主题学习，培养学生的财经素养与核心素养。

第四，分层指导，满足不同群体的财经素养教育需求。早期颁布的政策，如2006年《关于加强学校保险教育有关工作的指导意见》、2013年《中国金融教育国家战略（草稿）》等，确定了将金融知识普及教育纳入国民教育体系，教育群体指向全体公民，尤其指向保险理财的消费者。目前已经发布的《中国财经素养教育标准框架》，为全学段制定了财经素养教育标准，但对于公民在大学毕业后的财经素养教育，仍需分类指导，制定适应不同年龄组的财经素养教育政策，满足不同群体的财经素养教育需求。

（三）育人实践方向

1.对政策文件形式特点的把握有助于理解政策

财经素养教育相关政策文件有指导意见、战略、规划等类型，分别体现了政府的方向性指导和对具体工作任务的明确要求。政策文件的发布时间反映出国家对财经素养教育的远瞻性和重视，体现出社会各界对财经素养教育的积极配合。政策制定过程的下试上鉴和部门联合，反映了不同政策之间的延续和贯彻。对政策文件形式特点的把握，能够帮助我们理解政策，为构建财经素养教育体系注入新活力、带来新机遇。

2.政策文本的发展特点反映财经素养教育的必备要素

第一，政策内容的不断完善和细化，反映了财经素养教育对覆盖范围的广泛性和多样性需求。内容是政策实施的"心脏"，细致丰富且结构合理的政策内容，能帮助责任主体理解政策目标，为策略的实施提供保障。政策内容的制定是否合理，直接影响着政策的落实。政策内容的不断细化，体现了财经素养教育体系应覆盖多个方面，既包括知识、技能、策略等，也包括对财经知识的实践与应用，以及态度、动机、价值等其他方面。

第二，在政府的引领下，社会力量的参与日益深化，学校逐渐成为财经素养教育的主阵地。在政府的引领下，财经素养教育体系正在逐步完善，通过成立专门机构，形成成熟、系统的组织保障。社会力量的积极参与，也为推动财经素养教育的普及提供了支持。财经素养教育体系联合多方部门行动，不仅为教育政策的实施提供了坚实保障，还激发了社会各界的活力。学校作为财经素养教育的主阵地，承担着关键任务，从幼儿教育阶段开始，帮助学生养成正确的财经观念与习惯。党的十九大报告明确提出，要加强学生的素质教育，财经素养作为核心素养的重要组成部分，对个人和社会的长远发展都有重大影响。因此，学校与社会力量的协同配合，将进一步提升财经素养教育的效果。为了覆盖不同年龄和群体，相关部门还需深入调研，制定具有针对性的政策标准，满足社会各阶层的财经素养教育需求，从而实现全社会的共同进步。

3.政策文本的发展方向反映财经素养教育的侧重点

第一，政府主导，联合多方部门共同推进的发展方式是确保财经素养教育稳定和可持续发展的基础。政府是国家最高权力机关的执行机关，是国家行政机关。强调政府作为构建财经素养教育体系的责任主体，突出了其在国家层面的重要性，进一步明确了财经素养教育体系的发展需要从政府入手，建立健全政策法规体系和管理机制，为财经素养教育的实施和普及提供标准和政策保障。通过制度化建设，可以明确政府、学校和社会在财经素养教育中的职责和角色，形成有效的协同机制，推动教育质量的持续优化和升级。至于目前已经发布的《中国财经素养教育标准框架》的成果转化，还需要寻求顶层设计、体制机制、资源条件等方面的支撑，积极发动社会各界、各级各类教育机构乃至家庭的参与，唤起青少年自身的兴趣、认同和意愿。

第二，优化标准，引导财经素养教育规范发展的前提是确保财经素养教育的规范性和一致性。出台相应标准是保证教育质量的关键手段，同时也可以推动财经素养教育实现目标人群全覆盖、教育质量全达标，从而提高财经素养教育的整体质量和效率。2018年发布的《中国财经素养教育标准框架》体现出以下五点特色：一是更加重视财经价值的引导。从维度与素养目标可以看出，每一个维度不仅有目标，还有超越各个维度的人生财富信念。二是更加突出个体与社会和国家的经济关联。特别强调个体是关系性个体，离不开国家、社会、家庭，接受财经素养教育的学生，不仅要学会打理经济事务，还要理解自己与国家、社会的关系。三是注重弘扬传统文化的优秀经济思想。四是更加强调劳动创造财富的理念。尽管当今社会存在不劳而获的现象，但从本质上讲，劳动是人类创造财富的根本途径。因此，财经素养教育着重强调通过劳动实现财富积累的价值观和理念。五是更加强调对制度、规则的理解与遵循。

第三，依托劳动课程，开展跨学科主题学习，融合发展财经素养教育，培养学生核心素养。学校推进财经素养教育时，要侧重于融合发展。新课标强调跨学科学习的设计与实施，提出“原则上，各门学科用不少于10%的课时设计跨学科主题学习"，这为财经素养教育与劳动、语文等其他学科的融合提供了政策依据。同时，《中国财经素养教育标准框架》在研制过程中，坚持传统与现代价值取向融合的原则。不同于西方财富与道德的二元化，我国传统文化认为财富不是独立于人而存在的。财经素养教育需深挖我国传统文化中先进的财经思想，以各学段学生应该传承的优秀传统文化为指向，弘扬传统文化，尤其是优秀的经济文化，形成具有中国特色的义利观、金钱观，鼓励学生将财富与幸福生活，与社会的公平、正义、责任统一起来，这为财经素养教育与语文学科的融合提供了方向指引。深挖传统文化中优秀的财经内容，设计跨学科主题学习，培养学生树立正确的金钱观，着力发展其核心素养。

第四，分层指导，满足不同群体财经素养教育需求，是财经素养教育的核心追求。对公民的财经素养教育不限于金融消费者或是全学段的学生这两类群体，不同群体都应有机会接受财经素养教育。相关部门、机构应该有针对性地予以支持，提供免费教育资源。这体现了财经素养教育的针对性和普惠性，旨在提升我国全体公民的财经素养。

4.政策文件需要根据实际情况进行调整

《中国财经素养教育标准框架》于2018年发布，至今经过了7年的历程。随着经济全球化和数字技术的发展，金融产品与服务日益多样化，当今社会的年轻一代相比于其父辈，面临着更多且更复杂的财经决策，也将承受着更高的金融风险。

国民财经素养水平直接关系到个体幸福、社会稳定乃至国家发展。我国财经素养教育日益受到重视。随着财经素养教育的推广普及，财经素养教育实践在学校中不断发展，其理论研究将不断深化。在日新月异的当代社会，公民的财经素养教育需求也在不断变化，政策的制定需要根据实际情况进行调整，这样才能切实提升公民财经素养，落实经济战略目标。

第二节 现实背景

一、社会背景

（一）时代背景

近年来，由于社会的发展以及人口、经济和政策的变化，财经素养成为个体必备的核心素养。21世纪，人们有更多的机会获得由一系列金融实体提供的各种信贷和储蓄工具，如手机掌上银行、线上金融支付、社区财经团体等。当今社会金融市场所提供的金融产品日益多样和复杂，不仅对具备基本财经知识的人构成挑战，对几乎没有或完全没有财经知识的人来说，更是巨大的风险。然而，社会经济的发展却要求人们作出越来越多的财经决策，并为这些决策承担更多的责任。因此，在小学阶段通过开发财经素养校本课程，提升小学生的财经素养水平，显得尤为迫切。

早在2005年，经济合作与发展组织（OECD）就指出："财经素养教育应该从学校开始，人们应该在一生中尽早接受有关财务问题的教育。"今天的年轻人从很小的时候就开始与金钱互动并做出消费选择，他们在快节奏的消费社会中长大，在这个社会中，金钱愈发隐形，金融产品的选择范围越来越大，越来越多的消费者使用在线的方式进行购物和金融交易，消费者个体对他们在数字环境下作出的财经决策负有更大的责任。青年一代不仅面临金融产品、服务和市场日益复杂的问题，在他们成年后，可能要比其父母承担更多的金融风险。特别是，他们可能需要为退休储蓄、投资规划以及医疗保健需求承担更多的责任，处理更复杂多样的金融产品。由于市场和社会福利制度（尤其是养老金制度）的变化，当代人不再像过去那样能够依赖前辈的经验，而是不得不依靠自身的知识，并在知情的基础上听取专业的财务建议。由于缺乏财经素养教育以及对其重要性认知不足，严重限制了人们在工作场所或其他环境中对财经知识的学习与运用。因此，为人们提供系统的财经素养教育就显得非常重要。

在财经素养教育领域，我国各省市、学校都做了很多探索，特别是上海、广州、成都等地区，对学生的财经素养教育十分重视，并取得了一些重要成果。例如，广东参与了青年成就中国（Junior Achievement China）的项目，在中小学开展金融理财知识教育，科学规范了省级地方课程。西安市积极推进亚洲青少年经济公民教育项目。各大企业也通过全国中学生财经素养竞赛、社团活动课、主题实践项目等，为学校财经素养教育提供支持与服务。

（二）历史背景

有关财经素养的研究最早始于20世纪90年代早期，由英美两国的经济学家推动，但并未形成专有的名词。2002年10月，美国财经教育办公室颁布了《融财经素养教育于学校课程》白皮书，将财经素养教育按照一定国家标准融入学校教育。美国国会于2003年通过《财经素养和教育促进法案》，同年成立了财经素养教育委员会。2015年，美国颁布第四版《K–12个人财经素养教育国家标准》，指出财经素养教育的内容包括支出与储蓄、信贷与债务、就业与收入、投资、风险管理与保险、理财决策等。继美国之后，英国、德国、荷兰等国也将财经素养教育提高到国家层面。国际学生评估项目（PISA）于2012年将财经素养纳入测评，测评框架包括内容、过程和情境三个维度，此举引起了国内外学者对财经素养的广泛关注。2015年，经济合作与发展组织（OECD）发布了《青年财经素养核心能力框架》，该框架包括货币与交易、规划和理财、风险和回报、金融格局四个维度，每个维度下包括知识、态度、技能三类目标，详细阐述了15~18岁的青少年所应具备的基本财经素养。随着经济发展与金融对外开放的步伐进一步加快，北京师范大学等高校和科研单位开始设立相关研究机构，开展财经素养教育相关领域研究。我国对财经素养教育的关注稍晚，且相对边缘，但已有学者开始关注并开展实践活动。一些国家及组织尝试为青少年儿童设计财经素养教育框架。2016年，中国教育科学研究院联合各单位成立中国财经素养教育协同创新中心，该中心于2018年发布了面向幼儿园到大学各学段的《中国财经素养教育标准框架》，该框架从收入与消费、储蓄与投资、风险与保险、制度与环境、财富与人生五个维度出发，围绕财经知识与事实、财经方法与技能、财经观念与态度三个要素，最终形成包括幼儿园学段在内的“五维三标”结构。《中国财经素养教育标准框架》的发布有助于规范我国财经素养教育的实践内容，明确财经素养教育的目标，提高财经素养教育的质量，进而提升我国公民的财经素养。

（三）文化背景

我国儒家文化在义利关系上强调重义轻利，甚至耻于谈利、言商、说钱。孔子建立的以“仁”为核心的伦理思想体系提出了“义以为上”（《论语·阳货》）的道义原则，为后世儒家的价值观和义利之辨指明了方向，从而形成了崇义轻利的价值传统。孔子之后，重义轻利的思想被儒家学者进一步继承发展，确立了轻利重义、以义抑利的义利观。与此同时，中国传统文化强调“君子爱财，取之有道，用之有度。”《易传·乾文言》率先提出“利者，义之和也”的义利观，把“义”视为“利”的基础，并且以“义”统御“利”。今天我们倡导的财经素养教育，需尊重个人正当的利益诉求，并在此基础上实现义利的协调统一。财经素养教育要教会学生在尊重社会规则的前提下，通过合法途径获取正当经济收入。同时使学生明白，金钱是获取生存所需物质保障的基础，但它只是实现人生价值的手段而不是目的，我们不能成为金钱的奴隶，更不能为了获得金钱或更多财富去做违法害人的不义之事。换言之，不因利害义，不为义耻利。

2015年和2016年先后发布的《关于加强金融消费者权益保护工作的指导意见》和《推进普惠金融发展规划（2016—2020年）》要求教育部将金融

知识普及教育纳入国民教育体系，切实提高国民金融素养，并建立金融知识教育发展的长效机制。2017年，党的十九大报告提出，要重点打好防范化解重大风险、精准脱贫、污染防治三大攻坚战，其中的两大攻坚战都与财经和金融领域息息相关。围绕国家攻坚目标，教育一方面要培养能够化解金融风险、推动金融扶贫政策落实的高素质人才，另一方面要普遍提高公民财经素养，尤其要提高经济欠发达地区和贫困地区人口的财经素养。财经素养教育是落实"扶贫同扶志、扶智相结合"理念的重要举措，是阻断贫困代际传递，实现全体人民共同富裕的重要途径。在2018年举行的全国教育大会上，习近平总书记指出，要立足基本国情，遵循教育规律，坚持改革创新，以凝聚人力、培育人才、造福人民为工作目标，培养德智体美劳全面发展的社会主义建设者和接班人，加快推进教育现代化、建设教育强国、办好人民满意的教育。实施财经素养教育是贯彻落实党的教育方针，落实立德树人根本任务的基本途径。

二、学校背景

（一）优势与劣势

1.优势因素

（1）丰富的课程体系

益小建校于2011年8月，按照省级示范学校高标准进行规划与配置，拥有优越的人文环境、专业的师资团队、先进的教育理念、开放的办学策略、精细的现代管理。财经素养教育课程是益小开发的特色课程，该课程紧扣立德树人根本任务，旨在弘扬社会主义核心价值观。学校于2012年将财经素养教育纳入学校教育教学体系，着力培养学生树立正确的财富观和幸福观。家长、教师共同编写书刊《小富翁·大财智——小学生财商教育读本》，学校以"益小币""益小心愿卡"为实施载体，通过"玩转大校园""益小银行”等主题活动，着力探索财经素养课程体系，丰富学生的财经知识，在培养学生财经素养的同时，让学生学会理财、学会做人、懂得生活。2014—2018年，学校将财经素养教育与德育课程相融合，开发了以“小蜜蜂”“小管家”“小富翁”为主题的特色活动课程群，建构了具有益小特色的德育实践模式。通过学生的感受、体验与实践，我们逐步认识到财经素养教育在德育课程建设中的广泛应用前景，发现其具有更深的价值可供挖掘。学校充分挖掘家长资源，建立家长导师群，与家长合作创编财经素养教育读本《小富翁·大财智——小学生财商教育读本》。本阶段，学校还申报了市级重点规划课题“小学生财商教育实践研究”，课题获成都市教育成果阶段评审优秀奖。四川电视台拍摄《小富翁玩转大校园》宣传片，对益小的财经素养教育实践进行专题报道。益小与中国财经素养教育协同创新中心专家组联合成立“小学生财经素养教育教师研学共同体”，并在学校内设立国内首个小学财经素养教育专家工作室。

（2）学校文化与价值观

益小从2012年起开展财经素养教育，并持续拓展财经素养教育课程的内容与形式，以领跑者的姿态走在全国财经素养教育的前列。李玲校长谈到，财经素养教育的核心在于深植学生的“三观”，即正确的劳动观、合理的金钱观、正义的财富观。学校认真落实立德树人根本任务和高质量发展根本要求，着力建设以“学生为本，国家为重”为主题的财经素养校本体验课程，紧扣劳动教育的育人内涵和时代特征，通过点面结合，深耕财经素养教育，以有效落地、落实劳动教育。

以校本财经素养课程为依托，让学生了解基本的财经知识，提高理财技能，培养正确的“三观”；通过劳动去创造财富，理解财富的正当意义，进而学会劳动，主动承担自己所应承担的社会责任。

以学科融合为主渠道，聚焦学科特点，精准定位融合切入点，让劳动教育在语文、数学、美术、安全、道德与法治等学科中进行综合渗透，实现劳动教育在学生学习生活中的落地，促进学生综合素养的培养与提升。

以主题活动为载体，搭建多种平台，将劳动教育融入"小富翁"主题活动、国旗下主题活动、班级特色研学主题活动和家长课堂主题活动。例如，开展"我是自理小能手""我是环保小卫士""我是最棒小农夫""我是厨艺小达人"等活动，不断拓宽劳动教育的广度，引导学生积极参与社会实践，将各种劳动知识与技能学以致用，学会理财、学会生存、学会做人，感受劳动的艰辛与快乐，树立"幸福都是奋斗出来的"的思想。

益小依托财经素养教育，细化推进新时代劳动教育，筑牢学生德智体美劳全面发展的基石，使劳动教育与学科学习融合、与儿童生活融通、与家校社企联结、与未来发展同向，坚持"五育"并举，培养时代新人。

（3）优秀的组织与团队

目前，益小共有206名教师，其中有27名为研究生学历，教师的平均年龄为30.9岁。整体来看，益小教师相对其他学校而言可能偏年轻，存在经验不足、教育教学方法积累不够的情况，但是年轻老师更加有时间和精力去钻研教育教学，也更富有创造力，乐于接受新的教育理念和方法。通过财经素养教育实践，教师们进一步明确财经素养教育的价值认知，增强价值观育人的意识，不断提升专业素养。近年来，益小培养了30余名市区教坛新秀、优秀青年教师、优秀德育工作者，10余名教师取得教育硕士学位。教师团体开发了财经素养教育校本课程，并参与编写了财经素养教育读本和相关教材，共出版了3本系列教育读本，编写了6册财经素养教育读本和1套教材，开发了3册评价手册，撰写了3本系列成果集。教师教育论文、教育案例、教育故事在多家报纸、期刊中进行发表，有200余人次获奖。在学校财经素养教育总课题的引领下，益小所有教师积极参与各级各类课题研究，部分教师申报了"校园币账簿式管理""小富翁美食节系列课程开发"等子课题，撰写了《校园里的小商机》《论青少年的财经素养教育》《小议财经素养教育的落地》等论文，并聚焦财经素养价值观教育的具体着力点，进行深入的实践研究。与此同时，教师们开发了财经素养教育读本课程、班级财经素养课程、财经素养+语文、财经素养+数学、财经素养+STEAM等20余门课程。

（4）财经素养教育的应用及推广

建校以来，益小获评全国文明校园、四川省文明校园、成都市文明校园、成都市首批社会主义核心价值观校园文化建设示范校、成都市新优质学校、成都市“未来学校”等荣誉称号。学校被中国教育科学研究院授予“中国财经素养教育协同创新中心实验基地”称号，被中国教育学会命名为“中国教育学会财商教育实验基地学校”，成为成都市首批“财经素养教育实践基地学校”。2019年9月，益小开办新校区，形成“一体两翼”发展新格局，充分彰显学校品牌力量。四川省委教育工委李江书记来益小调研工作，充分肯定益小“从起步走向卓越，于细微处见精神”的办学主张，鼓励益小实现优质教育资源的辐射。益小聚焦价值观育人的财经素养教育实践，先后在中国学生财经素养教育论坛、全国财经素养高峰论坛、巴蜀儿童文学教育联盟活动上向全国进行介绍。益小举办了由中国财经素养教育协同创新中心牵头的《中小学幼儿园财经素养教育教师指导用书》编写说明会以及成都市财经素养教育研究共同体会议，引起与会专家、学者、同行的积极反馈。益小与重庆市、成都市、南京市、武汉市、郑州市、北海市、山南市等地的学校、教师开展学习交流活动50余次。益小出版的《小富翁·大财智——小学生财商教育读本》被推广运用到北京、上海、广州、南京、苏州、南宁、成都等地的多所学校。

2.劣势因素

（1）缺乏系统、科学的课程体系

尽管学校出版了《小富翁·大财智——小学生财商教育读本》，课题组也参与了《中国财经素养教育系列丛书》的编写工作，但是我国现行的基础教育课程体系中没有单独开设财经素养课程，学校在实施财经素养教育时，通常将其融合在德育活动、综合实践活动、学科课程等育人实践中。在实践活动开展的过程中，各项活动本身以及不同年级的财经素养活动相对独立，彼此之间缺乏连贯性、系统性。这种随意性的财经素养课程也降低了财经素养教育的效果。系统论认为："任何事物越是有序列，其效能就越高。"财经素养课程的开展也应避免盲目性、随意性。对财经素养课程的研究，应以"序列"为课程建构的思路，避免以往课程内容选择过于零散、随意的问题。序列化应该包括年级的序列化和内容的序列化。《中国财经素养教育标准框架》是一套完整、系统的教育标准体系，对于规范财经素养教育教学活动有着十分重要的意义。同时，有教师和家长提出，应该构建一套科学的评价体系，对财经素养教育实施情况进行评估和评价。在财经素养教育中，传统的评价方式往往过于注重理论知识的考核，忽视对学生实际应用能力和综合素质的评价。这种单一的评价体系无法全面反映学生的财经素养水平，也不利于培养学生的实际应用能力。因此，我们需要开发更系统、更科学的课程实施体系，以落实立德树人根本任务，满足学生发展需求，培养符合国家发展需要的社会主义建设者和接班人。

（2）缺乏专业的财经素养课程师资力量

教师是教育活动的组织者与领导者，在教学中发挥着主导作用。在普及财经素养教育的过程中，教师自身的专业水平直接影响着财经素养教育的质量。益小的财经素养课程主要由各学科教师在项目组内参考《中国财经素养教育标准框架》和《小富翁·大财智——小学生财商教育读本》以组织授课，但教师受学科知识、职业背景、学段差异、认知水平等因素的影响，对财经素养的概念存在理解性偏差。财经素养课程的专业性较强，对教师的要求较高，学校教师需要接受专业的财经指导，学习系统、专业的财经知识，以提高自身财经素养水平，促进财经素养课程的高效开展。虽然学校积极与社区、企业开展合作，并获得志愿者的帮助，但与专业金融机构合作的机会仍然有限。同时，不仅接受财经素养教育培训的教师数量有限，能够将专业指导进一步落实到财经素养课程上的教师更为稀缺。因此，我们希望能举行财经素养教育标准研讨与教师培训活动，加深教师对财经素养教育的理解，持续提高财经素养教育质量。同时，学校应充分重视财经素养专业教师队伍的建设工作，组建专门的财经素养教师团队，加强教师自身学习、对外交流和培训，切实提高教师专业水平。

（二）机遇与挑战

1. 抓住机遇

益小于2011年8月建校，地处数字经济和金融业、商贸业集聚发展的高新区。学校紧扣立德树人这一根本任务，将财经素养教育纳入教育教学体系，着力探索有实效、可持续的财经素养教育。国家、省、市新闻媒体对益小进行了20余次报道，《教育导报》《成都日报》《中国德育》《时代教育》等报纸、期刊也分别对益小进行了专题报道。成都市政协提案委员会副主任何长明到益小开展财经素养教育专题调研，将此案例写入政协提案，以求积极推广。一大批理论专家对益小的财经素养教育表示高度认可。著名学者顾明远教授特别赞誉益小在财经素养教育方面的先行实践和研究成果；中国教育科学研究院高等教育研究所所长张男星教授肯定益小的实践研究，称其“有思想引领、有行动示范、有团队建设”，对学校的后续研究寄予厚望；南京师范大学朱曦教授认为，“学校的课例可操作性强、有价值引领，对财经素养教育研究具有推动作用，是小学财经素养课例典范”；四川大学经济学院常务副院长朱方明教授称赞：“学校以课程为载体在小学生中开展财经素养教育，在我国无疑是一个创举，是一件非常有意义的事情。”

2. 面临挑战

在新时代的召唤和财经素养课程建设的背景下，益小开展财经素养教育课程面临的挑战主要有两个方面。

如何与学校学生综合素质评价相结合，构建更加精准化的财经素养教育评价体系？大数据时代，在“互联网+”和5G、VR技术的推动下，小学生财经素养教育的评价应该更加可视化、精准化，记录学生成长数据，为学生绘制一张立体成长画像，进而推动财经素养教育的进一步优化。

如何与时代发展特点相融合，积极搭建具有时代特征的、家校社企联动的财经素养教育场域？财经素养与经济发展息息相关，在时代发展的推动下，小学生财经素养教育不应是固化的模式，而应是开放的和动态的。未来社会以互联网金融为主导的经济特点将更加突出，财经素养教育的体验活动也应随之创新，更具时代特征，更具场域多元性，延伸至家庭，延展至社会，携手企业进行各种教育场域的开发。

第三章

育人理念

第一节 “五育”融合的政策和理念

一、“五育”融合的政策分析

党的十八大以来，习近平总书记从培养社会主义建设者和接班人的高度，提出“要努力构建德智体美劳全面培养的教育体系，形成更高水平的人才培养体系”[①]。德智体美劳（简称“五育”）全面发展是新时代育人方式的转型，确立了新时代教育所要培养人才素质结构的一般表述和普遍性要求，规定了人才培养的具体目标领域。[②]

早在十多年前，我国教育领域就对“五育并举”的理念予以了高度重视，并将其确立为教育发展的重要指导方针。这一极具前瞻性政策的提出，产生了意义深远且影响广泛的积极作用，有力地推动了整个教育体系在诸多层面的深入改革与优化。在课程设置方面，不再片面地侧重于传统的智育，而是对德育、智育、体育、美育和劳动教育进行了科学合理的均衡规划。具

① 习近平：坚持中国特色社会主义教育发展道路培养德智体美劳全面发展的社会主义建设者和接班人［J］.教育科学论坛，2018（30）：7–9.

② 石中英.努力培养德智体美劳全面发展的社会主义建设者和接班人［J］.中国高校社会科学，2018（6）：9–15.

体而言，众多学校不但大幅增加了体育、美育和劳动教育的课时，还煞费苦心地设计了丰富多彩、形式多样的课程内容。例如，专门开设的艺术鉴赏课，让学生能够领略艺术的魅力，提升审美素养；精心策划的劳动实践课，使学生在实际操作中掌握劳动技能，培养劳动习惯。在教学方法方面，坚决摒弃了单一、僵化的灌输式教学，转而采用更为多元且互动性极强的方式，积极鼓励学生热情参与、自主探索。例如，组织小组讨论活动，促进学生之间的思想碰撞与交流合作；开展实践操作，让学生在动手的过程中巩固知识、提升能力；安排实地考察，使学生能够亲身感受真实场景，开阔视野。同时，尤为注重在各学科教学中巧妙融入德育和智育的元素，实现知识传授与品德培养的相辅相成、相得益彰。例如，在语文教学中，通过经典文学作品滋养学生的心灵，培养其高尚的道德观念和敏锐的思维能力；在科学课上，引导学生秉持严谨的治学态度，激发创新精神，勇攀科学高峰。

2019年，具有划时代意义的政策文件《中国教育现代化2035》①重磅出台，旗帜鲜明且坚定不移地提出推进德智体美劳融合育人。这一政策的重大转变堪称我国教育理念的一次质的飞跃，具有里程碑意义。《中国教育现代化2035》的出台，绝非仅仅是对教育理念的简单升级，而是对教育实践提出了前所未有的更高标准和更为明晰、确切的方向指引。《中国教育现代化2035》深刻强调了各育之间绝非彼此孤立、简单并列的关系，而是要达成深度的融合与相互的促进，进而构建一个有机统一的整体。②在课程设计上，大力倡导跨学科的融合课程开发，坚决打破传统学科之间的森严壁垒，将来自不同领域的知识和技能进行有机整合。这种创新方式，能够着力培养学生的综合思维和创新能力，助力他们以更加全面、系统的视角看待问题，并有效地解决问题。例如，精心开发融合了科学、技术、工程、艺术和数学的

① 中共中央 国务院印发《中国教育现代化2035》[J].人民教育，2019（5）：7-10.

② 冯建军.构建德智体美劳全面培养的教育体系：理据与策略[J].西北师大学报（社会科学版），2020，57（3）：5-14.

STEAM课程，让学生在解决实际问题的过程中，综合运用多学科知识，切实培养其创新思维和实践能力。[①]

另外，同年发布的《关于深化教育教学改革全面提高义务教育质量的意见》，再次着重强调融合育人的重要性，为教育实践提供了更为具体、详尽且切实可行的指导方略。这一意见明确要求学校和教育工作者在日常教学中积极探索、勇于创新，将“五育”融合的理念实实在在地落实、落地到每一堂课、每一项活动之中。[②]例如，要求学校在制定教学计划时，充分挖掘各学科之间潜在的内在联系，精心设计综合性的教学活动和极具挑战性的项目式学习任务。通过这些精心策划的活动和任务，着力培养学生的合作能力、问题解决能力和自主学习能力。[③]在评价学生时，全力构建多元化、多层次、多角度的评价体系，全面综合考量学生在品德、智力、体质、审美、劳动实践等多方面的表现和进步，不再将考试成绩作为唯一的评价标准，而是高度关注学生的全面发展和综合素质的提升，致力于为学生的成长提供更加全面、客观和公正的评价。[④]

此外，《中共中央 国务院关于全面加强新时代大中小学劳动教育的意见》等一系列文件也着重强调了劳动教育在“五育”融合中的关键地位，为培养学生的劳动观念、劳动技能和创新精神提供了坚实有力的政策保障，进一步推动了“五育”融合的深入发展和有效落实。[⑤]

① 李学书.STEAM跨学科课程：整合理念、模式构建及问题反思［J］.全球教育展望，2019，48（10）：59-72.

② 中共中央 国务院关于深化教育教学改革全面提高义务教育质量的意见［J］.人民教育，2019（Z3）：7-11.

③ 杨明全.核心素养时代的项目式学习：内涵重塑与价值重建［J］.课程·教材·教法，2021，41（2）：57-63.

④ 郑美良，范国睿.超越结果与绩效回归过程与改进——基础教育学校评价的变迁与改进路向［J］.教育科学研究，2021（6）：41-46.

⑤ 中共中央 国务院关于全面加强新时代大中小学劳动教育的意见［J］.教育科学论坛，2020（15）：3-6.

综上所述，我国教育领域高度重视"五育"融合，通过一系列政策文件不断推进其发展。从早期的"五育并举"理念的确立，到近年来强调各育深度融合，出台了众多具体的指导意见，旨在打破学科界限，创新教学方法与评价体系，注重劳动教育，为培养全面发展的高素质人才提供了有力的政策支持和方向引领。这些政策的实施，将不断推动我国教育事业朝着更加科学、全面、优质的方向迈进。①

二、"五育"融合的文献研究

众多学者从多个维度和不同视角对"五育"融合的内涵进行了深入、透彻且独具匠心的剖析和解读。

宁本涛和樊小伟指出，"五育"融合绝非孤立、片面、机械地发展各个教育领域，而是要坚决打破学科和领域的固有界限，积极促进各育之间的有机整合与协同共进，形成一个相互关联、相互滋养、相互促进、动态平衡的教育生态系统。这种融合要求超越传统的教育模式和僵化的观念，以系统的思维和创新的方法推动教育的全面、协调、可持续发展。②例如，通过开展跨学科的研究性学习活动，学生在解决复杂问题的过程中，综合运用多学科知识和技能，培养创新思维和实践能力。

廖凤琳和王凤认为，"五育"融合的核心目标在于全方位、多层次地培养学生的综合素养，使学生在品德修养、智力发展、身体健康、审美情趣、劳动实践能力等方面得到均衡、协调且可持续的发展。③这意味着教育不仅要高度关注学生对知识和技能的获取，更要把重点放在学生内在品质的塑

① 石中英，董玉雪，仇梦真.从"五育并举"到"五育融合"：内涵、合理性与实现路径［J］.中国教育学刊，2024（2）：65–69.

② 宁本涛，樊小伟.以"五育融合"迎向基础教育高质量发展［J］.生活教育，2021（1）：8–12.

③ 廖凤琳，王凤."五育"融合视域下小学体育教学的价值意蕴与创新策略［J］.教育科学论坛，2023（33）：72–74.

造、个性特长的发挥以及社会责任感的培养上。例如，通过组织社区服务活动，学生在为他人服务的过程中，养成关爱他人、奉献社会的品质，同时提高自己的沟通能力和解决问题的能力。

王琳和田夏彪强调，“五育”融合要充分关注学生的个体差异和独特的兴趣特长，因材施教，通过个性化的教育方式，最大限度地激发学生的内在潜能和创造力。[①]每个学生都拥有独一无二的天赋和与众不同的发展需求，“五育”融合的教育应能够敏锐地捕捉到这些差异，并为学生提供量身定制的教育体验和专属的发展路径，让每个学生都能在自己擅长和感兴趣的领域充分展现自我，绽放出属于自己的独特光芒。例如，对于具有艺术天赋的学生，为其提供更多的艺术培训和展示机会；对于热爱科学的学生，组织其参加科技竞赛和实验活动。

此外，宁本涛和樊小伟进一步指出，“五育”融合需要全社会的广泛参与和紧密协同合作，包括家庭、学校、社区以及社会各界的力量。[②]家庭作为孩子成长的第一所学校和永远的港湾，应高度重视日常生活中的品德教育和劳动习惯培养。通过言传身教，孩子从小养成良好的品德和劳动习惯。同时，学校要全力构建综合性、跨学科的课程体系和先进的教学模式，营造浓厚的“五育”融合的校园文化氛围。为了让学生在丰富多彩的校园生活中得到全面发展，社会各界应积极为学生提供丰富多样、高品质的实践平台和优质教育资源，共同为学生的全面发展创造有利条件。

综上所述，以上众多学者从不同的层面和角度深入探讨了“五育”融合的丰富内涵，着重强调了其打破学科界限、促进各育协同发展、全方位培养学生综合素养、密切关注个体差异、迫切需要全社会协同合作等至关重要的

① 王琳，田夏彪.“五育”融合背景下小学劳动教育的实施路径［J］.教学与管理，2024（3）：99-103.

② 宁本涛，樊小伟.以“五育融合”迎向基础教育高质量发展［J］.生活教育，2021（1）：8-12.

方面。这些深入且全面的研究成果，为切实推动“五育”融合的教育实践活动提供了极为丰富的理论支撑，以及具有前瞻性和可行性的有益思路借鉴。它们犹如一盏盏明灯，照亮了教育改革的前行道路，有助于进一步促进教育的全面、科学、高质量发展，为学生创造更为优越的成长环境，推动学生实现综合、协调、可持续的成长，使其能够更好地适应未来社会的多元化需求和挑战。

三、“五育”融合的育人实践

在“五育”融合理念的强大引领和有力推动下，教育实践在各个领域和不同学段都取得了显著且令人瞩目的丰硕成果。

（一）小学劳动教育方面

潘燕飞主张将劳动教育与学科教学进行深度有机的结合。[①]这种结合方式丰富多样且极具创意。例如，在语文教学中，通过引导学生撰写劳动心得、讲述劳动故事等，学生不仅深化了对劳动价值的理解和认知，还提高了语言表达和文字写作能力。在数学教学中，通过巧妙设计与劳动相关的实际问题，如计算劳动成本、优化劳动流程等，学生能够进一步提升其数学应用能力和逻辑思维能力。同时，通过开展形式多样、富有创意的劳动实践活动，如校园农场的种植与管理、手工艺品的制作与义卖等，学生在亲身实践中深刻体验到劳动的艰辛与乐趣，进而培养其动手能力、创新思维和强烈的责任感。例如，在校园农场的种植活动中，学生从播种、浇水、施肥到收获，全程参与，不仅学到了农业知识，还体会到了劳动的不易和收获的喜悦。

王怀伟、张长娟和刘凤深入探讨了小学劳动课程的项目化实施路径和方

① 潘燕飞．“五育融合”视域下的劳育实施策略［J］．小学教学参考，2024（12）：90-92.

法，通过精心设计具体的劳动项目，如校园环保行动、社区志愿服务等，让学生在项目实施的过程中，不仅能够熟练掌握各种劳动技能，还能有效培养团队合作精神、问题解决能力和高度的社会责任感。[①]例如，在校园环保行动中，学生们分组合作，对校园内的垃圾分类、资源回收等问题进行调研和改进，不仅增强了环保意识，还锻炼了组织协调和合作能力。

（二）小学德育教育方面

汪北南主张通过开展主题班会、品德课等活动，将德育与其他各育有机结合。例如，在主题班会中，以“感恩”为主题，学生通过讲述身边的故事、表演小品等形式，体会感恩的重要性，同时培养其语言表达和情感体验能力。[②]

周杰和赵红妍主张通过研学旅行的方式来实现德育实践育人，他们认为，研学旅行超越了传统的德育模式，将体验德育、环境德育和榜样德育融为一体，达到教化与内化、知与行的统一，为学校德育工作提供了新的思路和途径。例如，学生在研学旅行中，有机会接触到各行各业的优秀人物，他们的先进事迹和崇高精神可以成为学生学习的榜样，激发学生的学习动力和进取心。[③]

（三）跨学科方面

在跨学科教学方面，唐晓勇提出通过整合语文、数学、科学等学科知识，设计综合性的学习项目。[④]例如，以“探索大自然”为主题，学生在观

① 王怀伟，张长娟，刘凤.五育融合背景下小学劳动课程的项目化实施［J］.教学与管理，2024（2）：25–27.

② 汪北南.“五育融合”背景下中小学管理的行动与成效［J］.辽宁教育，2023（22）：80–82.

③ 周杰，赵红妍.学校德育实践育人的有效途径——基于研学旅行的探讨［J］.中学政治教学参考，2016（18）：70–71.

④ 唐晓勇.跨学科理念下“五育融合”的课程实践［J］.中小学校长，2022（8）：20–23.

察自然现象、撰写观察日记、进行科学实验的过程中，综合运用多学科知识和技能。

孙静与吴乐乐认为，综合实践活动课程强调的是"培养学生跨学科综合素质"，具体落脚点应该是"主动的问题解决能力"。①通过开发以解决实际问题为导向的综合实践活动课程，如校园文化建设、社区环境改善等项目，学生在项目活动过程中参与策划、设计和实施，提升综合素养和实践能力。

（四）综合学科方面

钟艳如与朱娅君指出，当前我国小学财经素养教育近乎空白，学生的经济意识淡薄，应基于立德树人的理论指导，结合核心素养理念，构建一套完整的小学财经素养教育体系。同时，教育部门也应加大对财经素养教育的重视，开发适合小学生的财经课程，进而提升学生的综合素质。②

刘志阳和杨超认为，财经素养教育应该坚持立德树人这个根本任务，应培养学生善于解决实际问题的财经实践能力，应充分发挥教育部门的统筹作用，推进家校社协同育人，通过实践活动育人，通过优化师资结构、培养专业教师队伍来提高财经素养育人质量，以此，为中国经济社会的持续健康发展提供人才保障。③

综上所述，在"五育"融合理念的指引下，小学教育在劳动教育、德育教育以及跨学科和财经素养教育等方面均进行了积极且富有成效的探索与实践。通过将各育有机结合，采用创新的教学方法和课程设计，不仅丰富了学生的学习体验，而且全面提升了学生的综合素质和能力。这些实践成果为未

---

① 孙静，吴乐乐.综合实践活动课程的特性辨析和改革启示［J］.教学与管理，2020（15）：88-90.

② 钟艳如，朱娅君.新形势下小学财经素养教育的发展策略［J］.新课程（上），2018（10）：17.

③ 刘志阳，杨超.财经素养教育的国际经验借鉴与中国标准建构［J］.广西财经学院学报，2019，32（3）：116-126.

来的教育改革和发展提供了宝贵的经验和借鉴，有望推动教育不断向着更加全面、优质和个性化的方向迈进，为培养适应社会发展需要的新时代人才奠定坚实基础。

四、“五育”融合的发展趋势

随着教育改革的不断深入以及社会对人才需求的持续变化，“五育”融合呈现出以下显著发展趋势：在技术融合方面，利用虚拟现实（VR）、增强现实（AR）等前沿技术，创设教育情境，以促进“五育”融合发展。在课程深度融合方面，注重挖掘“五育”的内在联系，开发综合性跨学科课程。在评价体系方面，体系趋于完善，致力于建立更加科学、全面、多元化且个性化的评价体系。在社会资源整合方面，整合力度加大，加强学校与社会的合作，进而整合优质教育资源。在教师专业发展方面，着重提升教师跨学科教学等能力，提升教师“五育”融合育人能力素质，以适应教学需求。①

“五育”融合作为我国教育改革至关重要的战略方向和核心发展理念，在政策的强劲有力引领以及教育实践的积极主动探索这两个方面，都已经取得了引人瞩目的阶段性成果。然而，教育者们必须保持头脑的清醒，深刻地认识到，“五育”融合的实践目前仍然处于一个持续发展和逐步完善的动态进程之中，依旧面临着众多复杂棘手且艰巨繁重的挑战和问题。比如说，在教育资源相对薄弱的地区，怎样去实现“五育”融合的均衡发展，让每一个孩子都能享受到公平而优质的“五育”融合教育？如何进一步提升广大教师的“五育”融合专业素养和教学能力，使他们能够游刃有余地运用“五育”融合的理念和方法进行教学？怎样构建一套科学合理、全面系统、公正公平且具有切实可操作性的“五育”融合评价体系，以准确衡量“五育”融合的实施效果？又如何充分整合和有效利用社会各方的丰富资源，为“五育”融

① 杨丽．“五育融合”的历史演进、现实困境及实现之策——基于新发展阶段背景下的分析［J］．当代教育论坛，2021（4）：1-10.

合提供更为广阔的发展空间、更优质的教育平台以及更有力的支持？

未来，深化理论研究与实践创新的深度融合以及协同发展，已成为一项迫切而重大的任务。教育界要坚持不懈、持之以恒地探索能够适应时代发展需求、契合学生身心特点和成长规律的“五育”融合新模式、新方法和新路径，同时要进一步优化和完善教育教学体系以及评价机制，以此来实现教育的高质量发展和内涵式提升，为培养德智体美劳全面发展、富有创新精神和实践能力的社会主义建设者和接班人筑牢坚实的基础，为实现中华民族伟大复兴的中国梦源源不断地提供强大的人才支撑和坚实的智力保障。

第二节　学生心中的学校育人理念

一、“五育”融合理念的校本化表达

（一）实现每个孩子的个性化发展、多元化成长

“五育”融合是依照特定的逻辑，从目标、内容、实施等层面出发，把分化的教育要素联结为一个有机整体，进而促进儿童德智体美劳全面整体发展的过程。[①]“五育”融合的校本化指的是将这个有机整体深度植根于每一所学校的独特文化土壤，实现每个孩子的个性化发展与多元成长。在校本化表达的过程中，学校需深入挖掘自身教育资源，结合学生的实际需求与潜能，构建一套既符合“五育”融合要求，又富有学校特色的教育体系。

“每个孩子不可能都是第一，但每个孩子却是我们的唯一。”这是益小坚守的核心教育理念。在此理念的光辉照耀下，每一个孩子都被看作是独一无二的生命个体，每一个儿童都是自己内心世界的引导者，教育的使命是引导儿童成为最好的自己。

① 刘登珲，李华．“五育融合”的内涵、框架与实现［J］．中国教育科学（中英文），2020，3（5）：85-91.

作为启蒙思想、培育学识的园地，益小矢志不渝地探索着“培养什么样的人”这一教育命题。在核心理念的引领下，由5个孩子组成的群体雕像，是对该命题掷地有声的回答。这5个孩子正意气风发地向前奔跑，生动地彰显了益小的“五会”育人目标：会生存、会做人、会学习、会分享、会创造。从生存技能、道德素质、学习能力，到公共理性、个性专长，“五会”育人目标涵盖了德、智、体、美、劳等诸方面的素质要求，直指人的发展的核心素养的内涵要求，致力于培养能够适应不断变化的社会生活环境的小公民。

学校教育引导儿童探索世界、发现世界、思考世界。学无止，思无涯。思，是思维、思想，是心灵的自由。每个儿童都充满了对知识的好奇与渴求，教育给予儿童的不仅是知识技能，更应该是一个舞台、一片时空，引导儿童自己去探索、自己去辨析、自己去历练。教育实践应给每个儿童表现自我、锻炼成长的机会，以发展的眼光看待每一个儿童，感受他们的内心世界，找到教育的原点，解放儿童的天性，引导其大胆思考，用人文精神浸润每个儿童的人生底色。儿童拥有获得幸福的能力，内心蕴藏成长的力量，就如心里住着一个太阳，在未来的任何一个时刻都能引领其走向光明。

思无涯，是思维、思想的解放与自由；行有矩，是知识、行为的统一与和谐。行是思的放映，是习惯与品质的习得，思与行在无形与有形间共同促进儿童的全面发展。古语云：“不以规矩，不能成方圆。”蒙台梭利在教育中提及“自由与规则”时说道：“自由与纪律是内在紧密相连的。没有纪律，谈不上自由；没有自由，纪律也无法实现。”教育应该使学生有知识、有修养、有能力、有体魄、有精神，行为的规范与自律是教育一直持守的基本底线。①

基于以上教育理念，益小精心设计了“五会达人成长记”这一成长手

① 石中英.论学生的学习自由［J］.教育研究与实验，2002（4）：6-9.

记，为每位学生记录下从小学一年级至六年级，共12册的独一无二的成长轨迹。该手记体现了"五会"育人的目标，并与每月校园主题活动相结合，确保月月有主题，周周有内容，每一天都是往深处扎根的成长过程。五会十星，点滴养成，是评价标准，更是成长导航。思无涯，行有矩；思想活跃，言行方正；二者并存，才得以相辅相成，为孩子的终生发展奠基。尊重每个生命个体，以人文的校园环境和丰富的"乐活"课程，塑造一个以发展为中心的"儿童世界"。在这个儿童世界里，老师和孩子共同成长。儿童在"乐活"的校园中学会生活、学会学习、学会交往、学会创造，儿童敢于"做自己"，乐于"做自己"，更会"做好自己"。每一个学生都能实现"在愉快中发展，在发展中愉快"，每一个生命都能在开放的校园中品味成功的快乐，奠基自信人生！

在教育的多元化生态中，在教育实践的广阔舞台上，益小的教育工作者们矢志不渝地围绕着一个核心理念，即"每个孩子不可能都是第一，但每个孩子却是我们的唯一"；追寻着一个共同目标，即"实现每个孩子的个性化发展、多元化成长"。

（二）以"乐"为始，以"活"为终，落实"五育"融合理念

学校课程首先应该是快乐的，"乐"是课程底色，是课堂氛围，更是教育过程，教师乐教，学生乐学，趣中求乐、精中求乐、乐而创造；学校课程也应该是鲜活的，"活"是思想态度，是能力发展，教师活教，学生学活，实中求活、新中求活、活而发展。每一个孩子都是独一无二的个体，"乐活"的课程，具有阳光的温暖，具有水的灵性。"乐活"课程，犹如一股清泉，滋养着师生的生命，激发着师生无限的潜能。它尊重孩子的天性，发展孩子的个性，让孩子们经历由内而外的快乐，以及富有意义的学习生活，也让老师们度过幸福、完整且具有价值的教育生活。[①]"乐活"课程以"乐"为始，

① 葛宗方.生命教育理念下创建"乐活"文化特色［J］.教育，2018（1）：42.

引领学生快乐成长；以“活”为终，落实学生核心素养。

在“每个孩子不可能都是第一，但每个孩子却是我们的唯一”这一办学理念的指引下，益小的教育者们确立了“个性化教育、多元化成长”的课程理念。他们从孩子的角度出发，站在儿童的立场，构建了完整的“乐活”课程体系，包括基础课程、拓展课程和融合课程，如图3-1所示。

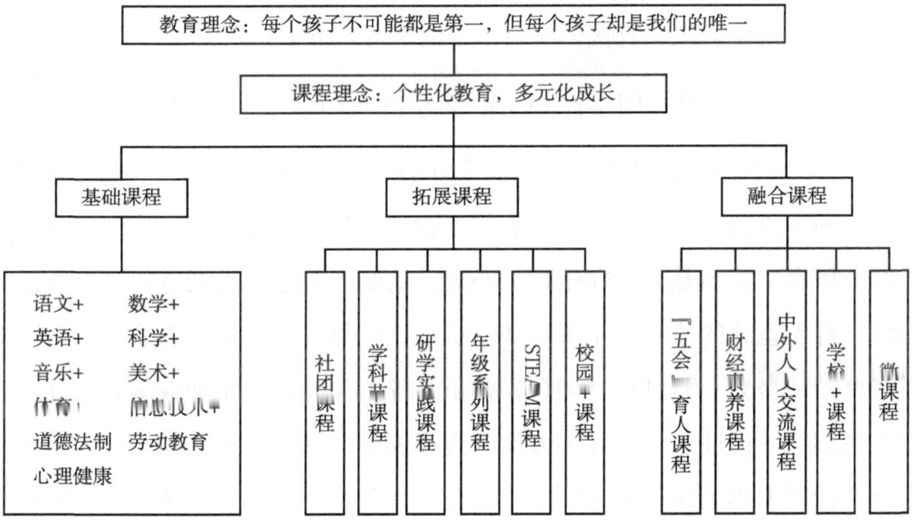

图3-1　课程结构

为孩子们提供更加丰富多元的课程，该如何保证足够的课程时空，成为教育者们一个亟待解决的问题。为此，他们将有限的时空进行合理的增维、延展，巧用“长长短短”的课程时长，将常规的40分钟课堂，分解成10~70分钟长短不同的课时，根据课程的不同特点匹配时长，使课程容量更加饱和，课程特色更加凸显。同时，课程空间也由教室延展至校园、社会、大自然，让每一面墙都开口说话，每一处景都开放为课堂，在师生中逐步形成“校园处处皆课程，人人事事皆课程”的意识。

基础、拓展、融合三大类课程，共同构成了“乐活”课程体系的坚实框架，为孩子们提供了共性发展及个性成长需要的多元化课程，让他们在“乐活”的校园文化熏陶中，寻找自我、发现自我、展示自我，实现快乐成长、个性化成长。

二、学校育人理念的心理学意义

随着社会的不断发展和教育理念的深化，人们对学校育人理念的理解逐渐从单纯的知识传授转向更加全面的儿童身心发展。学校育人理念作为教育活动的核心指导思想，直接影响着学生的学习观和教学心理。

（一）儿童发展心理学视角下的学校育人理念

“每个孩子不可能都是第一，但每个孩子却是我们的唯一”这一理念体现了一种尊重儿童个体差异的发展观。在儿童发展心理学中，个体差异是一个核心概念，指的是儿童在生理、心理、认知、社会性发展等方面存在的独特性。育人理念的核心在于尊重和承认这些差异，强调每个儿童都有独特的发展路径和潜力。通过这种理念，益小不仅关注儿童的学业成绩，更注重儿童在情感、社会性、认知等多方面的全面发展。在实践中，益小通过个性化的教育计划来体现这种育人理念，引入了兴趣社团项目，让每个学生根据自己的兴趣选择学习内容。这个项目不仅激发了学生的学习动机，也帮助他们发现了自己的潜力。在此过程中，教师不仅关注学生的学业成绩，更注重学生的情感发展和社会性能力的提升。

每个儿童的成长都是一个独特的过程，这一过程受到先天遗传因素和后天环境因素的共同影响。发展心理学研究表明，儿童在不同的发展阶段会表现出不同的特征和需求。①因此，学校在践行育人理念时，需充分考虑儿童的个体差异，并基于此进行教育。在课堂教学中，教师要采用差异化的教学策略，以满足不同学生的学习需求。具体而言，差异化的教学策略体现在各学科教学的精细化分层上。教师将学生按能力分为不同层次的学习小组，针

① 李维东.皮亚杰的建构主义认知理论［J］.中国教育技术装备，2009（6）：18–20.

对每个小组，设计不同难度的教学内容和作业。[①]这种差异化的教学策略不仅尊重了学生的个体差异，还有效提升了学生的学习效果，避免了部分学生因学习难度过大而产生挫败感和厌学情绪。

发展心理学指出，儿童的成长遵循一定的普遍规律，如从简单到复杂、从具体到抽象、从依赖到独立。学校的育人理念应尊重并适应这些发展规律。在教育实践中，教师根据学生的年龄特点和其所处的认知发展阶段，设计适合他们的教学内容，帮助他们在各自的发展阶段中获得最佳发展。例如，在小学一年级阶段，教师应更多地通过游戏和互动来引导儿童学习，而非单纯的知识灌输。这种做法遵循了儿童在早期发展阶段以具体形象思维为主的认知规律，有助于促进儿童的全面发展。[②]

益小的育人理念不仅关注儿童的认知发展，还强调了儿童个性的全面发展。心理学研究表明，个性的发展对儿童未来的社会适应和心理健康有着重要影响。在育人过程中，学校应注重培养学生的自尊、自信、责任感等积极人格特质，同时帮助学生养成良好的社会行为习惯，具备情感调控能力。在实际操作中，有些学校通过设置心理健康日或班级心理活动课来帮助学生发展健康的个性。益小不仅有专门的心理活动课程，还设置了心理咨询室、班级心理委员等，形成了由上至下的心理健康教育网络。课程内容精心编排，包括自我认知、情绪管理、团队合作等多个方面，不仅有助于学生心理素质的提升，也帮助他们在学习和生活中更加自信和积极。[③]

（二）教育心理学视角下的学校育人理念

学校的育人理念对学生的学习观有着深远的影响。传统教育常常以成

① 赵丽琴.差异化教学策略刍议［J］.课程·教材·教法，2014，34（4）：125.

② 孙清祥.论皮亚杰认知发展阶段理论及其对教育的启示分析［J］.南昌高专学报，2012，27（1）：64-66.

③ 姚本先，何元庆.论学校心理健康教育的途径——《中小学心理健康教育指导纲要》实施途径解读［J］.基础教育参考，2013（5）：19-22.

绩为中心，忽视了学生在学习过程中的心理感受和体验。现代教育心理学强调，学习不仅是知识的获取，更是一个积极主动的建构过程。[①]益小的育人理念倡导"每个孩子都是唯一"，强调了学习者的主体地位，鼓励学生根据自己的兴趣和能力进行探索和学习，从而形成积极的学习观。益小教师会为学生提供项目式学习的机会，学生可以根据自己的兴趣选择研究课题，并通过小组合作的方式完成项目。这种学习模式不仅增强了学生的学习动机，还培养了他们的自主学习能力和问题解决能力。

益小的育人理念主张在教育过程中要关照学生的心理需求，尤其是对其学习动机、自我效能感和学习策略的培养。研究表明，当学生感受到教师的尊重与关注时，他们的学习动机会显著提升。学校的育人理念通过鼓励学生个性化发展，帮助他们在学习中建立自信，从而提高学习效果。在某学校的"成长档案袋"制度中，教师收集了学生们在班级特色活动中的优秀作品、才艺展示、精彩瞬间等，如书画作品、手抄报、手工作品、文艺节目、运动会照片。这些作品以多种形式呈现，丰富了档案袋的内容，更全面地展现了学生的成长过程。每当学生在某一方面取得进步时，教师都会在档案中予以记录和表扬。这种做法帮助学生更好地认识自我，增强自信心，促进其全面发展。[②]

在教学心理方面，益小的育人理念强调教师应尊重学生的认知发展规律和个性差异。在实际教学中，教师需要根据学生的认知水平和心理需求，灵活调整教学方法和内容，从而促进学生的有效学习。同时，益小的育人理念还要求教师在教学过程中保持积极的情感支持，帮助学生克服学习中的困难，培养他们的学习兴趣和自主学习能力。在某些学校，教师通过情感教育策略来支持学生的学习。例如，教师通过设计趣味性的心理游戏，让学生在

① 续润华.建构主义理论及其对我国基础教育教学改革的启示［J］.教育探索，2007（3）：3-4.

② 章旭霞.学生成长档案袋材料管理的策略研究——以东洲中学"花絮：1+X"学生成长档案袋材料管理为例［J］.基础教育论坛，2024（3）：110-112.

游戏中认识情绪，感受积极情感。另外，教师在课堂上不仅关注学生的知识掌握情况，还通过表扬、鼓励、小组合作等方式，让学生在合作中体验团队的力量，感受成功的喜悦，激发学生的学习兴趣。当学生遇到困难时，教师会给予适时的情感支持，帮助学生建立战胜困难的信心，提升自我价值感，增强心理韧性，为未来的学习和生活打下坚实的基础。①

学校的育人理念不仅影响学生，也深刻影响着教师的心理发展。在育人过程中，教师不仅是知识的传授者，更是学生成长的引导者和支持者。教育心理学指出，教师的职业发展与其心理健康密切相关。益小的育人理念倡导教师在教学过程中注重自身的心理调适，积极应对教育工作中的压力和挑战，同时通过不断学习和反思，提升自己的职业素养和教学能力。为了促进教师的心理发展，学校也可邀请专业的心理健康服务从业者或心理学研究者，为教师定期安排线上或线下的心理健康状态分析和心理状态调节培训，或者通过组织心理讲座、团队建设活动等方式，帮助教师缓解工作压力，提高职业幸福感。这不仅有助于保障教师的心理健康，也能提高他们的教学质量。②

（三）“五育”融合中的育人理念

德育不仅是教育的一个重要方面，也是培养学生品德和社会责任感的关键。心理学在德育中的作用主要体现在如何理解学生的情感需求和个体差异，以及如何通过适当的教学方法促进学生道德观念的形成。例如，某小学教师提出，通过模拟情境、角色扮演等方式，让学生在真实的情感体验中理解和内化道德规范。通过这种让抽象的道德观念具象化、生动化的方法，学生不仅能在视听感官的刺激下更深刻地理解道德规则，还能将这些规则内化为个人的行为习惯。角色扮演和模拟情境可以帮助学生在实际情境中体验道

① 黄斯瑜.积极心理学在小学心理健康教学中的应用策略研究［J］.亚太教育，2021（24）：87-89.

② 刘姝含.提高小学教师心理健康水平的策略研究［J］.黑龙江教师发展学院学报，2022，41（8）：28-30.

德困境，从而提高他们的道德判断力和解决问题的能力。通过积极的情感体验，学生能够更容易接受道德规范。这种体验式学习方式有效地促进了学生的情感发展，使他们在情感上更加认同道德规范。①

智育主要关注学生的知识获取和认知能力的发展。心理发展在智育中也扮演着重要角色。教育心理学强调，教学过程应根据学生的认知特点和心理需求来设计，以促进学生的全面发展。甘肃省某小学数学教师对游戏化教学方法进行了研究，这种方法通过将抽象的数学概念融入生动有趣的游戏，让学生在轻松愉快的氛围中学习。这不仅提升了学生的数学成绩，还对他们的心理健康产生了积极影响。游戏化教学法的心理学依据在于，游戏能够提供激励和反馈，使学生在参与过程中保持高度的注意力和积极性。心理学研究表明，游戏可以增强学生的学习动机，提升他们的认知能力，同时减少学习中的焦虑感，使他们能够在面对挑战时保持积极的态度，进而在解决问题的过程中实现智育与心理发展的统一。②

体育教育不仅关注学生的身体素质，还对心理素质的培养具有重要作用。心理学研究指出，体育活动能够有效地增强学生的团队合作精神、自律能力和抗压能力，从而提升他们的心理素质。某中学教师提出，在体育课中可引入小组合作学习模式，学生通过小组协作完成一系列体能和智力挑战。小组合作学习模式的心理学基础在于合作和竞争能够激发学生的潜力，提高他们的心理韧性。通过小组合作，学生不仅能够提高自身的语言表达能力、分析和解决问题的能力、人际交往能力等，还极大地推动了体育领域关键素质的发展。③同时，面对挑战和压力，学生能够学会自我调节，提升其抗压

① 王宇.立德树人背景下小学道德与法治课堂德育渗透策略研究［J］.甘肃教育研究，2024（14）：145-148.

② 魏兰香．“双减”背景下小学数学游戏化教学策略［J］.华夏教师，2024（9）：49-51.

③ 虞先龙.初中体育教学中对学生体育核心素养的培养［J］.体育世界，2024（8）：72-74.

能力和自信心。

美育在育人理念中占据重要位置，通过艺术教育，学生能够提升自身的审美能力和情感体验。美育与情感教育的融合，帮助学生在艺术实践中表达自我、调节情绪，并发展健康的心理。在美育课程中，益小特别注重学生的情感体验和心理发展。例如，学校组织学生参观艺术展览，让他们在欣赏艺术作品的过程中感受艺术的情感力量，并通过创作活动表达自己的情感。这不仅提升了学生的审美能力，也帮助他们在情感上获得成长。又如，音乐教师通过开展轻松、愉悦的音乐课堂活动，让学生卸下疲惫，以充满朝气的精神状态更好地调整学习心态，进而帮助学生进行更高效的学习。[①]

劳育是培养学生责任感和实践能力的重要途径。益小的育人理念强调在劳育中尊重学生的主体地位，通过参与实际劳动，培养他们的责任意识和社会适应能力，同时促进其心理上的独立与成熟。为了更有效地实施劳育，学校可以通过打造劳动教育空间、开展主题活动（如认识身边的劳模）或志愿活动（如打扫社区公共卫生）等方式，全面推进劳育工作，激发学生的劳动热情，让学生不仅学会劳动知识与技能，还能够学会关心他人、关注社会，增强其责任感和集体意识。[②]

三、学校育人理念的哲学意义

哲学是教育哲学的一般原理，教育哲学是哲学的具体化理论，教育哲学应当在充分肯定已有研究和讨论价值的基础之上，提出一些需要研究者、管理者和实践者进一步深入思考的问题。[③]教育的本质是人，教育的使命是使

① 刘永花.音乐课堂中情感教育和美育教育的渗透策略［J］.北方音乐，2020（5）：146-147.

② 刘杨，李祥.中小学劳动教育家校社协同：价值定位、现实困境与实践路径［J］.教育理论与实践，2024，44（11）：14-19.

③ 石中英.关于中国学生发展核心素养的哲学思考［J］.课程·教材·教法，2018，38（9）：36-41.

人成为完整的人，而不是让每一个人都成为一个优秀的“人才”。从教育哲学的角度来看，让每一个孩子成为最好的自己，就是最好的教育。

（一）本体论视角

教育是贯穿于人的生命过程始终，旨在发展人获取、选择、处理和运用知识的智慧的过程；学校教育事业便是将此过程外显为提升人的生命质量的社会实践活动。[①]益小的育人理念，“每个孩子不可能都是第一，但每个孩子却是我们的唯一”蕴含了深刻的本体论意义，尽管它并非直接以哲学本体论的术语进行表述，但教育者们可以从中提炼出关于个体独特性和存在价值的哲学思考。

1.个体独特性

在本体论中，个体被视为独立存在的实体，每个个体都拥有其独特的属性和特征。益小的育人理念首先强调了社会比较中的相对性，即在一个群体中，不可能每个孩子都是第一名。此理念意在提醒教育者不应以单一标准（如成绩、能力等）来衡量学生的价值，从而忽略了他们的多样性和独特性。进一步地，它引导教育者们意识到，每个孩子都是独一无二的，他们各自拥有不同的兴趣、才能和潜力，这些构成了学生个体的独特性。

2.存在价值的绝对性

“但每个孩子却是我们的唯一”强调了每个孩子在其家庭、社区乃至整个人类社会中的不可替代性和重要性。这里，“唯一”不仅指物理上的不可重复性（尽管从生物学的角度看，基因组合可能重复，但具体个体的生活经历、情感联系等是独一无二的），更指的是每个孩子对于其亲人、朋友乃至整个社会来说，都是无可替代的存在。这种绝对性体现了本体论中对个体存

① 巴登尼玛，李松林，刘冲.人类生命智慧提升过程是教育学学科发展的原点［J］.教育研究，2014，35（6）：20-24.

在价值的肯定，即每个个体都是宇宙中不可或缺的一部分，其存在本身就具有无法估量的价值。

3.存在与关系的交织

“每个孩子不可能都是第一，但每个孩子却是我们的唯一”这句话还隐含了存在与关系之间的紧密联系。孩子的“唯一性”不仅体现在他们作为独立个体的存在上，更体现在他们与家人、朋友、社会等周围环境的相互关系中。这种关系网络构成了学生成长的社会环境和情感支持，也是他们个体价值得以体现和实现的重要场所。

（二）认识论视角

“每个孩子不可能都是第一，但每个孩子却是我们的唯一”，体现了“以人为本”的教育理念。“以人为本”包含两层含义：一是尊重生命，尊重个性；二是以人为核心，以发展为目的。这一教育理念既符合马克思主义哲学关于事物普遍联系和发展的原理，也符合唯物辩证法关于事物矛盾运动和发展的原理。

存在主义教育哲学注重人的存在，注重现实人生，并以此作为自己的出发点。存在主义者是一种将人的存在作为其基础和出发点的教育哲学，极致肯定了人存在的重要性。实用主义教育哲学是公认的以“儿童为中心”为基础的哲学思想，强调学生本位的思想，注重学生的自然发展，培养学生的兴趣，满足学生发展的需要。[①]随着经济、科技、社会的快速发展，各个领域越来越认识到人的重要性，特别是在教育领域，教育者们关注到人作为主体的根本属性。这个时代的重要哲学特征是以人为本，即以儿童为本、学生为本。为此，教育目标的核心将以人的发展为重点，教育行为将关注到每一个人的全面发展、持续发展。自主发展正是对人主体性的重要性的回应，强调学生除了要学会学习，还要能够认识自我、发展自我、养成健康良好的身体

① 杨志成.核心素养的本质追问与实践探析［J］.教育研究，2017，38（7）：14-20.

等，充分肯定人的主观性以及能动性，给予最大支持去发展和培养学生。[①]

每个人都有自己独特的天赋和才能，只是由于各种原因而无法充分发挥出来。如果教育者能够正确地引导学生发挥他们各自的天赋和才能，那么学生就会表现出自己最好的一面。因此，教育者不能以单一标准来衡量学生们是否成功，也不能因为他们在某方面表现得不够完美就轻易地对他们进行否定和忽视。

从哲学层面来说，教育是一个过程，是一个复杂的社会工程，是一个人的心理和生理的变化过程，它不像做数学题，有标准答案。教育要经历一个漫长的过程，这也是教育的一大特点。教育具有一定的系统性、复杂性、动态性、社会性和历史性。教育要遵循人的成长规律，从人发展的角度看问题。教育要遵循人的发展规律，就需要从实际出发、实事求是；教育要符合人的成长规律，就需要根据学生的实际情况设计教育方案，选择合适的教育内容；教育要符合人的发展规律，就要尊重学生成长过程中每个阶段特有的心理特征和生理特点。

尊重生命是指尊重每个人的生命权利和个体差异，不放弃任何一个学生，让每一个学生都能拥有完整的生命。在教育中，教育者要关注每个学生的成长需要，关注他们的兴趣爱好，让他们健康快乐地成长。教育的目的就是帮助每个学生获得幸福快乐的人生，从而实现全面发展。尊重个性是指尊重每个人的个性差异和特长，通过教育发展每一个人独特的个性，从而实现人的个性全面和谐发展。尊重个性首先要承认个性差异的存在，以及发展个性的合理性和必要性，通过教育促进每一个人按照自己独特的方式发展。同时，尊重个性也要求教育者在教育中要有科学、平等、自由、和谐等民主教育思想。尊重个性不是无原则地迁就和放纵每一个人的个性差异，不是无底线地包容和纵容每一个人的人格缺陷和不良行为，而是要在科学教育思想的

---

① 石中英.关于中国学生发展核心素养的哲学思考［J］.课程·教材·教法，2018，38（9）：36-41.

指导下，尊重每一个学生不同的成长轨迹。

马克思主义哲学认为，世界是普遍联系的，事物是普遍联系的。它揭示了世界的物质性、客观性、普遍性，指出了人与自然之间、人与社会之间存在着相互依赖的关系。具体来说，人类社会发展的普遍规律就是生产力决定生产关系，经济基础决定上层建筑。这一规律表明，人的发展也是由生产力所决定的，并且随着生产力的发展而不断发展。

在教育中，以学生为本，就是以学生为主体。学生是教育和学习的主人，他们既是教育教学活动的主体，又是教育教学活动的客体。在教师眼里，每个学生都有自己独特的个性；在学生眼里，每个学生都有自己独特的优势。因此，教育者们应以学生为本，为他们提供个性化、多样化、全面化和可持续发展的教育。

以人为本，就是以人为根本，以人的发展为目的。马克思主义认为，人是自然界的产物，在本质上具有自然属性和社会属性。马克思指出，“人们为了能够创造历史，必须能够生活。但是为了生活，首先就需要衣、食、住以及其他东西。因此，第一个历史活动就是生产满足这些需要的资料。”“生产满足人们生存需要的物质资料的活动，即生产过程，是一切社会中的一切历史的基本范畴。”

马克思说：“人是目的。”在马克思看来，人不仅是自然存在物，而且是社会存在物。在教育中体现以人为本，就是要以人为目的、以人为根本。没有对“人”的尊重，教育就不能称为教育。

辩证唯物主义的否定观认为，世界是一个矛盾统一体，矛盾是事物存在的基础，是事物发展的动力。辩证否定观是指，在肯定中包含着否定，在否定中又包含肯定，从肯定出发又回到否定的过程。辩证否定观要求教育工作做到以下四点：一是反对一切形而上学的教条主义和经验主义，反对一切单纯否定事物自身的思想和做法。二是要树立创新意识。创新是一个民族进步的灵魂，是一个国家兴旺发达的不竭动力。教育教学要积极探索新知识、新方法、新规律，不断提高教育教学质量和水平。三是教育教学工作必须坚持全面发展、协调发展、可持续发展的原则，处理好共性和个性、整体与部分、部分与部分之间的关系。四是要在承认事物内部矛盾的基础上，用全面的观点分析问题和解决问题。在教育教学过程中，既要看到成绩和进步，也要看到不足和问题。要以全面发展的观点分析问题和解决问题，促进人的全面发展。

（三）价值论视角

益小育人理念的哲学意义深远且多维，它不仅关乎学生的成长与发展，还涉及教育的本质与价值追求。"每个孩子不可能都是第一，但每个孩子却是我们的唯一"，反映了当前教育领域中普遍存在的现象和趋势，即教育逐渐从传统的应试教育向更加注重学生个体发展和全面素质培养的方向转变[①]。在传统教育观念中，成绩和排名往往被视为评价学生优劣的主要标准，导致部分学生因无法达到"第一"的标准而感到挫败和失落。然而，随着教育理念的更新和发展，人们开始意识到每个学生都有其独特的天赋和潜力，应该被尊重和关注。益小的育人理念深刻地揭示了教育中的两个重要原则：一是接受并尊重学生的多样性和差异性，二是珍视并关注每一个学生的独特性和价值。

首先，这句话强调，在社会和教育体系中，学生们由于天赋、兴趣、家庭背景、学习环境等多种因素的影响，会呈现出不同的成长速度和表现水平。因此，不能简单地用成绩排名或某种统一的标准来衡量所有学生的价值，[②]每个学生都有自己的优点和特长，他们的发展轨迹也是独一无二的。

其次，这句话强调了每个学生作为个体的独特性和不可替代性。每个学

① 姜宇，辛涛，刘霞，等.基于核心素养的教育改革实践途径与策略［J］.中国教育学刊，2016（6）：29-32，73.

② 谢云天，廖信伟.差异性评价在学生评价中的应用［J］.教学与管理，2013（18）：70-71.

生都是父母的宝贝，是家庭的希望，也是社会的未来。他们拥有自己独特的性格、情感、梦想和追求。[①]在教育过程中，教育者们应该关注每一个学生的内心世界，了解他们的需求和困惑，为他们提供个性化的指导和支持，同时也要与学生家长保持密切联系，共同关注学生的成长和发展。通过家校合作，了解学生的家庭背景和生活环境，为学生提供更加全面和个性化的教育支持。关注学生的情感需求和心理健康，为其提供必要的心理辅导和支持。通过情感教育，帮助学生建立积极的人生态度和情感价值观，为他们的健康成长奠定坚实的基础。只有这样，教育者才能帮助每个学生实现自我潜能的最大化，让他们成为最好的自己。

"每个孩子不可能都是第一，但每个孩子却是我们的唯一"这一育人理念，蕴含着深刻的哲学意义，主要体现在以下四个方面：一是对个体独特性与多样性的尊重。这一理念首先强调的是每个学生的独特性。在哲学上，这体现了对个体存在价值的尊重和对多样性的认同。世界因差异而丰富多彩，每个学生都是独一无二的个体，拥有自己独特的天赋、兴趣、性格和潜力。这一理念鼓励教育者认识到并珍视这种差异，避免用单一的标准（如成绩排名）去衡量和评价所有学生。教育者们应该关注学生的品德、兴趣、特长、创新能力等多方面的表现。通过多元化的评价体系，全面评估学生的综合素质和发展潜力。二是体现平等与公正。虽然"每个孩子不可能都是第一"，但这并不意味着某些学生就比其他学生低一等。这一理念强调在教育的过程中应该秉持平等和公正的原则，给予每个学生同等的关注、机会和资源，让他们在自己擅长的领域得到发展和成长。这种平等不仅体现在物质条件上，更体现在精神层面的尊重、理解和支持。创造一个安全、尊重、包容的班级氛围，让学生感到被接纳和认可。鼓励学生表达自己的观点和想法，培养他们的自信心和独立思考能力。同时，提供必要的资源和支持，帮助学生克服

① 王连连.教师应正确认识学生［J］.吕梁教育学院学报，2020，37（2）：25-27，31.

学习中的困难和挑战。三是展现因材施教的教育智慧。要认识到"每个孩子都是我们的唯一"，教育者需要具备因材施教的教育智慧。这意味着教育者应该根据学生的个性特点、兴趣爱好和学习能力，制定个性化的教育方案，采用多样化的教学方法和手段，以激发学生的潜能，促进其全面发展。这种教育理念体现了对教育规律的深刻理解和运用，也是教育人性化的重要体现。四是对生命价值与意义的探索。每个学生作为"我们的唯一"，其生命都蕴含着无尽的价值和意义。教育不仅是传授知识和技能的过程，更是引导学生探索生命价值、追寻人生意义的过程。教育者应帮助学生树立正确的世界观、人生观和价值观，培养他们成为有责任感、有同情心、有创造力的社会成员。这种教育目标体现了对生命本质的深刻洞察和对人类未来的深切关怀。

综上所述，"每个孩子不可能都是第一，但每个孩子却是我们的唯一"这一育人理念，蕴含了尊重个体独特性、倡导平等公正、注重因材施教以及深入探索生命价值与意义等深刻的哲学内涵。一个人必须有属于自己的一片"森林"，在那里他才可以找到方向，才可以拥有一个属于自己的世界。在那里，他可以与自己进行灵魂深处的交谈，可以静静地享受自我完善的喜悦。益小的育人理念提醒教育者们，在教育过程中应关注每一个学生的成长和发展，尊重他们的个性和差异，为他们提供最适合自己的教育环境和条件。通过哲学教育引导学生探讨善与恶、正义与非正义等道德问题，树立正确的价值观和道德观，有助于学生形成积极的人生观和世界观，明确自己的人生目标和价值追求，为未来的成长和发展奠定坚实的思想基础。

第四章

育人目标

第一节　财经素养教育目标

一、财经素养教育目标的内涵与价值

（一）财经素养的定义与范畴

财经素养包括小学生在日常生活中所需的基础财经知识、基本技能、积极态度以及初步的价值观。它不仅包括对零花钱、压岁钱等小额金钱的管理和运用，还涉及对常见经济现象的初步理解，对基本经济规律的简单把握，以及在日常生活情境中作出明智决策的能力。

（二）财经素养教育目标的内涵

1.收入与消费维度

认知目标：初步了解不同职业可能带来的收入差别，掌握各类消费的性质与特点，学会进行简单的收入计算，制定基础的消费预算。理解不同工作的收入差异以及基本生活、学习用品、娱乐活动等各类消费的区别，比如能够区分必要的学习用品消费和娱乐消费的不同。

技能目标：掌握一些基本的消费技巧，如比较价格、计算简单折扣等，能够初步识别常见的消费陷阱，并能根据自身情况对消费计划进行简单的调

整。在购买学习用品、小零食等商品时，通过对比不同店铺的价格，计算优惠幅度，并以合理的价格获取所需物品。

态度目标：树立量入为出、适度消费的观念，尊重劳动成果，避免随意浪费和盲目跟风消费。认识到金钱的来之不易，根据个人实际情况合理安排消费，不轻易向家长索要过多零花钱，珍惜每一分钱的价值，将消费视为满足生活和学习需求的一种方式。

2.储蓄与投资维度

认知目标：初步了解储蓄和投资的常见形式，包括定期储蓄、儿童基金等。认识到将资金存入银行可以获得利息，这是银行使用储户资金所支付的报酬。对于儿童基金等投资方式，能够理解其基本的运作原理，并初步理解投资中风险与收益的关系，明白高收益通常伴随着较高的风险。

技能目标：学会处理基础的储蓄事务，比如在家长的陪同下前往银行开设储蓄账户，并掌握存款流程及注意事项。在家长的指导下，能够尝试一些低风险的投资，比如参与专为儿童设计的基金项目。学会根据自己的压岁钱和零花钱情况，合理规划储蓄与投资的比例，确保既有资金的储备，同时具备一定的增值潜力。

态度目标：培养初步的储蓄习惯，认识到储蓄是积累财富的关键途径。对投资持有浓厚的好奇心和探索欲，不畏惧投资过程中的小波动，理解这些波动是投资常态的一部分。将储蓄视为财富积累的起点，在家长的指导下关注投资资讯，勇敢地尝试合适的投资机会，从而培养出积极主动的财富管理态度。

3.风险与保险维度

认知目标：初步了解风险的多样性，不仅包括财物损失、健康问题等常见风险，还应认识到自然灾害、市场波动等不可预测因素同样可能带来风险。了解常见保险产品的保障范围和理赔条件，如意外险保障因意外造成的身体伤害，健康险覆盖医疗费用等。明确生活中潜藏的各种风险，理解保险在风险发生时能提供经济上的援助，以减轻损失。

技能目标：掌握运用简易方法进行风险评估的技巧，如根据日常生活中的活动与环境来判断可能遭遇的风险等级。在家长的帮助下，选择适合自己需求的保险产品，并对各种保险产品的条款进行比较和分析，挑选出能够有效应对常见风险的意外险、健康险等。

态度目标：保持适度的风险警觉意识，对潜在风险进行预先的评估和准备。充分认识到保险在减轻风险损失、保障生活稳定方面的重要作用，不应将购买保险视为不必要的开支。将保险视为应对风险的关键手段之一，积极主动地为自己及家庭成员考虑风险保障问题。

4. 制度与环境维度

认知目标：大致了解国家的基本经济制度，如公有制为主体、多种所有制经济共同发展的模式等。初步了解相关法律法规对个人经济活动的规范，比如消费者权益保护法、合同法等。初步认识市场经济的运行机制，包括供求关系对价格的影响、竞争在市场中的作用等。明白个人在进行买卖活动时，必须遵守法律法规，比如未达到法定年龄者不得从事某些商业交易。

技能目标：遵守经济法规，在家长的指导下参与合法的经济活动，如参与学校组织的义卖活动，学会计算成本、设定价格和进行交易。掌握税收的基本知识，认识到依法纳税是每个公民应尽的义务。

态度目标：树立法治观念，自觉遵守法律法规，避免参与任何非法的经济活动。积极履行小公民的义务与责任，关注周遭经济环境变动，如物价波动、新政策的实施等，并能初步认识到这些变化对日常生活的影响。

5. 财富与人生维度

认知目标：深入思考财富的意义和价值，明白财富不仅是物质层面的金钱和资产，更是实现个人梦想、带来快乐和满足感的重要手段。理解财富与人生目标之间的紧密联系，财富是追求幸福生活的有力支撑。明确财富的获取必须通过正当、合法的手段与途径，绝不能以牺牲他人利益或违背道德规范为代价。

技能目标：学会运用财富来实现个人的小梦想，如购买学习必需的工具、参加有益的课外活动等，以提升自身的知识和能力。能够平衡物质财富与精神世界的需求，不只追求物质上的享受，更加注重内心的成长和精神上的富足。使用零花钱购买喜爱的书籍来丰富知识，参加有意义的公益活动以传递爱心。

态度目标：树立正确的财富观，不把金钱看得过重，避免陷入拜金主义的陷阱。追求物质与精神相协调、财富与快乐相统一的成长，理解真正的幸福不仅取决于财富的多寡，更在于人际关系的和谐、个人的成长以及对社会的贡献。

（三）财经素养教育目标的价值

1.促进学生个人的成长

提升小学生的日常生活质量，教会他们合理规划零用钱和压岁钱，以应对一些小的经济挑战。帮助小学生独立管理零用钱，明智地购买所需物品，当遇到想买但资金不足的情况时，学会耐心等待和积攒资金，从而培养耐心和自制力。不仅如此，小学生将学会在有限的预算内，优先满足重要需求，如购买学习资料而非追求娱乐消费。

培养初步的理性思维模式，在面对选择时，能够全面权衡利弊，作出恰当的决策。例如，在选择购买零食还是学习用品时，能够衡量短期的愉悦享受与长期的学习需求，从而作出更有益的选择，提高决策能力。同时，在面对多个选项时，能够运用逻辑分析和综合判断，避免盲目跟风和冲动决策。

增强对未来的规划意识，为个人的梦想和目标积累财富、知识和经验。明白通过储蓄和努力学习，为将来的梦想实现做准备，如成为科学家、画家等，培养长远的目光和目标导向的思维模式。同时，能够设定阶段性的小目标，如在特定时间内积攒足够的资金参加兴趣班，逐步实现自己的大梦想。

2.提升学生的社会适应能力

提升小学生参与简单经济活动的能力，为他们将来融入经济社会生活奠定基础。通过参与学校的义卖活动，学生能够学会与他人进行交易，同时培养沟通和合作的能力。在交易的过程中，他们将学会倾听他人的需求，清晰地表达自己的想法，并在团队合作中分工协作，共同实现销售目标。

养成健康且节约的消费习惯，有助于推动资源的合理利用和环境保护。避免浪费纸张、铅笔等学习用品，爱护我们的环境，贯彻可持续发展的理念。此外，这种节约意识还能影响到周围的人，改变家庭和社区的消费观念，进而促进资源的有效利用和循环。

增强小学生的责任感，使他们在追求个人利益的同时，也能够顾及他人和社会的公共利益。在参与集体活动时，学会分享和合作，培育团队精神和社会责任感。例如，在班级活动中，主动贡献个人物品或资金，共同为班级打造更良好的学习环境，关心并支持弱势群体，积极投身于公益事业。

二、目标价值分析

（一）"五维"目标的递进关系与协同作用

1.收入与消费是小学生经济活动的起点

在日常生活中，小学生首先应当理解其零用钱及压岁钱的来源，以及自己的消费需求。他们需要清楚不同来源的资金的具体数额，并了解自己需要购买的物品。此外，他们还应认识到劳动与收入之间的关系，从而明白通过努力学习和参与简单劳动可以获得相应的报酬。

让小学生学会合理安排收入与消费支出，不仅能够满足其当前的学习和生活需求，还能为未来的储蓄和投资活动积累一定的资金。此外，根据家庭经济状况，小学生可以适时调整消费预期，避免提出不切实际的物质要求。

2. 储蓄与投资是小学生在经济活动中的积累

当小学生对收入与消费有了基本的认识，并具备一定的控制能力后，储蓄和投资便成为他们积累财富和学习理财的关键途径。他们可以通过储蓄将多余的零花钱存起来，为将来购买学习用品或参加兴趣班做好准备；同时，通过尝试简单的投资活动，小学生可以了解资金增值，也就是俗话所说的“钱生钱”的道理。此外，小学生也能够对储蓄和投资需要长期坚持的道理有所领悟，不能因为短期的诱惑而轻易地动用这些资金。

初步学习储蓄与投资的知识和技能，有助于小学生对未来的“大”目标，比如旅行或购买自己心仪的乐器，制定更明确、清晰的规划。此外，这还能培养他们的风险意识，在追求高回报的同时，考虑到资金的安全性。

3. 风险与保险是对小学生经济活动的保护

无论是进行储蓄还是投资活动，都不可避免地会面临一定程度的不确定性。对潜在风险的了解，如银行利率的波动可能会对储蓄产生影响，以及投资过程中可能出现的轻微损失，是确保个人财务安全的重要一步。同时，认识到生活中存在的其他潜在风险，如意外事故、疾病等，并提前采取预防措施，同样也具有重要意义。

保险作为一种风险防范工具，能够在遭遇意外情况时提供必要的援助。通过学习，小学生将明白保险的重要性，并且能够根据自身和家庭的实际情况，选择合适的保险种类，如意外险、医疗险等。

4. 制度与环境是对小学生经济活动的规范

尽管小学生的经济活动相对简单，但其行为仍受到法律法规和社会环境的约束与规范。了解并掌握基本的经济规则，如禁止私自进行贵重物品的买卖，能够让小学生在合法合规的范围与框架内开展经济活动。此外，了解消费者的基本权利与义务，在遇到消费纠纷时，学生们将懂得如何有效地维护自身的合法权益。

同时，关注现实生活中存在的经济动态变化，如物价的波动、促销活动的开展等，有助于小学生作出更为明智的消费与储蓄决策。此外，理解国家经济政策对个人生活所产生的影响，如税收政策、教育补贴等，同样至关重要。

5. 财富与人生是对小学生经济活动的升华

在积累了一定的财富并获得了相应的经历与体验后，小学生需要思考财富对个人成长以及梦想实现的重要性与意义。财富的用途远不止于购买玩具和零食，它是实现更大梦想，如帮助贫困同学、为环保作出贡献的有力工具。此外，将个人财富与社会发展联系起来，有助于小学生树立正确的价值观。

通过正确看待财富与人生之间的关系，小学生能够在成长过程中保持积极向上的心态，不被金钱所迷惑，实现全面发展。同时，在追求财富的过程中，小学生能够不断提升自己的道德修养，增强社会责任感。

（二）“三标”目标的层次演进与相互促进

1. 从认知到技能

扎实的认知是学习过程中的首要阶段。在财经素养教育中，小学生首先需要掌握基础的财经概念，如货币的功能、储蓄的优势、消费的决策等。构建这些基础知识的框架，能够为其之后的实践操作奠定基础。同时，将这些概念与学生日常生活实际相结合，有助于加深学生对相关财经基础知识的理解和记忆。

然而，单纯掌握理论知识是远远不够的。通过开展诸如模拟购物、计算零花钱的使用等具体实践活动，小学生的实践操作能力和解决问题的能力将得到锻炼。在实践中不断积累和总结经验，发现理论知识的不足之处，从而进一步完善个人的认知体系。

2. 从技能到态度

当小学生通过亲身实践掌握了一些财经知识与技能后，这些经历会对其态度产生影响。例如，通过储蓄成功购买到自己心仪的图书，会激发他们继续储蓄的动力；反之，一次过度消费的经历可能会促使他们在未来消费时更加审慎。此外，这种态度还可能扩展延伸至其他领域，如学习和生活，从而培养小学生坚韧和自律的品质。

同时，积极正确的态度又会促使他们更主动地学习和提升技能，从而形成良性循环。在面对困难和挫折时，他们能保持乐观和积极的心态，不断地寻找解决问题的方法与途径。

3. 认知、技能、态度的融合

在财经素养教育的实践中，认知、技能与态度三者之间存在着密切的联系且相互影响。例如，在学习合理消费的过程中，学生不仅需要掌握消费的基本原则，还应通过参与实际购物活动来锻炼自己选择商品的能力，并在此过程中培养节约和理性的态度。此外，这种融合的思维方式还能够被应用于其他学科领域和日常生活，从而提高学生的综合素养。

只有将这三个方面有机结合，方能使小学生初步地具备财经素养，为其未来的生活做好准备，打下坚实的基础。同时，他们将在不断变化的社会环境中，灵活运用财经知识和技能，并保持正确的态度，以实现个人的可持续发展。

（三）“五维三标”框架体系对教育实践的指导意义

1. 提高课程设计的针对性与有效性

“五维三标”框架体系为学校提供了清晰、有序、适合儿童的财经素养课程框架。每个教学领域均能从五个不同的维度设计与小学生认知水平相匹配的教学重点和目标，确保课程内容既富有趣味性又具有教育价值。同时，相关课程设计能够根据不同地区、不同学校的实际情况，进行适当的调整和优化。

“五维三标”框架体系有助于构建从简单到复杂、从理论到实践、顺应小学生认知发展规律的课程体系。例如，在小学低年级阶段，可以先教授零花钱的管理知识，到了高年级，再引入基础的投资概念与相关知识。同时，在课程中应设置多样化的教学活动与环节，如小组讨论、案例分析、实地考察等。

在此基础上，课程内容能够根据不同年级小学生的特点和生活经验进行调整，从而确保教学的吸引力和有效性。同时，课程设计还注重及时关注和收集学生的学习反馈，以便对教学内容进行动态调整、改进与优化。

2.促进教学方法的多样性与创新性

“五维三标”框架体系重视多样化的教学方法，强调满足小学生的学习需求。在传授知识时，可以采用故事讲述、动画展示等手段；在教授技能时，可以借助游戏、模拟活动等，让学生亲身体验；在培养态度方面，可以通过榜样示范、小组讨论等方法，激发学生的思考和价值判断。此外，教师应灵活运用多种教学方法，根据不同的教学内容和学生的学习状态，进行有机组合和适时调整。

“五维三标”框架体系强调教师应根据教学目标和学生特点，创新教学方法。例如，在讲解储蓄概念时，教师可以先讲述一个与储蓄相关的小故事，然后组织学生参与储蓄模拟小游戏，最后引导学生分享自己的感受。鼓励教师在教学过程中充分发挥学生的主体作用，让学生积极参与、主动探索。

同时，该框架体系能够促进教师不断更新教学理念和方法，从而提高教学质量，使财经素养教育变得生动活泼、深受学生喜爱。同时，为教师提供专业的培训和支持，帮助他们提升教学能力和专业水平。

3.建立全面且科学的评价体系

“五维三标”框架体系为建立全面、科学、适合小学生的评价体系提供了依据。该评价体系不仅涵盖了知识的掌握程度，而且重视小学生在真实情境下的行为表现、技能运用以及态度的养成。此外，该评价体系能够及时向学生和家长反馈评估结果，从而促进学生的自我改进和家长的有效参与。

在"五维三标"框架体系下建构的评价体系所包含的评价方式多样，包括日常观察、小型作业、小组合作表现等多种形式，全面衡量学生的财经素养水平。例如，通过观察学生在班级义卖活动中的行为表现，可以评估其在消费和销售方面的能力和态度。同时，引入第三方评价机构的做法，确保了评价过程的客观性和公正性。

该评价体系有助于揭示学生在财经素养培养过程中的优势和不足，为提供个性化的指导提供了参考依据，进而促进了学生的全面发展。基于评价结果，调整教学策略和方法，提高教育教学的针对性和实效性。

《中国财经素养教育标准框架》所确立的"五维三标"体系，为我国小学财经素养教育提供了坚实的理论基础和实践指南。深入理解和有效应用该体系，对于提升小学生的财经素养、培育适应现代经济社会需求的全面发展的人才，具有至关重要的意义。在未来的教育实践中，我们应持续关注经济环境的变化和小学生的发展需求，不断优化和完善财经素养教育的课程设计、教学方法和评价体系，以确保财经素养教育能够真正发挥其育人价值，为小学生的未来发展和社会的进步提供有力支撑。同时，还应积极推动家庭、学校和社会各界形成合力，共同营造重视财经素养教育的良好氛围，让财经素养成为每个小学生在成长过程中必备的核心能力之一。

第二节　学校育人目标

一、三大价值观育人目标

价值观直接影响我们对事物的判断和评价，引导我们追求有意义的目标。它赋予我们生活的方向和意义，使我们在面临困难和抉择时坚定立场。小学阶段正是一个人价值观形成的重要时期，积极的价值观教育对小学生至关重要，它能引导学生明辨是非善恶，规范行为举止，塑造良好品德，帮助学生建立自信，学会与人友善相处，激发学习动力，增强社会责任感，为未来的成长和发展奠定坚实基础，成为有担当的社会公民。

益小坚信“每个孩子不可能都是第一，但每个孩子却是我们的唯一”，学校秉持“精益求精”的校训，致力于建设一个融合东西方教育理念、现代化、国际化且具有特色的高品质学校。学校旨在让每一位学生都能体验自信和成功，培养他们成为具备现代文明素养，懂得生存、为人、学习、分享、创造的国际小公民。在十余年的教育实践探索中，益小紧紧围绕财经素养教育，深入挖掘其内在的价值观育人目标，并积极构建以价值观为导向的课程体系与实践模式，开发系列特色课程，为学生们的成长成才打下了坚实的基础。

益小依托财经素养教育，着重培育学生树立三大价值观，即劳动观、义利观与奉献观，具体如图4-1所示。

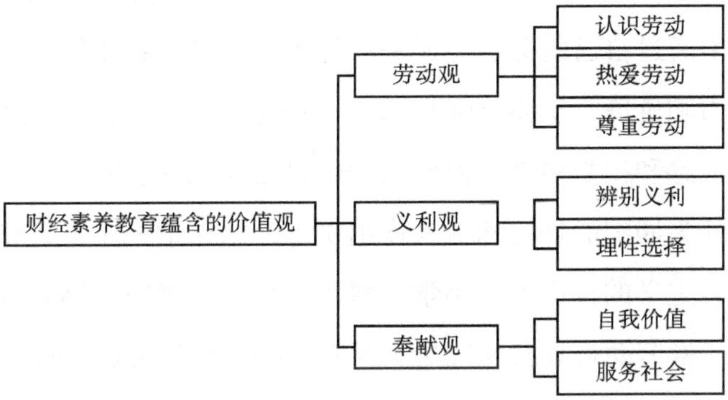

图4-1　三大价值观

（一）劳动观

劳动观是财经素养教育的逻辑起点，在学校财经素养教育中，劳动观的培养主要集中于引导学生认识劳动、热爱劳动、尊重劳动三个方面。

认识劳动是形成劳动观的基础，即让学生了解劳动是什么，劳动的种类有哪些，劳动的意义是什么。要让学生认识到只有劳动才能创造财富，要通过辛勤劳动来获取收入并积累财富。这有助于学生建立全面的认知体系，通过了解劳动的分类，他们能更深入地理解社会的多样性和复杂性，以及每个人在其中所扮演的角色与发挥的作用，明白社会的运转依赖于各种不同形式的劳动。要让学生明白，只有通过积极主动的劳动，才能创造更多的财富，才能实现目标和梦想，从而激发他们的进取精神和奋斗动力。

在对劳动有了基本的了解之后，更重要的是培养学生对劳动的热爱之情。学生们应被鼓励积极主动参与班级劳动、乐于承担家务劳动、热心社会公益劳动，从而形成劳动光荣的观念，并体会劳动所带来的快乐和幸福。培养学生对劳动的热爱，有助于提升他们的自理能力，使他们能够熟练地完成日常生活中的劳动任务，如整理书包、打扫房间等，使他们在成长过程中更好地照顾自己，逐渐实现独立。在劳动过程中思考如何更好地完成劳动任务，也能激发他们的智力，培养耐心和毅力，锻炼其克服困难、坚持不懈的品质。当学生通过自己的劳动完成一项任务或取得一定成果时，他们会感受到自己的能力和价值，从而增强自信心，获得成就感。此外，这也有助于培养学生的责任感和担当精神，使他们理解自己在家庭和社会中的角色，认识到自己有责任为周围的环境和他人作出贡献，从而增强对家庭和社会的责任感。作为社会主义的接班人，小学生肩负着传承中华民族热爱劳动的传统美德的重任，热爱劳动是具有现代文明素养的国际小公民必备的品质。

“劳动只有分工不同，并无贵贱之分。”尊重劳动，即尊重各行各业的劳动者，形成初步的职业认知，珍惜并爱护劳动成果等。亲身体验劳动的辛苦，更能深刻体会到各行各业劳动者的不易，从而学会尊重他人的劳动成果。当学生们学会尊重各种劳动，就会减少对不同职业的歧视和偏见，增进人与人之间的理解与包容，构建更加和谐的社会环境。例如，当学生了解到房屋是建筑工人通过辛勤劳作建造的，他们才会理解居住环境的来之不易；

当学生知晓农民的耕耘收获为我们提供食物，他们才会珍惜每一口粮食。引导学生尊重劳动，对于他们的个人成长、社会的发展以及优良传统的传承都具有不可估量的重要性。

认识到劳动的价值，将会激励学生们在学习和日常生活中更加勤奋努力，为实现自己的目标而付出汗水。热爱劳动、尊重劳动，能够让学生更好地适应社会的多样性和复杂性，无论面对何种工作和环境，都能保持尊重和理解的态度。

（二）义利观

财经素养教育不回避金钱问题。在培养学生义利观的过程中，财经素养教育强调引导学生正视金钱对于生活的正面价值，妥善处理利与义的关系，并教授他们懂得通过合法途径获取财富，从而帮助学生辨别义利，作出理性选择。

对于小学生而言，辨别义利意味着正确认识义与利，能够在具体行为中区分义利取向，认识到唯利是图、功利主义、急功近利是不对的。理性选择则意味着理解“君子爱财，取之有道”的道理，懂得通过合法途径获取财富。在面对义与利的冲突时，能够自主作出理性的判断和正确的选择。

在日常生活中，培养学生的义利观具有至关重要的作用。具备正确义利观的学生能够明辨是非善恶，拥有良好的道德判断力和自我约束能力。在面对各种诱惑和挑战时，他们能够坚守道德底线，展现出正直、善良和诚信的品质，形成积极向上、健康完整的人格。当学生学会将“义”放在首位，关心、尊重和帮助他人时，他们将赢得他人的信任和友谊，营造和谐、友善的社交环境，并为其未来的发展积累宝贵的人际资源。秉持正确的义利观，能够促使学生勤奋努力、追求卓越，而不是通过不正当手段获取成绩或利益。具有正确义利观的学生，更有可能在学业上取得优异成绩，在未来的职场上获得长远的成功。此外，正确的义利观能够培养学生的社会责任感，使他们意识到作为社会成员的责任和义务，积极参与社会公益活动，为社会的进步和发展贡献自己的力量，从而实现个人价值与社会价值的统一。同时，正确的义利观也是中华民族传统美德的重要组成部分，培养学生的义利观，是对中华优秀传统文化的传承和发展，使传统文化在现代社会中焕发出新的生机与活力，对培养具备良好素养和国际视野的小公民具有重要意义。

（三）奉献观

奉献意味着在财富的获取与使用过程中，不应只顾及个人利益，更应深入考虑个人与他人、个人与集体、个人与社会之间的多重关系。在培养奉献观念的过程中，引导学生深刻理解自我价值，并致力于服务社会。

在奉献观的培养过程中，首先应引导学生理解自我价值，即人的价值，这不仅包括个体价值，更体现在社会价值上。学生应该认识到自己在社会中的价值，懂得奉献的含义，并自觉向榜样学习，传播正能量。然而，仅停留在对奉献的认知层面是远远不够的，更重要的是将学生自己的认知转化为实际行动，身体力行服务社会，积极为他人和集体奉献自己的力量，从而激发学生的责任感，培养他们乐于助人、勇于承担、热心公益的品质。

从个体层面来看，拥有奉献观的学生更倾向于心怀善意，以真诚和友善的态度对待他人，从而成长为具有高尚品德的人。此外，乐于奉献的学生在帮助他人的过程中，能够更深刻地理解他人的需求，并学会与不同的人相处，这有助于提高其沟通与合作能力。同时，通过奉献行为，学生能体验到给予的快乐，这种内心的充实和满足感有助于他们形成积极乐观的人生态度。从社会层面来看，当一代又一代的学生培养起奉献精神，并将为社会的美好发展贡献自己的力量视为己任时，整个社会将洋溢着关爱与互助的氛围，国家和社会也会朝着更加美好的方向发展。

总体而言，劳动观的培养旨在使学生对劳动持有尊重与热爱之情，认识到劳动是创造价值、实现自我成长的重要途径。通过劳动教育的实施，学生能够掌握实用的劳动技能，养成勤劳、坚韧和负责任的劳动品质。义利观的教育则注重引导学生建立正确的价值判断，理解道义与利益的关系；教育学生在追求个人利益的过程中，应遵循道德规范和社会正义，做到见利思义，能够在利益面前考虑道义，不唯利是图，不盲目追求利益，从而培养学生的诚信意识和社会责任感。奉献观的教育则侧重于培养学生关爱他人、服务社会的精神，鼓励学生积极主动参与公益活动，关心弱势群体，为他人和社会贡献自己的力量，从而体会到奉献带来的快乐和成就感，树立无私奉献、乐于助人的高尚品德。益小的这三大价值观相互关联、相互交织，共同致力于培养有道德、有责任感、有奉献精神的学生。

二、学校育人目标分析

教育的根本目的在于培养全面发展的人，为社会的进步和个人的幸福奠定基础。益小提出会生存、会做人、会学习、会分享、会创造的“五会”育人目标，体现了对现代教育理念的深刻理解和对学生未来发展的高度关注。

（一）会生存

“会生存”要求学生具备基本的生活技能，具有应对突发事件的能力、适应环境变化的能力，拥有良好的身体素质和心理素质。

之所以将“会生存”置于“五会”之首，是因为生存是人类最基本的需求。学会生存，意味着掌握生存的技能，拥有应对各种自然和社会环境挑战的能力，在遭遇自然灾害、发生意外事故等紧急情况时，能够采取恰当的措施，确保自己和他人的生命安全。只有掌握了生存技能，个体才能具备独立生活的能力，照顾自己的饮食起居，并为将来的独立生活打下坚实基础。同时，生存技能的习得还能培养人的坚韧意志，在适应环境变化和克服困难的过程中，磨炼出坚韧不拔的意志品质，增强抗压能力。

为此，益小特别开设了生存技能系列课程，在安全教育、劳动教育、体育健康等课程中，向学生传授基本的生存技能和知识，包括急救方法、烹饪技巧、运动锻炼等。此外，学校还组织了丰富多彩的实践活动，让学生在实践中锻炼生存能力。同时，学校也重视学生的心理健康，通过提供心理咨询、心理健康课程等，帮助学生培养健全的心理素质，具有应对挫折的能力。

（二）会做人

"会做人"强调培养学生具备良好的道德品质、正确的价值观、积极的人生态度和强烈的社会责任感。这涵盖了诚实守信、尊重他人、关爱社会、有责任感、懂得感恩等方面。

"会做人"是一个人在各方面取得成功和幸福的重要基石。一个懂得如何与人相处的学生，能够建立良好的人际关系，在社会交往中更加得心应手，为融入集体和社会，以及未来的职业发展打下有利基础。同时，一个懂得如何做人的学生，往往能够具有优秀的道德品质和价值观念，发展出健全的人格和强大的心理韧性，使他们在面对挫折和困难时，仍能保持积极乐观的心态。

为此，益小通过专门的品德教育课程，向学生传授道德规范和行为准则，引导学生树立正确的价值观念；通过教师的以身作则、言传身教，影响学生的行为和态度；通过校园活动、班级文化建设等手段，营造一个积极向上、充满正能量的校园环境，从而潜移默化地培养学生的良好品德。

（三）会学习

"会学习"不仅意味着掌握知识，更重要的是鼓励学生掌握有效的学习方法，培养自主学习的能力，树立积极的学习态度，并养成终身学习的习惯。具体包括勇于提问、善于思考、能够制订学习计划、正确进行自我评价以及适时调整学习策略等方面。

"会学习"是学生们适应当今这个知识快速更新的时代所必备的重要能

力。只有具备学习能力，他们才能不断更新知识和技能，适应社会的变化和发展。掌握科学的学习方法，能够帮助学生更高效地获取和吸收知识，提高学习成绩，同时减轻学习压力，增强学习的自信心。

为此，益小持续进行教学方法的改革创新，采用启发式、探究式、合作式等多种教学方法，旨在激发学生的学习兴趣和主动性，培养学生的思维能力和创新精神。学校加大了学习资源的投入，不仅为学生提供了丰富的线下图书馆学习资源，还有多样化的网络学习平台和先进的实验室设施等，以满足学生个性化的学习需求。此外，学校加强了对学生学习的指导与反馈，教师定期对学生的学习进度进行指导和评估，帮助学生发现问题，并及时调整学习策略，从而提高学习效果。

（四）会分享

“会分享”意味着学生乐于与他人分享知识，交流自己的想法、经验、成果和快乐，善于倾听他人的意见和建议，能够在合作中共同成长。

分享能够增进同学之间的友谊，构建和谐的人际关系，培养学生的团队合作意识和沟通能力。通过与他人分享和交流，我们将获得不同的观点和思路，拓宽自己的视野，提升个人的价值和影响力，同时促进知识的整合和创新。懂得分享的人，更能关注他人的需求，愿意为他人和社会作出贡献。当人们普遍愿意分享时，社会将充满互助、关爱和合作的正能量，有助于构建一个更加和谐、美好的社会环境。

为此，益小积极推广小组合作学习模式，在课堂教学中广泛采用小组合作的学习方式，让学生在合作中分享彼此的想法和经验，共同完成学习任务，达成学习目标。借助社团课、扬长课等特色课程，定期举办各类主题分享活动，如读书分享会、艺术展演、科技成果展示等，为学生搭建展示和交流的平台。此外，学校鼓励学生走出学校、深入社区，积极参与社区服务活动，将自己所学的知识和技能分享给社区居民，从而培养其社会服务意识。

（五）会创造

“会创造”要求学生具备创新思维和创造能力，独立思考、勇于探索、敢于实践创新，提出自己独特的见解和解决方案。

创新是推动社会发展的动力。培养学生的创造能力，将有助于他们在未来的科技革新、文化繁荣以及社会创新领域作出贡献。在竞争激烈的未来社会中，那些具备创新能力的人，才更有可能脱颖而出，实现个人的价值和发展。因此，创新对于学生来说，是其适应未来社会的关键能力。此外，在创造的过程中，能够充分激发学生的潜能，培养他们的自信心和成就感，从而促进学生的全面发展。

为此，益小开设了科技创新、艺术创作等特色课程，为学生提供了一个创新的平台和机会。除了鼓励学生积极参与各级各类创新比赛，学校还会定期举办科技学科节、文化艺术节、创意比赛等活动，鼓励学生发挥想象力和创造力。在日常的教学中，教师也非常注重培养学生的创造能力，采用启发式教学方法，引导学生独立思考、大胆创新，从而培养学生的创新思维。

在课程学习中，益小将会生存、会做人、会学习、会分享、会创造的“五会”育人目标深度融入课程体系，实施跨学科整合，打破传统学科的壁垒与界限，使学生在综合的学习情境中培养各项能力。在教师队伍建设中，学校加强教师培训，提高教师对育人目标的理解和实施能力，鼓励教师创新教学方法和评价方式。在家校合作方面，建立家校合作机制，让家长充分理解益小的育人目标，共同营造有利于学生成长的环境，推动家庭教育与学校教育的协同发展。同时，积极整合并有效利用社会资源，如博物馆、科技馆、企业等，为学生提供更广阔的学习和实践平台，拓宽学生视野，助力育人目标的实现。

会生存、会做人、会学习、会分享、会创造的“五会”育人目标体系，具有全面性、前瞻性和科学性。通过对每个目标的深入分析，我们可以看到它们之间的相互联系、相互促进，共同致力于培养具有良好品德、扎实学识、实践能力和创新精神的未来公民。在实现育人目标的过程中，学校不断探索和创新教育教学方法，整合各方资源，形成教育合力，为学生的成长和发展创造更有利的条件。相信在这一育人目标的引领下，益小的学生将在未来的社会中展现出强大的竞争力和适应能力，为社会的发展和进步贡献自己的力量。

第三节　财经素养教育目标的校本化表达

基础教育阶段财经素养教育的核心目标是培养学生的"财经智慧"，这不仅是教学生如何赚钱、积累财富，而是让他们学习正确的金钱观念、态度、知识和技能，从而养成良好的财经习惯。作为人才培养的摇篮，学校肩负着开发和实施财经素养课程的重任。益小以教育观、学生观、经济观为研究视角，致力于开展以"二域两层"课程结构及其延展活动为核心的财经素养校本实践。通过创建"家校社"共育平台，学校开发了家校携手、银校合作、社会实践等多种途径和层次的理财课程，这些课程紧密联系学生的生活实际，组织财经素养教育体验活动，有效利用各种社会资源，引导学生学会合理消费、科学理财，让金钱合法增值。同时，这些课程还教授学生财经知识、理财技能，帮助其树立正确的财富观，以培养他们成为具有现代素养的公民。

一、"三域两层"教育目标体系的构建

（一）理论依据

1.三大价值观

价值观教育是学校德育工作的重点，在小学阶段，如何实施具有针对性、实用性且适应学生认知水平的价值观教育，需要每一位教育工作者的深思。在实践探索过程中，益小紧紧围绕财经素养教育，深挖其蕴含的价值观

育人目标，积极构建以价值观为导向的课程体系和实践模式，开发了一系列特色课程。通过这一过程，学校逐步形成了"切身体验—价值明辨—实践参与—总结反思"的四阶段价值观引导模式，并取得了显著成效。经过十多年的实践研究，益小认识到财经素养教育中蕴含的最重要的育人价值在于对学生价值观的塑造。学校围绕劳动观、义利观、奉献观这三个核心价值观，通过生活化的财经素养教育课程，让学生进行自我体验和实践，从而理解个人与集体、个人与社会、个人与国家之间的关系。

2. 中国财经素养教育标准

我国基础教育课程标准遵循个体融入经济社会、参与经济生活的逻辑线索，将财经素养教育细分为五个维度：收入与消费、储蓄与投资、风险与保险、制度与环境、财富与人生。从这五个维度出发，构建财经素养教育标准框架，即"五维三标"框架体系。"五维"逐步递进，层层升华，为学生构建清晰的财经知识体系，并引导他们在财经生活中实现财富价值，提升人生境界。中国财经素养教育标准更注重财经价值观的引导，更强调个体与社会、国家的经济联系，更彰显传统文化中的优秀经济思想，更强调劳动创造财富的态度，更注重对制度、规则的遵守。该标准旨在确保财经素养教育实施基准相对一致、质量参照相对统一，以推动我国财经素养教育的基础水平更上一个台阶。各地、各校、各机构也可以此标准为参考，根据实际情况作出相应调整。

（二）体系构建

在三大价值观的育人目标与中国财经素养教育标准的理论指导下，以专业项目式财经素养提升建设为基础，根据学生个体发展的阶段性，益小创新性地构建了"三域两层"的财经素养教育目标体系。体系中的"三域"涵盖了家庭财经生活、学校财经生活和社会财经生活三大领域，"两层"则涉及体验性学习和创生性学习两个层面。无论家庭、学校还是社会财经生活，都同时包含体验性学习与创生性学习两个层面（见表4–1）。基于“三域两层”的体系，益小依托各学科课程与教学活动，致力于培养学生的财经素养。财经素养教育的重点在于财经常识的普及，而非专业知识的学习，旨在促进学生素养的提升，而非单纯的知识点掌握，关注学生日常生活中的财经现象，而非财经概念体系的构建。

表 4–1　　聚焦三观的“三域两层”财经素养教育目标体系

领域	体验性学习	创生性学习
学校财经生活		
家庭财经生活		
社会财经生活		

1. 三域

（1）学校财经生活

教育的主体离不开学校。学校肩负着财经素养教育的主体责任，具体包括品德教育、课程建设、师资配置等多个方面。学生是财经素养教育的主要受众，教师需要深入挖掘财经素养教育的规律和特点，并使之与培育时代新人的教学目标相契合。通过财经素养教育，培养学生树立正确的财富观和合理的消费观，进而实现财富与个人、家庭、国家、社会以及生命自然的融合共生。益小精心设计财经素养教育特色课程，使用“银杏币”“志愿者护照”“心愿卡”等一系列财经教育辅助工具，让学生在实际情境中体验和参与学校财经生活。

（2）家庭财经生活

良好的家庭环境是学生成长和发展的基础。在我国财经素养教育标准中，已经明确规定了父母或者监护人对儿童进行财经素养教育的责任，要求家长引导学生正确理解金钱的价值，并培养学生独立管理财务的能力。这一过程有助于学生成为自给自足的劳动者和财务管理者。因此，良好的家庭教育对学生的一生具有重要影响。益小致力于引导学生自主管理压岁钱、零花钱，参与家庭财务规划、家庭劳动等实践活动，让学生在日常生活的具体情境中体验家庭财经生活。

（3）社会财经生活

财经素养教育的推进，需要由政府发挥主导作用，并且鼓励社会组织的多方参与，从而有效促进财经素养教育活动的实施与开展。我国于2018年发布《中国财经素养教育标准框架》，其制定过程就充分体现了政府的主导作用和社会组织参与的积极影响。因此，参与财经素养教育的群体不仅应涵盖科研院所、高等学校、中小学教师，还应包括相关政府部门、保险行业、金融企业等各界人士。益小致力于引导学生参与社会职业体验、公益劳动、志愿服务、消费理财等实践活动，让学生在真实的社会环境中体验社会财经生活。

2. 两层

（1）体验性学习

将学生的体验感受作为价值观教育的核心，以学生体验式、生活化的财经素养教育德育课程实践为主要载体，关注生活场景的创设与运用，在认知体验的过程中辨明义利、是非等。体验性学习是学生创生性学习的建构过程，是对现象形成认知、产生内化影响的必要步骤。

（2）创生性学习

在体验性学习过程中获得的价值认知、价值理解、价值判断等，应积极地运用于日常生活，并引导学生在解决实际问题时进行创造与生成。创生体现了知识、技能与观念由内而外地转化，是学生体验之后的综合运用和创造性生成，旨在提高学生解决问题的能力以及举一反三的思维能力。

（三）合理性及意义

1. 整合资源，协同攻关

通过整合学校、家庭和社会三方资源，推动财经、教育和产业资源的协同攻关，开展多样化财经素养教育实验和社会实践活动，以加强学生对财经素养的认识、理解和体验，进而促进学生财经素养水平的提升。财经素养教育在教育领域的最终目的和落脚点是加强学生对财经素养的理解，提升学生的财经素养水平，这必然要通过家校结合、社会参与等多方式来实现。

2. 发展能力，提升素养

在全球经济一体化的背景下，青少年接触金融支付工具的机会越来越多，面对日益丰富的消费场景，个体面临着越来越多的消费陷阱和巨大的消费风险。因此，个体是否能够独立处理金融信息、规避财务风险、树立正确的消费观念显得尤为重要，这正是个体财经素养的体现。财经素养成为年轻人所必备的核心素养之一，是应对现代经济生活中财经问题的必要技能。小学时期是学生树立正确财经意识和态度的最佳时期，小学教材中包含了许多财经素养的内容，这些知识与小学生的生活实际密切相关。在教学中融入财经素养的相关知识，引导小学生树立正确的经济价值观，促进其财经意识和财经能力的发展，帮助小学生更好地认识社会，增强其社会适应能力，满足小学生全方面发展的内在需求。

3. 落实课标，适应改革

首先，依据2022年教育部颁布实施的《义务教育数学课程标准（2022年版）》（以下简称“新版课标”），学生应在真实情境中合理使用人民币，初步形成财经素养，这反映了国家对公民财经素养培养的高度重视。作为教育的主要场所，学校课堂应与国家教育目标相协调，依照新版课标的要求，积极培养学生的财经素养，使其在未来的生活和职业中能更有效地处理各种财经问题。其次，新版课标强调培养个体的关键能力和必备品格，树立正确的世界观、人生观、价值观。财经素养教育的培养能够提高个体的财务规划能力和理财能力、增强个体的社会责任感，并有助于个体树立正确的金融价值观，养成良好的行为规范。最后，新版课标提出，要以立德树人为根本任务，推进素质教育的发展。财经素养是促进个体全面发展的重要途径。通过财经素养教育，学生能够树立正确的劳动观、合理的金钱观以及正义的财富观。

二、“三域两层”教育目标的具体要求

（一）学校财经生活教育目标

2005年，经济合作与发展组织（OECD）委员会提出，财经教育应从学校教育阶段开始，人们应在生活早期阶段就对财经事务有所了解。研究显示，将财经教育纳入正规学校课程体系，是提升下一代财经能力的有效且公平的方式之一。学校应结合自身实际情况，开设符合学生需求、形式多样、具有良好实践性的课程和活动，以逐步提高学生的财经素养水平。益小积极整合校内资源，开设系统化、多样化的教育课程，将财务知识、理财技能与财富观念的培养融入数学、语文、英语、政治、历史等学科，实现了学与用的有机结合，增强了课程的针对性和实操性。此外，学校还开发了校本课程，以必修和选修的形式在校内系统地开展财经素养教育。目前，益小已在财经素养教育方面进行了深入探索，并开发了具有特色的校本课程，产生了较好的社会反响。同时，通过社团活动、项目任务等形式，学校还开展了形式多样、具有良好实践性的校内外活动，促进了财经素养理论与实践的融合。

1. 学科融合，推动财经知识进课堂

在小学各学科课程中，蕴含着丰富的财经素养教育素材，为财经素养教育奠定了坚实的基础。在研究与探索的过程中，益小教师在开展教学活动时，积极打破学科之间的壁垒和界限，统筹整合各学科资源，通过开展学科融合的活动，学生可广泛接触与财经素养相关的知识。财经素养教育与学科融合的目的，不是只强调学科知识点与财经素养之间的联系，更不是学科知识点的简单堆砌，而是运用结构化的思维，实现学科知识与财经知识的有机融合，在不增加学生学习负担的前提下，提高单位学习时间的效益，进而提升学习品质。

因此，在开展财经素养教育活动的过程中，我们打破惯常的学科知识划分维度，对所遴选的知识点进行了重新整合。利用学科之间的知识融通，进行课程之间的互补。在教学实践中，我们以小学语文、数学、道德与法治等学科为生长点，在常态课、各类主题活动中推进财经素养教育，采用分学段与现有课程相结合的方式，注重让学生通过生活体验获得财经知识。我们注重理论与实践的结合，致力于探索并开展提升学生财经素养的校本实践，旨在为学生构建一个清晰的财经知识体系，并促使财经素养知识与相关学科知识的深度融合（见表4–2）。

表 4–2 财务知识教育目标

学科融合	知识维度	教育目标
语文、数学、英语、道德与法治、少先队活动、综合实践课、心理健康教育等	收入与消费	了解商品、支付、消费的概念，知道个人收入与消费的途径和方式；了解政府收入与支出的来源与用途，知道公民的纳税义务等，看懂购物发票上的纳税情况，懂得依法纳税的重要性和必要性
语文、数学、道德与法治、班队会主题活动等	储蓄与投资	了解货币、储蓄、利率、利息、信用等；了解货币的功能与转化，理解储蓄也是一种投资，明白信用对储蓄与投资所具有的意义
语文、数学、道德与法治、少先队活动、主题活动、综合实践课等	风险与保险	了解个人财物、个人信息的保护；了解保险、社会救助等，知晓个人和家庭可能面对的风险，知道风险管控的基本方法以及风险与收益的关系
道德与法治、班队会课、综合实践课、少先队活动等	制度与环境	了解基本经济制度以及国际经济贸易环境与准则；了解国际贸易、世界稀缺资源等

2. 活动融入，实践培养理财技能

财经素养教育不仅涵盖了财富管理、日常生活技能、道德修养以及劳动技能的培养，更是一种面向未来的教育方式。针对不同年龄段的学生，实施以

财经素养为核心的社会实践体验式教育，旨在培养学生的理财技能。在学校教育里，理财技能的形成与提高主要依托主题活动的开展。学校通过开展注重实践体验的财经素养主题活动，将连续且逐步深入的课程内容融入教学，以满足不同学龄段学生对理财技能教育的需求。通过丰富多样的方法，全方位地开展财经素养教育，引导学生群体进行理性理财，树立理性、健康的金钱观和价值观。学科融合的宗旨在于促进人的全面发展，提升学生的核心素养。

益小通过一系列主题体验式活动，采用师生互动和实践参与的方式传授理财技能。学校依据各年级的实际情况，每学年有计划地开展财经素养教学活动和系列主题活动（见表4–3）。这些活动旨在加强学生合理消费和正确理财的意识，帮助他们合理使用可支配的收入，培养他们的"财商"，并引导他们合理消费和储蓄。让学生在生活实践中体验理财，将他们培养成明智的消费者，有效提升他们的财经素养。

表 4–3 理财技能教育目标

主题活动	知识维度	教育目标
小跳蚤市场、红领巾义卖活动、走进办税大厅	收入与消费	学会管理个人财物与收支，进行简单的记账、算账；学会制订购物计划，能够比较市场价格，看懂购物发票上的纳税情况
捐赠压岁钱、"小小银行家"活动	储蓄与投资	学会存取货币，建立个人信用，掌握基本的投资理财技能；学会多元化的支付方式与记账方式
"小小银行家"活动、保险知识我知道	风险与保险	学会保护个人财物、个人信息；学会购买保险并设计实施社会帮扶方案
节约资源"四个一"、消费者权益保护日（3·15）主题活动	制度与环境	能够运用财经相关法律法规维护合法权益；懂得制度是一种契约精神，能够遵守、尊重并共同维护

3. 实践创新，综合深化财富观

在小学阶段的财经素养实践课程中，有效运用项目学习方式，通过设置驱动问题、科学设计方案、采用综合性评价的实施路径，学生可在真实的环境中最大程度地提高学习效率，拓展社会实践的深度与广度，优化跨学科知识结构，加强能力培养，最终树立科学的财富观。在研究与实践的过程中，益小从现实社会或日常生活中的实际问题出发，开展一系列与财经素养相关的主题实践活动，让学生在活动中扮演特定的社会角色。这些活动旨在培养学生树立健康的金钱观和价值观，同时帮助他们更好地适应并积极参与社会生活。在学习财经知识与技能的同时，逐步培养学生具备应对未来财经生活所需的品格（见表4–4）。

表 4–4　财富观教育目标

知识维度	教育目标
财富与个人家庭	正确认识金钱与幸福的关系，学会“取之有道、用之有度”，培养节约习惯、自控能力、计划意识、合作精神以及公益意识，懂得通过劳动创造财富，积极与他人分享劳动成果
财富与国家社会	尊重劳动者，爱惜公共财物，珍惜国家资源，勤俭节约，不过度消费
财富与生命自然	学会保护个人财物、个人信息；学会购买保险并设计实施社会帮扶方案

（二）家庭财经生活教育目标

家庭在学生的成长过程中发挥着持久而深远的影响，家庭教育也是财经素养教育必不可少的重要一环。与学校教育的系统化和专业化不同，家庭教育更多是浸润式、引导式的，通过日常生活中的教育，帮助学生养成良好的经济行为习惯，树立正确的金钱观念。因此，益小建议整合家庭资源，营造一个积极的家庭教育环境。家庭教育应与学校教育相辅相成，共同构建一个良好的家校共育模式，使课堂教育与生活教育有机结合、相互促进。

1. 发挥家庭教育的作用，普及财务知识

（1）构建家校共育模式

家长应当引导学生逐步认识货币，形成基本的金钱观念，为后期的理财教育奠定基础。尝试设计一些与家庭经济相关的作业，如编制家庭预算、评估家庭物品的价值等，将学生的日常生活与财经知识联系起来，从而加深学生对财经知识的理解，提升其财经素养。家校携手，共同推进有关理财知识的问卷调查工作，邀请家长群体中的专业人士参与设计"小学生零用钱来源与使用情况调查表"以及"家长理财知识及教育观念调查表"，调查内容应涵盖零用钱的来源和数额、零用钱的使用情况、家庭的收支情况、家长的理财观念等。通过问卷调查，可以了解学生群体在消费理念上存在的误区、理财观念的差异以及家长群体在理财教育观念上的差异。

（2）开展家庭财务交流

适当开展家庭财务交流，增进家庭成员间的互动，能更有效地让学生意识到勤奋学习的重要性。例如，在幼儿时期，学生可以通过参与家务劳动和学习活动来赚取零花钱，进而用这些积蓄购买自己心仪的玩具或支付小额开销等。在义务教育阶段，家长应帮助学生树立独立预算的意识，培养其财务自我管理能力，鼓励学生为家庭作出贡献，从而培养其责任感。家长在处理个人财务事务时，可以让学生观摩或者参与其中。例如，在银行办理业务时，可以向他们介绍利率的概念，说明利息是如何计算的，怎样理财更有利于自己，如何转账以及支票和汇票是什么等相关财经知识。更为理想的方式是引导学生以自己的名义开设银行账户，亲自管理自己的财务。

2. 发挥家庭教育的作用，促进理财技能提升

（1）开发家庭理财教育课

在小学低年段阶段，以绘本故事作为媒介开展亲子共读，引导学生正确认识金钱，并学习基本的理财知识，从而培养正确的消费观。进入中年级阶段，家长需进一步引导学生端正理财观念，了解家庭的经济状况，并指导学生合理规划零花钱，确保消费有计划性，同时帮助学生养成记录收支的习惯。到了高年级阶段，家长可以让学生参与家庭财务管理，以如何打理压岁钱、零花钱为切入点，适当引导学生接触和理解理财产品，以培养其理财能力。学生还可以担任“小管家”的角色，与家长共同编制一份家庭开支明细表，记录并分析发现的问题，写出心中的感悟。通过这些教育活动，学生将对金钱管理、家庭开支等有更深入的认识。家长应协助学生制订零花钱使用计划，从学费，购买书籍、文具、午餐，交通费用等多个维度出发，引导学生对自我的财务状况进行统计。此外，父母应以传、帮、带的方式与学生共同制定家庭零用钱使用规则。

（2）帮助学生养成合理且正确的理财习惯

学生在拥有零花钱之后，不仅产生了理财的需求，更重要的是在理财的过程中要懂得金钱的价值。家庭与学校应该及时进行沟通，家长应积极引导学生进行理性消费。例如，在消费前向学生进行提问，你打算购买什么，如何进行合理的支出规划等。同时，适时监督零花钱的使用情况，让学生学会精打细算，并鼓励他们参与公益活动，以培养他们仁慈待人、宽厚处事的品质。建议家庭采用“理财日记账”的形式，利用Excel制作出纳日记账，家长每月与学生共同分析财务报表，撰写家庭生活消费报告，并提出节约开支的方案。这些做法旨在培养学生的财经素养，帮助他们养成正确的理财习惯，掌握合理的理财方法。

3.发挥家庭教育的作用，树立正确的财富观

（1）营造家庭财经教育的良好氛围

在财经素养教育方面，家庭教育同样发挥着至关重要的作用。家庭的财经观念、价值取向以及对待金钱的态度，对学生的成长具有深远的影响。这些观念主要通过示范表率、耳濡目染的方式对学生产生潜移默化的影响，促使学生在日常生活、学习和成长过程中不断固化和沉淀自身的财经素养。学校应当认识到家庭教育在学生财经素养积累过程中的重要作用，并积极推动家庭财经教育环境的建设，助力学生财经素养的提升。

（2）发挥家庭财经教育的实践功能

学校应重视并积极促进家庭财经教育实践功能的发挥。父母及家庭成员应从小培养学生的财经实践技能，协助学生树立正确的财经观、理财观、金钱观，制定相应的理财和财富规划，并与学生共同推动落实，从而培养学生的财经观念和财经素养。

（三）社会财经生活教育目标

财经素养教育对于我国经济发展具有基础性作用，其功能的充分发挥将培养学生具备妥善处理个人与社会、物质财富与精神财富之间关系的能力，从而促进学生未来的全面发展。益小在推动财经素养教育方面表现出了极高的积极性，通过整合社会资源，共同构建了财经素养教育实践平台。益小积极开展财经素养教育研究，并推进财经素养教育相关实践活动。教育部门应充分整合、利用社会资源，发挥社会机构在人才培养、市场运作、治理能力、应用实践、资金支持等方面的优势，开展形式多样的财经素养教育实践活动，如财经大讲堂、企业研习、财经竞赛、社会调研等，以全面推动学生对财经素养教育的认知与理解。

1. 在社会实践中整合财经知识

实践是检验真理的唯一标准。将财经素养教育贯穿在实践活动中，从而促进财经知识的整合，让学生走出教室，参与社会实践，在日常生活和社会实践中认识并掌握财经知识。通过此过程，学生将成为自食其力的劳动者、保有财富的管理者以及财富人生的创造者。学校可以组织商品交易模拟会，由学生亲自进行商品交易，将课本中复杂的货币流通、商品交换、成本核算、利润分红等财经知识变得具体、有趣，使学生获得更深入的理解。此外，通过科创节、灯会、职业体验、公益劳动、志愿服务、消费理财等活动，学生可在真实的场景中参与社会财经生活，切身体验市场管理者、店主、店员、顾客等角色，经历从观察市场、寻找合伙人、申请摊档、签订市场规则合约，到缴纳租金、规划产品、确定售卖形式和宣传方式、开展售卖与爱心捐助的全过程，从而深刻理解市场规律和经济运行规律。社会平台应利用自身的资源，向学生分享财经素养方面的知识和典型案例，使学生接受沉浸式的财经素养教育。

2. 协调多方力量锻炼理财技能

银行、商业场所以及其他社会机构可以为学校财经素养教育的开展提供支持。例如，为学生提供实地参观学习的机会，开展馆校合作，积极打造金融实践课程。通过这种方式，可以将各参与方的专业资源优势转化为富有活力的学习体验场，将金融知识的学习深化为财富观念的更新和品格教育的融合。在这样的体验与感悟中，学生的财经素养得以培养，其适应未来经济社会发展的理财能力亦得到增强。此外，学校还可以主动引导学生及家长参观专业金融机构，进行社会实践课程体验，拓宽财经素养教育渠道，并与社区合作开展财经素养公益课堂活动。

3. 在真实环境中树立正确的财富观

培养学生的经济伦理品格，必须在真实的经济环境和日常生活中进行，只有这样，学生才能获得真实的情境体验，形成真正的经济伦理品格。在日常生活中，面对金钱与道德抉择的两难情境时作出正确的选择，对经济生活现象进行真假判断，将金融知识转化为理财技能，以及通过初步的劳动实践确立正确的财富观，这些都需要整个社会构建一个系统化的教育环境和实践场域。通过家庭生活、社会体验等富有意义的真实活动，学生对社会和人生将具有道德意义上的关切，树立财富和人生双重风险的意识，形成财富共享、共荣的观念。

第五章

内容结构

第一节 学校财经素养教育内容

一、学校财经素养教育的目的与意义

经济合作与发展组织发起的PISA这样定义财经素养："财经素养是指关于财经概念和金融风险的知识与理解，以及运用这些知识与理解的技能、动机与信心，以便在广泛的财经活动中作出有效的决策，提高个人和社会的经济效益，参与经济生活。"[①]因此，小学财经素养教育的目的与意义在于培养学生的财经意识、财经知识和财经技能，形成正确的财富观，具备一定的理财能力，为其未来生活和职业发展奠定坚实基础。具体来说，学校财经素养教育的目的与意义可以归纳为以下几个方面。

（一）教育目的

1.培养财经素养

财经素养是指个体在财经方面的知识和技能，包括对财经概念的理解、金融风险的认识、理财技能的掌握等。小学财经素养教育的首要目的是使学

---

① 金利.中小学实施财经素养教育的现实诉求与路径探索［J］.教学与管理，2017（15）：55-57.

生具备面对现实经济生活不可缺少的能力，[①]如了解财富、价值、交换、诚信等经济常识，认识货币、银行、储蓄、利率、信用、理财等概念，学习投资理财相关知识。

2. 树立正确的财富观

财富观是指个体对财富及其价值的认识和理解，其核心是形成财富品质。因此，引导学生形成正确的财富观念，其目的是希望学生理解财富的价值和来源，认识劳动创造财富的重要性，从而树立正确的劳动观和金钱观。例如，尊重他人财物，爱惜公共财物；培养节约习惯、自控能力、计划意识、合作精神以及公益意识；正确认识金钱与幸福的关系，学会“取之有道、用之有度”等。

3. 增强理财技能

财经技能是指个体认识和驾驭金钱的能力。通过财经素养教育，培养学生的经济决策能力，使他们在面对经济问题时能够作出合理的判断和选择，掌握理财技能。例如，学会管理个人财务与收支，学会简单的记账、算账；学会制订购物计划，能够比较市场价格，知道货币的存取方式；掌握基本的投资理财技能；学会多元化的支付方式与记账方式。

（二）教育意义

1. 促进全面发展

财经素养教育是全面发展教育的重要组成部分，它能提高学生的理财能力和知识技能，从道德、情感、价值观等多个方面影响学生，培养学生的综合能力及核心素养。

2. 适应社会发展

经济的快速发展带动了金融市场的繁荣，日益复杂的金融环境倒逼着现代社会公民不断提升其财经素养。小学财经素养教育有助于学生适应未来社

① 肖安庆. 开展学校财经教育发展学生财经素养［J］. 中国教育学刊，2018（2）：104.

会的发展需求，为他们未来的生活和工作做好准备。

3.防范金融风险

在经济高速发展的背景下，金融诈骗和金融诱惑日益增多，小学财经素养教育能帮助学生提高警惕性，防范金融风险，保护自身财产安全。

4.培养理财能力与财经思维

财经素养教育让学生经历财经问题的分析、解决过程，培养学生的逻辑思维、批判性思维和创新思维。例如，引导学生分析家庭预算、制订理财计划等，培养其独立思考和解决问题的能力。学生可以学习如何合理规划和管理自己的财务，培养良好的理财习惯，为其未来的经济独立和财富积累奠定基础。

5.提升经济伦理品格

财经素养教育作为一种道德教育，能够提升学生的经济伦理品格。它教会学生尊重他人的经济利益、遵守法律法规、承担经济责任等，有助于培养学生的诚信意识、公正意识、责任意识等优秀品质。

6.增强社会责任感

通过财经素养教育，学生将认识到自己在社会经济活动中的角色和责任，增强自身的社会责任感，从而学会以负责任的态度参与社会经济活动，为社会的繁荣和发展贡献自己的力量。

综上所述，小学财经素养教育的目的在于培养学生的财经素养、树立正确的财富观、提升其经济决策能力等，对于促进学生的全面发展、适应社会发展、防范金融风险、培养理财能力、提升经济伦理品格、增强社会责任感等都具有重要意义。

二、学校财经素养教育知识体系

2018年1月23日，中国财经素养教育协同创新中心发布了《中国财经素养教育标准框架》，该框架针对幼儿园、小学、初中、高中、大学5个阶段，从了解知识与事实、获取方法与技能、形成观念与态度3个素养目标及收入与消费、储蓄与投资、风险与保险、制度与环境、财富与人生5个维度建构了“五维三标”的财经素养教育框架体系。[①]结合这些顶层设计，学校的财经素养教育需要进一步与学生的经济生活相联系。

（一）财经知识教育

结合小学阶段财经素养教育需要，在认知领域学生需要掌握基础的财经知识，包括认识货币，理解收入与消费，掌握基础的金融知识等。

1. 认识货币

通过学校相关课程，介绍货币的本质、职能、种类以及现代支付系统的发展和应用。通过案例分析、模拟操作等方式，学生可以了解货币在经济活动中的作用，以及支付方式的变革。

2. 收入与消费

通过学校教育，学生可以了解不同职业和岗位所需的劳动付出及收入差异，赚取收入的重要手段是劳动，强调通过诚实的劳动获得合法合规的收入。在收入的基础上，进一步了解在生活中如何进行合理消费，掌握合理消费的判定要素，如需求的重要性与迫切性。小学财经素养教育包括让学生制作简单的收支记录表，学会对比并选择合理的支付方式等。在此过程中，让学生学会适度消费、诚实交易，不盲目攀比、不欺诈等。

3. 基础金融知识

通过家校社企合作，采用趣味的课程讲解，让学生了解金融市场的运作机制、金融机构的运营模式及金融产品等。通过模拟投资、理财规划等活动，培养学生的投资意识和风险意识。

（二）财经技能培养

小学财经素养教育需培养学生具备基础的财经技能，包括如何赚取金钱、如何管理自己的金钱等。

① 中国财经素养教育标准框架［J］. 大学（研究版），2018（2）：2，97.

例如，益小创设校园币，学生可以通过各项课程、活动等按规则赚取校园币，并用校园币完成校园内物品的购买与置换。这一过程，主要是培养学生的财务管理能力。在学生赚取校园币后，教师指导学生制订个人预算计划，学会监控和调整预算执行情况。此外，通过模拟个人财务管理、制订个人消费计划等活动，教师教授学生基本的投资知识和技巧，使学生养成良好的储蓄习惯，培养学生的预算意识和财务管理能力。通过模拟投资、理财规划等活动，学生将了解不同投资方式的特点和风险收益特征，学会制定合理的投资方案。

（三）财富观念教育

1.正确的金钱观

财经素养教育的目的之一是引导学生认识到金钱是劳动成果的象征，从而珍惜并合理使用金钱。劳动教育、社会实践等活动，能让学生亲身体验劳动创造财富的过程和价值。通过开展主题班会、辩论赛等活动，引导学生树立正确的价值观，反对拜金主义和奢侈浪费，树立勤俭节约、量入为出的消费观念。

2.劳动价值观

党的二十大报告指出：“培养造就大批德才兼备的高素质人才，是国家和民族长远发展大计。”[①]这指明了劳动价值观培育的目标和任务，学校财经素养教育强调劳动创造财富的价值导向，通过劳动教育培养学生的劳动价值观，使其认识到劳动是创造财富的重要途径。将财经素养教育与劳动教育相结合，能帮助学生理解劳动与财富的关系，树立正确的劳动观和财富观，鼓励学生通过辛勤劳动实现自我价值和社会价值。具体而言，可通过劳动实践来提升学生的财经素养。例如，益小财经素养教育的特色课程之一——“小蜜蜂”善劳动特色课程，以劳动观教育为主题，设置了劳动赚取经费、制订购物计划、小组合作购物、分享美餐、垃圾分类、爱心义卖小达人等活

① 习近平.高举中国特色社会主义伟大旗帜为全面建设社会主义现代化国家而团结奋斗——在中国共产党第二十次全国代表大会上的报告［M］.北京：人民出版社，2022.

动。组织学生参与特色课程，在前置课程中，通过劳动赚取经费；在课程实施中，通过个人财务管理进行合理购物；在后置课程中，完成美食分享、垃圾分类、校园义卖等活动，引导学生将所得收入投入有意义的服务和捐赠活动，深化学生对劳动价值和意义的认识，进一步培养学生的劳动观，同时渗透义利观和奉献观的教育，提升此特色课程的综合育人价值。

3. 风险意识与诚信精神

学校财经素养教育旨在提升学生识别和防范财经风险的能力。通过风险案例分析、模拟投资等活动，让学生了解财经风险的类型和防范措施。通过诚信教育、诚信考核等方式，强调诚信在财经活动中的重要性，引导学生树立诚信为本的财经道德观念，并将其践行于实际行动。

三、学校财经素养教育的内容及实践

中国人民银行于2013年制定《中国金融教育国家战略》，呼吁重视金融教育的普及。2015年发布的《关于加强金融消费者权益保护工作的指导意见》及国务院在2016年发布的《推进普惠金融发展规划（2016—2020）》明确提出，要推进中小学金融教育的推广和普及。[①]习近平总书记在2018年召开的全国教育大会上提出，培养德智体美劳全面发展的社会主义建设者和接班人。[②]中国教育科学研究院于同年研制并发布了国内首部全学段《中国财经素养教育标准框架》，标志着财经素养教育成为正式的教育内容。[③]

在经济发展和国家政策的双重驱动下，各地相关机构及一线教育者开始进行实践研究，力图在理论与实践研究中寻找财经素养教育的发展方向。各地区通过区域协同研究，以学校为推手，进行财经素养教育的实践探索。在

① 朱曦，谭燕，权荔馨. 财经素养教育对中小学生经济伦理品格提升的基本问题探讨［J］. 教育科学研究，2021（9）：81-86.

② 中国政府网. 习近平出席全国教育大会并发表重要讲话［EB/OL］.（2018-09-10）. http：//www.gov.cn/xinwen/2018-09/10/content_5320835.htm.

③ 中国财经素养教育标准研制组. 中国财经素养教育标准的研制：思想及框架［J］. 大学（研究版），2017（2）：13-17.

小学阶段，学校在开展财经素养教育时需要整合多方资源，基于《中国财经素养教育标准框架》对学生财经知识、能力、思维和态度的要求，建构序列化、常态化的课程。

例如，采用课堂教学与课外实践相结合的方式，通过"学科+财经素养"，将财经素养教育融入日常教学，以案例分析、角色扮演、模拟交易等方式，使学生更直观地理解财经知识。通过主题性课外活动等，将财经素养教育融入日常实践，组织手工义卖活动、超市趣味购物、劳动创丰收等活动，激发学生的学习兴趣和参与度。鼓励学生参与个人经济管理活动，比如管理零花钱、制定预算等，培养其实践能力。随着学校对财经素养教育的进一步探索，目前益小已有读本课程、"学科+"融合课程、项目式学习课程、主题性实践活动以及更多创新式的财经素养教育内容。在益小，学生主要通过参与学校的财经素养教育系列特色课程，使用银杏币、志愿者护照、心愿卡等一系列财经小工具，在情境中参与学校财经生活。

（一）读本课程

当前，四川、重庆等地区有不少学校在自行开发具有地方特色的财经素养课程，如四川在推动大中小学思政课一体化建设进程中，携手西南财经大学开展财经思政课，小学生在大学生志愿者的带领下，学习"钱从劳动中来、劳动创造了幸福生活"等道理，探讨"钱从哪里来""财富的本质"等主题。[①]许多学校编著了财经素养绘本、读本、教案集、理论著作等，积极推广财经素养教育及其理论知识。

益小财经素养教育的读本课程，为更贴合本校学生实际情况，在小学生财经素养教育阶段目标的指导下，我们集部分教师与优秀家长之力，编写了校本教材《小富翁·大财智——小学生财商教育读本》，共分为低、中、高

---

① 曹建. 四川推动大中小学思政课一体化建设［EB/OL］.（2024-06-12）［2024-10-22］. http：//www.moe.gov.cn/jyb_xwfb/xw_zt/moe_357/2024/2024_zt10/dxbd/202406/t20240612_1135124.html.

三册，每册分别从牵手财富、创造财富、管理财富、珍惜财富四个维度组织内容，共计16个教育主题。整套读本富有实践性和趣味性，语言通俗易懂，内容循序渐进、系统全面。此教育读本的出现，开创成都校园财商教育的先河，成为成都首套家校共编财商教育读本，为学校开设财商课程提供了较为系统的教学指引，可谓“一套读本在手，财商教育无忧”。它既可以作为学校财经素养教育校本选修课程的教育用书，又可以作为学校第二课堂财经素养教育兴趣课程的阅读用书。该校本教材的出现，对夯实学生财经素养教育课题的建设，推动学校财经素养教育体系的发展具有极大的推动作用。此读本已于2015年12月由四川科技技术出版社正式出版，在众多课程读本中深受学生喜爱，得到了各界专家的一致肯定。

（二）“学科+”融合教学

财经素养是学生综合素质的重要组成部分，通过“学科+”的形式与其他学科进行融合，有助于全面提升学生的综合素质。“学科+”融合的财经素养教育，不是指知识点的简单叠加，而是在结构化的思维下，打破学科之间的壁垒，促进不同学科之间的交叉与融合，从而形成新的研究视角和教学方法。[①] 同时，将财经素养教育融入日常教学，培养学生的跨学科素养和综合能力。

在小学阶段，财经素养教育与语文学科的融合，可以在课程中融入财经故事，让学生在学习语文的同时了解财经知识。例如，大商名贾的经商故事、我了解的企业家等。财经素养教育与数学学科的融合，可以在数学教学中融入货币、利率、投资回报等计算内容。例如，比比谁会算、谁赚的更多等数学游戏，让学生在学习数学的同时掌握财经计算技能。财经道德教育主要通过财经案例的分析和讨论，引导学生树立正确的财经道德观念，如诚信、公平、责任等。

（三）案例教学与实践教学

学校财经素养教育除了“学科+”融合教学中的案例分析与讨论，还可

① 莫玉音.财经素养教育实践研究［J］.教育评论，2021（10）：41-47.

以通过真实或模拟的代表性财经案例，引导学生进行深度剖析和讨论，让学生在实践中学习和应用财经知识，培养学生的创新思维和抽象逻辑思维，提高其解决实际问题的能力。例如，利用模拟交易平台，让学生体验产品的交易过程，了解市场和收益特点。

在实践层面，应充分利用学校的生活体验场，搭建生活化、情境化的财经素养课程体验小平台，设计创新型课程小工具，开展丰富多彩的实践活动。例如，成立财经社团或兴趣小组，定期开展财经知识竞赛、财经讲座、财经沙龙等活动。通过一系列社团活动，丰富学生的财经知识和实践经验，培养学生的团队合作精神和创新能力。

益小的实践教学案例，包括积极开设“天籁坊”星秀台、“多多益善”加油站、“多多益善”小银行、电子银行等生活化的场景平台，开发“小富翁·大财智”排行榜、心愿卡、活动任务单、志愿者护照、“五会”达人成长记等财经小工具，让学生赚取的“银杏币”能够运用于生活场景。例如，“多多益善”加油站，每周三营业，由志愿者担任售货员，完成奖品的兑换工作；学生可以用自己赚到的“银杏币”购买自己喜欢的各种小奖品及心愿卡片，如爱心捐赠卡、同桌邀请卡、体育器材借用卡等。“多多益善”小银行是存取“银杏币”的场所，每周五开放，学生可以把自己平时赚到的“银杏币”以活期或定期的方式进行存取，存取情况会记录在每个学生的“小富翁”理财手册，即存折中。理财手册兼具知识传授与技能培养的作用，锻炼学生的自主管理能力，帮助其养成良好习惯。“多多益善”小银行还有电子银行，每个学生和老师都有自己的个人账户，学生存入的“银杏币”会记录在自己的账户中，在电子班牌和家长使用的App上都能看到存储情况。“天籁坊”星秀台是一个展示才艺的舞台，由学生自主申报在“天籁坊”进行才艺展示，如舞蹈、器乐、课本剧等，并制作宣传海报，其余学生需使用“银杏币”购票观看。德育处审核申报者的条件，收取一定的“银杏币”作为管理费，其余门票收入均由展示者所得。

（四）数字化与智能化教学

数字化、智能化的发展，推动学校财经素养教育教学水平的提升。益小使用智慧教室、移动终端、多媒体网络平台、数字资源等数字化手段，开展线上与线下相结合的混合式教学。益小配备先进的多媒体教学设备，如交互式电子白板、智能投影等，使教学过程更加互动和灵活。益小利用大型开放在线课程（MOOCs）、微课等在线资源，为学生提供自主学习和复习的机会。此外，益小利用虚拟仿真实验，通过模拟真实的财经场景，如金融市场交易、财务分析等，让学生在虚拟环境中进行实践和探索。通过这些方式，可以大幅提高课堂教学效率，使学习内容更加生动、直观。

（五）产教融合与校企合作

学校财经素养教育是通过与企业、行业的深度合作，实现教育链、人才链与产业链、创新链的有效衔接，共同培养符合市场需求的高素质财经人才的教育模式。益小与企业合作，共建财经实训基地，为学生提供真实的职业环境和实践机会。为实现产教融合与校企合作，搭建多样化的社会实践场，益小充分挖掘社区教育资源，为学生搭建校外实践平台，建设了华西证券投资者教育基地校内服务站、志愿者服务基地等。具体来说，学校携手华西证券投资者教育基地，建立校内服务站，不定期开展财经素养活动，基于真实的实践平台，提升学生的财经素养及理财能力。学校联合社区建立“心的希望”志愿者服务站，为心脏病人送去温暖与祝福；联合社区残疾人和养老服务中心建立志愿者服务基地，组织学生定期开展各项志愿服务活动。

（六）创新创业教育与竞赛活动

创新创业教育和各类财经竞赛活动，能激发学生的创新精神和创业意识，培养其创新思维和创业能力。开设创新创业课程，将创新创业教育融入财经素养教育课程体系，引导学生了解创新创业的基本知识和方法。组织财经竞赛，如财经案例分析大赛、模拟投资竞赛等，为学生提供展示才华和锻炼能力的平台。

综上所述，创新的财经素养教育方法涵盖了数字化与智能化教学、跨学科融合教学、案例教学与实践教学、产教融合与校企合作、创新创业教育与竞赛活动等多个方面。这些方法旨在培养学生的综合素质和创新能力，使其更好地适应高速发展的财经社会。

财经素养教育是一个长期而系统的过程，需要学校、家庭和社会的共同努力和支持。通过全面而深入的财经知识教育、财经技能培养、财富观念教育以及实践教育活动的开展，可以帮助学生掌握必要的财经知识和技能，树立正确的财富观念和价值观，为其未来的学习、工作和生活奠定坚实的基础。同时，也能在一定程度上促进国家经济的健康发展和社会的和谐稳定。

第二节　家庭财经素养教育内容

一、家庭财经素养教育的依据

（一）家庭财经素养教育的重要性

家庭财经素养教育是家长基于家庭和社会生活背景，以幼儿对未来经济社会发展的适应为目的，采用合适的教育方式，围绕货币、商品（服务）、资源三个方面，初步培养其正确的经济价值观，获得浅显的财经知识和财经问题解决能力的过程。[①]家庭是学生学习财经知识的第一课堂，家长作为启蒙导师，在学生未来的经济理智与独立生活层面具有不可替代的重要作用。家长可以通过日常生活中的点滴教育来培养学生的财经素养。这种教育方式具有针对性和实效性，能够更好地满足小学生的个性化需求。

---

① 中国财经素养教育标准研制组.中国财经素养教育标准的研制：思想及框架［J］.大学（研究版），2017（2）：13-17.

家庭财经素养教育在现代社会中具有极其重要的意义，它不仅关乎个人及家庭的财务健康与稳定，还直接影响整个社会的经济秩序与福祉。家庭财经素养教育不仅是个人成长的需要，也是家庭和谐、社会稳定和经济繁荣的重要保障。

（二）家庭财经素养教育的目的

家庭财经素养教育的影响深远且广泛，不仅关乎个人财务健康，还涉及家庭幸福、社会稳定及国家经济安全。

1.培养正确的金钱观和财富观

高效且正确的家庭财经素养教育，能让学生从小树立正确的金钱观念，理解金钱的来源、价值和用途，培养学生对财富的正确态度，认识到财富是劳动和智慧的结晶，需要通过正当途径获取，避免形成盲目消费、奢侈浪费等不良习惯。

2.提升财务管理能力

家庭财经素养教育包括指导学生合理制定预算，学会储蓄、消费和投资，掌握基本的财务管理技能，帮助学生在未来能够自主管理个人财务，实现经济独立和自主。

3.提升经济决策能力

通过家庭财经素养教育，培养学生的风险意识和责任感，在面对经济挑战时能够冷静应对，减少经济损失。

4.促进个人全面发展

财经素养教育是素质教育的重要组成部分，有助于培养学生的逻辑思维、创新能力和实践能力。让学生在掌握财经知识的同时，能够提升自我认知，提升情绪管理和人际交往等综合能力。

（三）家庭财经素养教育的意义

1.促进个人成长

家庭财经素养教育能够帮助学生在未来更好地应对经济挑战，实现个人目标和理想。提高学生的经济独立性和自主性，为他们的终身发展奠定坚实基础。

2. 共筑家庭和谐

通过家庭财经素养教育，家庭成员可以共同制订财务计划，减少因财务问题引发的矛盾和冲突，增进家庭成员之间的沟通和理解，促进家庭和谐与稳定。

3. 维持社会稳定

财经素养教育能够提高整体公民的财经素养水平，降低社会经济风险，培养公民的责任感和诚信意识，维护社会经济秩序和稳定。

4. 保障国家经济安全

财经素养教育能够提升国民的金融素养和风险防范意识，增强国家经济的抗风险能力，培养具有国际视野和竞争力的财经人才，为国家经济发展提供有力支持。

家庭财经素养教育对于个人成长、家庭和谐、社会稳定和国家经济安全都具有重要意义。因此，家长应该重视并积极参与学生的财经素养教育，为他们的未来发展奠定坚实基础。

（四）家长引领：家庭财经素养教育的坚实基石

家庭是小学生接受财经素养教育的重要场所，家长是学生接受家庭财经素养教育的引领者和领导者。益小是区域内一所优质的小学，地处高新南区重要位置，受地理环境的影响，周围住户及居民大多为高素质人才，他们不仅拥有卓越的专业能力，更具备前瞻性的教育理念与深厚的学识底蕴。因此，学生家长更能理解财经素养教育对学生未来生活与事业发展的重要性，并将其自然而然地纳入家庭教育的重要议程。

这些父母以自身的专业素养为基石，将复杂的财经知识转化为生动有趣的学习内容，通过日常生活中的点滴细节，潜移默化地培养学生的金钱观念、理财能力和投资意识。他们以身作则，展现了良好的财务管理习惯与决策能力，为学生树立了可以效仿的榜样。在如此优质的家庭教育环境下，学生更能茁壮成长，成为未来社会的栋梁之材。

（五）依托学校“三域两层”课程体系

财经素养教育，以劳动观、义利观、奉献观为核心价值导向，益小精心构建了逻辑严密、层次分明的“三域两层”课程体系。此体系不仅覆盖了家庭财经生活、学校财经生活以及社会财经生活的广阔领域，确保了财经素养教育的全面性和深度，还巧妙地融入了体验性学习与创生性学习两个层次，实现了理论与实践的有机结合。

在“三域”的框架下，学生从家庭的小圈子起步，学习基础的财务管理知识，树立正确的消费观念；随后在学校中，通过模拟真实场景和社会实践活动，提升团队协作、风险评估等财经综合能力；最终，在社会财经生活的广阔舞台上，将所学应用于实际问题的解决，培养高度的社会责任感和公益心。

“两层”的设计，更是体现了财经素养教育由浅入深、由表及里的教学思路。体验性学习层，让学生通过亲身参与，直观感受财经活动的乐趣与挑战，激发学习兴趣；创生性学习层，鼓励学生跳出常规思维，运用所学知识进行创新实践，培养其独立思考、解决问题的能力及创新思维。这种递进式的教学模式，不仅加深了学生对财经知识的理解，更在潜移默化中塑造了他们的价值观和品德。

益小设定的“三域两层”财经素养教育课程结构，以其逻辑性、全面性和说服力，为学生提供了一个从认知到实践、从基础到高级的财经素养培养路径。家庭财经素养教育旨在通过一系列贴近生活的实践活动，如引导学生自主管理与规划压岁钱及零花钱的使用，鼓励他们参与制订家庭收支预算计划，以及通过参与家庭劳动赚取零花钱，从而在实际生活中深化他们对家庭财经管理的理解和实践。这些方式让财经知识变得生动有趣，使学生们在潜移默化中掌握理财知识和技能，成为其未来独立生活的基础及经验。

二、家庭财经素养教育的内容

（一）树立财富观念

1. 了解金钱的来源与用途

金钱，作为现代社会中不可或缺的流通媒介，其来源多样且富含深意。金钱主要是通过劳动获得的成果。因此，家庭财经素养教育应让学生理解，无论是父母通过辛勤工作赚取的薪资，还是自己将来通过学习掌握专业技能而获得的报酬，抑或是创业、创新所带来的经济回报，都是金钱的重要来源。这些方式都强调了劳动的价值，让学生明白"一分耕耘，一分收获"的道理。

金钱在生活中的作用也不容忽视。它是我们购买生活必需品、支付各种费用（学费、生活费等）的重要工具。通过金钱，我们可以满足基本的生活需求，确保生活的正常运转。此外，适量的金钱让我们能够享受娱乐、旅游、文化等精神层面的活动，丰富我们的生活体验，提升生活品质。因此，让学生明白，合理使用金钱，不仅能够满足我们的物质需求，更能给我们带来精神上的满足和幸福感。

2. 树立正确的金钱观和价值观

金钱，作为构筑生活的坚实基石和物质基础，扮演着无可替代且至关重要的角色。在教育学生的过程中，我们必须明确一点：金钱虽为生活所必需，却绝非衡量一个人成功与否的唯一标尺。成功是多维度的，它涵盖了个人品质、精神追求、社会贡献等多个方面。

因此，我们需积极引导学生，帮助他们树立健康而理性的金钱观与价值观，确保他们在成长的道路上能够正确看待金钱的力量，学会用智慧与责任去驾驭这块生活的基石，从而在未来的人生旅途中走得更加稳健与辉煌。我们要让学生明白，在追求物质财富的同时，更应注重培养诚实、善良、努力等优秀品质，这些品质如同璀璨星辰，照亮着人生的道路，引领着我们走向更加广阔和深远的成功，从而成为有道德、有担当、有质量的社会栋梁。表5–1分别从低段、中段、高段阐释了学生应树立的基本金钱观和价值观。

表5–1 学生应树立的基本的金钱观和价值观

学段	低段（1~2年级）：尊重他人财物，爱惜公共财物	中段（3~4年级）：培养节约习惯、自控能力、计划意识、合作精神以及公益意识	高段（5~6年级）：正确认识金钱与幸福的关系，学会“取之有道、用之有度”
内容	①教导学生要爱护钱币 ②让学生清楚父母是通过辛勤工作获得的钱财，从而理解赚钱的辛苦，懂得感恩父母、长辈 ③通过简单的家庭劳动获得零花钱，了解劳动与金钱的关系，培养珍惜、不浪费的意识 ④教导学生尊重他人的财物，分清自己的财物与他人的财物，在保护自己财产的同时要尊重他人的财产，损害、侵占他人财物要付出代价 ⑤懂得诚信的重要性，知道有借有还 ⑥培养珍惜时间的意识	①学会管理零花钱，养成购物前有计划、购物后会记账的习惯，培养节俭、不浪费的好习惯 ②培养理性消费的意识，知道想要和需要的区别，有自控意识，不攀比 ③参与校内外公益活动，懂得关爱他人，具备公益之心 ④积极参与社会经济活动（存钱、义卖等），培养独立生活能力，提高社会生存能力 ⑤具备动手动脑能力，培养团队合作、创造财富的意识，拥有自信生活的技能 ⑥培养珍惜时间、做事有计划的意识	①通过自身劳动赚取财富，明白“取之有道，用之有度” ②具有积极的经济行为倾向，知道节俭、储蓄，懂得预算 ③通过参与社会实践活动，对自己的财务有合理的规划，在实践的过程中，培养独立分析能力、判断能力、应变能力、创新能力，以及独立、自信、乐观的生活态度 ④认识到财富对人生的重要性，培养创富思维；不崇拜、不神化财富的力量，懂得金钱与幸福并不是相等的关系，不贪慕虚荣。 ⑤培养大胆尝试的精神，拥有面对挑战的勇气 ⑥了解时间的管理也是一种财富管理，把握时机就是在把握财富 ⑦提高社会责任感

（二）学习财务知识

1.传授基础的金融知识

首先，从学生能理解的角度出发，逐步讲解简单的金融概念。例如，通过日常生活中的例子来解释利息是如何在储蓄中产生的。接着，介绍储蓄的重要性，告诉学生储蓄是积累财富的基础，就像是为未来建造一座坚固的城堡，需要一砖一瓦地积累。

为了让这些抽象的金融知识变得生动有趣，我们可以采用多种教学方法。例如，利用故事书或动画片中的角色，编排一段关于小动物们合理储蓄，利用利息增加财富的故事，让学生们在听故事的同时学习到金融知识。此外，设计一些与金融知识相关的互动游戏，如模拟银行存取款、投资小游戏等，让学生们在游戏中实践，加深对金融概念的理解。

最重要的是，我们要引导学生理解金钱的价值，以及劳动与报酬之间的紧密关系。让学生参与家务劳动并给予适当的报酬，使其沉浸于“辛勤耕耘，方能收获满满”的深刻体验之中，从而深刻领悟每一分努力与付出背后所蕴含的宝贵价值与意义。这样的经历不仅能够激发他们内在的积极动力，更能培养起他们对劳动成果的尊重与珍视，为他们的人生旅途增添一抹亮丽的色彩。同时，教育学生珍惜每一分钱，明白金钱来之不易，需要通过自己的努力和劳动去赚取。这样的教育能有效提升学生的财经素养，帮助其树立正确的人生观和价值观。

2.培养合理的储蓄观念

在学生茁壮成长的过程中，储蓄与消费的教育占据着举足轻重的地位，它们不仅是提升学生理财能力的基石，更是塑造其未来经济独立与财务健康的关键所在。在家庭日常生活当中，家长有很多顺势而为进行财经素养教育的机会，我们可以鼓励学生设立明确的储蓄目标，与学生一起设定短期和长期的储蓄目标，比如为玩具、书籍、旅行、教育或慈善捐赠等存钱，以此激发他们的储蓄动力，培养良好的储蓄习惯。我们还可以使用可视化的工具，利用图表、存钱罐或在线储蓄应用程序等，让学生直观地看到自己的储蓄进度。每当存款增加时，可以让学生亲自更新图表或投入硬币到储蓄罐中，感受积累的过程和成就感。我们也可以为学生开设一个银行账户或储蓄账户，让他们亲身体验银行服务并了解储蓄的便利性。同时，可以教学生使用自动转账或定期存款等功能，来规划和管理自己的资金。

3. 树立理性的消费观念

培养理性消费观念是小学生财经素养教育的重要一环，它关乎学生未来能否作出明智的财务决策。首先，我们需要教会学生明确区分“需要”与“想要”。通过生动的例子和日常对话，让学生理解基本生活需求（如食物、衣物、学习用品）与一时兴起的欲望（如最新款的玩具、游戏）之间的区别。这有助于他们对自己的消费行为进行识别，哪些消费是合理的，哪些可能是冲动之下的非必要支出。

接下来，鼓励学生在购物前设定购物清单。这一习惯不仅能帮助他们明确购物目标，减少在超市或商场中的盲目浏览和冲动购买，还能让学生学会根据自己的预算和需求来规划购物行程。通过实践，逐渐掌握合理安排资金的方法，确保每一笔支出都物有所值。

此外，传授学生比较价格、寻找优惠的方法也是培养节约意识的关键。例如，引导学生关注商品的价格标签，学会在不同品牌、不同渠道之间进行比价。同时，教会他们识别促销信息，如打折、满减、赠品等，并教会他们如何计算实际支付金额，以便在选择时作出更经济的决策。这些技能将帮助学生在未来成为理智的消费者，避免浪费。

在日常的生活中，针对不同年龄段的学生，我们教授的财经知识也有不同，如表5-2所示。

表 5-2　学生应学习的基本财经知识

学段	低段（1~2年级）：了解财富、价值、交换、诚信等经济常识	中段（3~4年级）：认识货币、银行、储蓄、利率、信用、理财等概念	高段（5~6年级）：学习投资理财相关知识
内容	①了解钱币文化，了解其来源、演变、种类 ②认识人民币的面值，能够用不同面值的人民币组合出一定的总额 ③知道钱从哪里来，了解收入的类型和途径，知道劳动创造财富 ④认识时间，学会珍惜时间，知道1分钟能做什么	①了解银行（概念、起源、发展、种类、功能） ②有初步的生活理财观念，能自主管理零用钱 ③了解银行储蓄、存率、汇率 ④了解信用和债务 ⑤了解非营利组织	①了解企业家，知道创业的概念和内涵 ②了解证券、基金、股票等投资理财类型，知道其风险和回报 ③了解社会保险制度的产生和发展 ④了解教育水平、技能水平和收入的关系 ⑤知道纳税，了解税收的用途 ⑥理解金钱是把双刃剑，客观认识到财富和金钱的关系

（三）培养理财技能

1. 零花钱管理

学会管理零花钱是培养学生财经素养的重要一环。我们应设立合理的零花钱制度，并让学生参与这一制度的制定，让他们理解金钱的分配与节制。通过实践，教会学生如何详细记录每一笔收支，这不仅能帮助他们清晰地看到钱花在了哪里，还能培养他们对数字的敏感度。进一步地，引导学生制定预算，学会在有限的资金内作出合理的消费决策。同时，强调储蓄的重要性，让学生明白积少成多的道理，为将来可能的需求或梦想打下基础。这样的零花钱管理方式，不仅能让学生学会理财，更能培养他们独立自主、负责任的生活态度。

2. 家庭财务管理

让学生参与家庭预算的制定和执行过程，是培养他们理性消费观念和财务责任感的有效途径。家长可以邀请学生一起了解家庭的收支情况，包括每月的收入来源、固定支出（如房贷、车贷、日常开销）以及可能的额外支出。通过透明化的沟通，学生能够更直观地感受到家庭经济运作的复杂性，从而更加珍惜每一分钱的来之不易。

在制定预算的过程中，家长可以鼓励学生提出自己的意见和建议。例如，学生可能会提出减少不必要的玩具购买、选择更经济的交通方式等。这些建议无论是否被采纳，都能让学生感受到自己在家庭财务管理中的作用和价值，从而增强他们的责任感和参与感。

同时，家长还可以让学生参与预算的执行过程，如监督家庭开支、记录消费情况等。通过实际操作，学生能更深入地理解预算的重要性和必要性，学会合理规划和管理自己的财务资源。这样的经历将对学生未来的财务生活产生积极而深远的影响。

（1）讨论家庭预算

在家庭聚会的温馨氛围中，可以特别设立一个意义非凡的环节——邀请学生正式加入家庭预算的讨论与制定过程。这一举措旨在打破传统界限，让年轻一代成为家庭财务管理中不可或缺的一部分，亲身体验并深刻理解家庭收支的微妙平衡。

通过这场互动式的家庭会议，我们不仅分享了家庭的收入来源与各项开支明细，还引导学生们思考每一笔支出的必要性与合理性。在这个过程中，学生们不仅能够学习到基础的财务管理知识，更重要的是，他们能够感受到作为家庭一分子的责任感与参与感，学会从家庭整体利益出发，作出更加明智的决策。

（2）制定家庭消费规则

家长与学生一起制定家庭财务管理规则，如零花钱的发放标准、消费限额等，让学生感受到自己是家庭财务管理的一分子。这一过程中，学生不仅是规则的接受者，更是积极的参与者与创造者，他们的声音被尊重、意见被倾听。这样的体验让学生深刻感受到自己是家庭财务管理不可或缺的一分子，增强了他们的归属感与责任感。同时，也培养了他们的理财意识与自我管理能力，为未来的独立生活奠定了坚实的基础。

3. 劳动创造财富

（1）鼓励学生参与家务劳动

在全面推行的“五育并举”教育理念中，劳动教育占据着不可或缺的重要地位。它不仅传授劳动知识，更是对品格的塑造和对价值观的培育。作为学生成长的第一个课堂，家庭应当成为培养其劳动意识的温馨摇篮。通过鼓励学生参与家务劳动，在教会他们生活技能的同时，让他们在实践中深刻理解“劳动创造财富”的真谛。每一次扫地、擦桌、整理房间，都是学生收获成就感、体验责任感的宝贵机会，家长可以和学生一起制定规则，让学生在家务劳动中赚取收入。家务劳动也是家庭成员间进行情感交流的桥梁，促进了亲子关系的和谐，让爱在劳动中传递，共同营造一个温馨、有序的家庭环境。

（2）鼓励学生参与职业体验活动

为了让学生更深刻地理解金钱的价值和财务管理的重要性，我们可以鼓励他们进行创业或参与兼职工作。这样的职业体验能让学生亲身感受赚钱的艰辛和不易，并在实践中学习如何管理资金、规划收支。

首先，家长可以引导学生参与小规模的创业活动，比如开设一个二手书摊、制作并售卖手工艺品等。在这个过程中，学生需要学会市场调研、成本控制、定价策略等基本的商业知识，同时也要面对销售挑战和风险危机。这样的经历将让他们更加珍惜每一分钱的收入，深刻理解成功并非易事。

其次，参与兼职工作也是一个很好的选择。通过职业体验，学生可以亲身感受到工作的辛苦和付出，同时也能了解到不同行业的运作方式和薪资水平。这些实践经验将帮助学生建立正确的职业观念和价值观，为他们未来的职业生涯提供参考和借鉴。同时，学生还能在实践中学习如何合理规划自己的收入，培养投资理财的意识。表5–3阐释了不同阶段的学生应达到的理财目标。

表5–3　　学生需达到的基本理财目标

学段	低段（1~2年级）：学会管理个人财物与收支，学会简单的记账、算账	中段（3~4年级）：学会制订购物计划，能够比较市场价格，掌握货币存取方法	高段（5~6年级）：掌握基本的投资理财技能，学会多元化的支付方式与记账方式
内容	①掌握分辨钱币真伪的方法，爱护钱币 ②生活中，引导学生了解人民币的面值，利用不同面值的人民币组合出一定的总额 ③会看物品的价格标签及收银小票，自己制定购物清单并完成购物，会进行简单的账簿记录 ④能够读取存折、银行卡的相关信息，初步培养储蓄意识	①在日常生活中，给予学生以劳动获取报酬的机会；学会做记账簿，用表格、图画等方式记录自己的收入、支出情况 ②知道存折、银行卡等金融知识，能在家长的协助下进行存取款 ③合理安排消费的先后顺序；会比较物品价格，能自己制订购物计划并进行购物 ④能够估算、比较、混合使用不同面值的钱币，解决实际的钱币运算问题 ⑤知道时间的价值与意义，能够合理地安排自己的时间，学会制定时间安排表；了解效率、效益的概念；知道时间与金钱的关系，珍惜时间等同于创造财富	①鼓励学生自主使用存折，会存钱、取钱，会使用自动存取款机，会进行转账等业务操作，学习使用银行业务中的一般术语 ②引导学生进行利息、汇率、贷款利率的计算 ③制订并执行家庭一周购物计划，记录自己家庭的收入、支出情况 ④进行购物，知道如何选择商品，知道打折、促销、性价比等信息；能够解决现实经济活动中的百分比变化问题，如折扣问题 ⑤会使用各种支付方式（现金支付、支付宝支付、微信支付、信用卡支付、借记支付、网上支付、预付、电话支付和电子转账），了解各种支付方式的优势和劣势 ⑥鼓励学生从银行、书籍、媒体等多种途径获取理财信息；初步尝试一项自己感兴趣的、简单的投资理财项目，如股票或基金等

（四）合理利用教育资源和实践机会

1. 亲子共读财经素养教育书籍

在日常的家庭教育中，我们可以有意识地推荐学生阅读一些财经素养教育类的书籍，如《富爸爸穷爸爸》《乌鸦面包店》《未来大富翁养成书》《小狗钱钱》《博士妈妈的财商课》等，这些书籍能潜移默化地激发学生们对金钱和经济的兴趣，帮助他们树立正确的金钱观和理财观。

例如，《小狗钱钱》就是一本经典的儿童财经素养启蒙书，通过一只名叫"钱钱"的小狗，讲述一个普通女孩吉娅学习如何理财的故事。书中涉及了如何分配收入、如何找到自己的"金鹅"并保持"金蛋"的产出等理财知识，同时强调了应保持正确的理财态度。这本书既适合儿童阅读，也能作为成年人的理财启蒙读本。该书的故事性强，语言通俗易懂，能够吸引小学生的兴趣，同时也传递了重要的理财知识。

2. 积极参加财经素养教育活动

参与财经素养教育活动是学生们提升自身理财能力的有效途径。家长应积极鼓励学生参与学校或社区举办的各类财经素养教育活动，如定期举办的财经素养教育讲座，这些讲座往往由专业人士主讲，内容丰富，涉及金钱管理、投资理财、风险意识等多个方面，能让学生在轻松愉快的氛围中获取宝贵的财经知识。

此外，模拟交易比赛也是锻炼学生实践能力的好机会。通过模拟股市、商品市场等交易环境，学生们可以亲身体验投资的乐趣与挑战，学习如何分析市场趋势、制定投资策略，并在实践中不断调整和优化自己的决策。这种实战演练不仅能帮助学生们将理论知识转化为实际操作能力，还能使他们在面对市场波动时保持冷静与理性，培养理财能力。

3. 善于利用日常生活场景

在日常生活中，家长是学生财经素养启蒙的最佳导师。周末时分，与学生一同前往超市进行家庭采购，在琳琅满目的商品间，引导学生学会比较价格、识别优惠信息，理解“性价比”的概念。同时，分配给学生一定金额的零花钱，让他们自主挑选心仪的小零食或学习用品，体验预算与选择之间的平衡。

此外，在需要办理银行业务时，如存款、取款或打印支付账单，也可以带上学生一同前往，简单解释每项操作的意义，让他们亲眼见证金钱的存入与取出，以及电子支付的安全便捷。这样的经历能增加学生对金融体系的感性认识，激发他们对金钱管理的兴趣，逐步培养起良好的理财观念，具备责任感。通过生活化的场景教学，学生们在玩乐中学习，在实践中成长，财经素养教育潜移默化地融入了他们的日常。

（五）家长树立榜样并给予鼓励

1. 家长以身作则

在培养学生理财技能的过程中，家长的角色至关重要。家长应该树立正确的金钱观念，通过自己的行为影响学生。同时，家长也应以身作则，成为学生学习理财知识的榜样。这意味着家长自身需要具有正确的金钱观念和科学的理财行为。例如，家长可以展示如何通过合理规划家庭预算来确保收支平衡，如何在面对诱惑时保持理性消费，以及如何进行长期的投资规划等。这些行为将在潜移默化中影响学生，帮助他们形成健康的金钱观，养成良好理财习惯。

2. 积极给予反馈

当学生在财商方面表现出色时，家长应及时给予正面反馈和鼓励，增强他们的自信心和动力。当他们遇到困惑或不合理消费时，家长也需要及时给予建议和帮助。

给予正面反馈是激励学生持续进步的重要手段。当学生在财商方面展现出积极的行为或取得一定的成绩时，家长应及时给予肯定和鼓励。例如，当学生成功完成了自己的储蓄目标，或者提出了一项合理的财务建议时，家长可以表达赞赏之情，并与学生一起分享这份成就的喜悦。这样的正面反馈不仅能够增强学生的自信心和动力，还能加深他们对理财知识的理解和兴趣。

总之，家长在培养学生理财技能的过程中，不仅要做榜样，还要给予学生足够的鼓励和支持。通过双方的共同努力，帮助学生树立起正确的金钱观念，提升理财能力，打理好未来的财务生活。

家长作为学生成长路上的引路人，其言行举止无不深刻影响着学生的观念与行为。通过以上精心设计的步骤与策略，家长不仅能为学生们开启一扇通往财商知识的大门，更能在他们的心中播种下理性消费与智慧理财的种子。这一过程，不仅是知识的传授，更是情感与价值观的传递，它让学生们在实践中学习，在体验中成长。

随着时间的推移，学生们将逐渐掌握理财的基本技能，学会如何在有限的资源条件下作出最优的决策。更重要的是，他们将理解金钱虽然重要，但并非生活的全部，诚实、善良、努力等品质同样不可或缺。这种全面的价值观塑造，将为学生未来的生活与职业发展铺设一条坚实而光明的道路。

家庭财经素养教育是一项意义深远的工程，它关乎学生的成长与未来。通过我们的共同努力与悉心引导，相信每一个学生都能成为拥有正确金钱观念、卓越理财能力与良好消费习惯的优秀人才，为社会的繁荣与发展贡献自己的力量。

第三节　社会财经素养教育内容

一、社会财经素养教育的重要性

小学生社会财经素养实践作为一种教育活动，对学生们的成长和发展具有重要的意义。个体是否具有良好的财经素养，对国家社会经济的发展、金融市场的繁荣与稳定具有重要意义。①如同美国经济学教育国家委员会主席罗伯特·F.杜瓦尔所说："对青年人进行经济学和个人理财教育，对建立一个拥有深谋远虑的投资者和储蓄者、有见识的消费者、高劳动生产率的劳动者、负责任的公民和全球经济有效参与者的国家是至关重要的。"②因此，高效的社会财经素养教育能够为学生提供与现实社会互动的机会，培养他们的社会意识和情感，提升他们的综合素质，助其未来成为高素质的经济学人才。

（一）拓宽社会视野

通过参与实际社会中的财经素养活动，学生可以接触到不同的人、事和物，了解社会的多样性和复杂性。他们可以亲身体验社会的方方面面，对社会实践活动所涉及的内容有更深入的了解。在不同方面、不同类型的社会活动中，逐步拓宽财经视野，对社会问题和现象有更深刻的认识。

（二）提高实践能力

通过参与财经素养社会实践活动，学生能学习到更多实用的财经知识和技能。在参观工厂、公司、医院等实践环节中，了解这些机构的运作方式，学习到一些实际工作中的技巧和方法。除此之外，学生还能在实践中培养自己的观察力、分析力和解决问题的能力，提高实践性和创新性。

（三）培养合作意识和团队精神

小学生在参与财经素养社会实践活动时，常常需要小组合作完成任务，需要与其他人合作，共同解决问题。在实践过程中，学生之间需要相互配合、协商、沟通，从而锻炼其团队意识和合作能力。通过与他人共同努力，

① 陈启山，李文蕊，黄彬彬，等.PISA财经素养测评对我国财经教育与财经素养研究的启示［J］.全球教育展望，2017，46（3）：6-15，28.

② 肖璐.浅析如何促进我国个人理财教育［J］.全国商情（经济理论研究），2006（11）：62.

体验团队合作带来的乐趣和成就感，学会理解和尊重他人的想法，在交流与合作中得出结论。

（四）培养责任感和公民意识

财经素养社会实践活动常常与社会问题有关，如环保、公益活动等。通过参与财经素养社会实践活动，如保护环境、关爱他人、爱护公共设施及公共财产，培养学生对社会的责任感和公民意识，使其认识到作为一名公民应该肩负的责任和义务，理解学习财经素养相关知识的必要性及意义，未来为社会贡献自己的力量。

（五）促进个人发展和自我认知

通过实际参与财经素养社会实践活动，学生能了解自己的兴趣和特长，发现自己的优势和不足。他们可以逐渐认识到自己的价值和潜力，在实践过程中不断锻炼和提升自己。与此同时，他们还可以从实践中认识到自己的人生目标和追求，为未来的发展作出更明智的选择和决策。

因此，小学生社会财经素养教育的重要性不可忽视。它帮助学生拓宽财经视野，提高实践能力，培养合作意识和团队精神，具备责任感和公民意识，促进个人的发展和自我认知的提升，引导学生认识自我价值、积极服务社会，让他们从小就与社会进行互动，培养社会责任感和归属感，为未来社会的稳定与繁荣作出贡献。

二、社会财经素养教育的目的

开展社会财经素养教育的重要方式是让学生直面现实生活中的真实问题，运用调查、对比、取舍、评价等多种技能，作出规划和选择，正视金钱对于生活的正当意义，处理好利与义的关系，懂得通过合法方式获取财富，学会处理义与利的关系，作出理性选择。在财富的获取、使用过程中，充分考虑到人与人、人与群体、人与社会的众多关系。

（一）成为会生存的能力者

掌握基本生存技能，培养独立生活的能力，提高社会生存能力。鼓励学生大胆尝试，拥有面对挑战的勇气。

（二）成为会生活的思考者

突破简单的空间关系，了解社会经济状况，理解个人与社会、国家经济生活的关联。认识到财富对人生的重要性，培养创富思维；不崇拜、不神化财富的力量，懂得金钱与幸福并不是相等关系，不贪慕虚荣。

（三）成为会学习的快乐者

在社会实践活动中培养独立分析能力、判断能力、应变能力、创新能力，培养独立、自信、乐观的生活态度。

（四）成为会创造的消费者

做正能量的消费者，通过个体探索或团队行动，积极参与经济生活。

（五）成为会分享的公益者

在安全的范围内发表意见、质疑评判，保护并捍卫自身利益，提高社会责任感。

面向学生的财经素养社会实践活动，虽对社会经济的影响力较为微小，但具有深远意义，它是学生未来全面融入经济生活的根芽，引导学生在面对诱惑时坚守经济活动的规范、理性、安全、信用与责任。

三、社会财经素养教育的内容

社会财经素养教育，一方面要引导学生理解人类获得物质生活资料是为了满足自身的生存需要，谋求相应的物质利益，拥有一定的物质财富是社会持续发展的重要基础；另一方面要引导学生树立正确的价值观，包括劳动观、财富观、消费观、金钱观等。对当前的小学生而言，移动支付、网上购物、零花钱管理等，是他们初步接触的财经事项，财富也是他们要面对的重要日常话题。因此，需要引导他们明白怎样获得财富是合理合法的，如何正确地看待贫穷与富有，如何合理追求并享用财富，如何认识勤俭节约、理性消费等。

（一）实践活动课程

1. 研学实践活动

研学实践作为一种以实践为基础的教学方法，主要通过实际操作来获取知识和技能。相较于传统的课堂教育，研学实践更加贴近现实生活，学生可以在真实的环境中运用所学知识解决问题。在培养学生的实际经验、拓宽知识面、提升解决问题的能力和合作能力，以及培养社会参与意识方面发挥着重要作用。通过参与财经素养研学实践，学生能够在真实的场景中体验经济活动，并能够接触到各种各样的财经素养实践活动和场景，拓宽他们的财经知识面，在实际操作中加深对这些知识的理解。

通过赚钱、计划、消费等系列财经活动，学生以任务单为载体，记录经济活动的全过程。通过参与研学实践，学生能够了解到个人、家庭、社会的经济发展和变化，培养他们的家庭责任感、社会责任感和参与意识。这样的实践能够激发学生对社会问题的探究热情，积极参与社会实践，为社会作出贡献。

2. 跳蚤市场

举办跳蚤市场活动的意义深远，能够有效促进资源再利用、社区交流、个人创新展示等。在跳蚤市场活动中，买卖双方可以相互分享物品、信息和经验。从活动前的市场调研、货品准备，到售卖过程中的讨价还价，再到售后盘点，学生将充分熟悉市场经营过程，培养其创业精神和市场经济意识，帮助学生认识市场规律和规则，增强其关注经济社会发展、关注市场的意识，为学生未来与社会接轨积累经验。

跳蚤市场活动让学生体验买家和卖家不同身份的乐趣。学生卖出自己家里的闲置物品，用自己的劳动所得参与社会公益活动，比如给残疾儿童捐款、捐物，培养其节俭、奉献和自主自立的意识，同时也能从劳动中体会到创造价值的乐趣。

跳蚤市场不只是一个简单的交易场所，更是一个连接人与人、物与物、人与物的桥梁，对财经素养教育有着积极的促进作用。

（二）职业体验课程

职业体验活动是一种让学生亲身体验特定职业的活动，如走进父母的岗位、体验自己感兴趣的职业等，让学生有机会在实际工作环境中观察、参与并体验特定职业的工作内容和要求，帮助学生更好地了解职业、行业和工作环境。

1. 职业介绍

了解职业的基本情况，包括工作内容、工作环境、职业发展前景、经济收入等。

2. 专业培训

学生可能会接受相关的培训课程或讲座，以便更全面地了解该职业领域的知识和技能要求，从而更好地了解自己的兴趣、特长及其与不同职业的关联。学生可以发现自己对哪些领域更感兴趣，哪些技能更擅长，这有助于他们更准确地选择未来的职业方向，避免盲目跟风或者选择与自己兴趣和能力不符的职业。

3. 工作体验

学生有机会亲身参与到实际工作中，了解工作流程和操作规范，感受工作的节奏和要求。深入了解各种职业的具体工作内容、要求和发展前景，从而对职业有一个更全面的感知，避免片面或者错误的认识。

（三）志愿服务课程

随着经济的发展和变化，社会环境也在不断发生着变化。作为社会的维系者，学校不仅负责教育教学任务，还应担负起更多的社会职能，引导和帮助学生参与、适应社会的发展，通过社会经济活动，培养他们解决实际经济问题的能力。同时，学校要引导学生参与公益性的志愿服务活动，增强他们的道德修养和责任感。

益小为每位学生设计了一本“志愿者护照”，用来记录学生在校内、校外参与志愿活动的情况，并根据学生的实际参与情况，开展益小币兑换、公益之星评比、志愿者排行等活动。

1. 公益劳动

通过参与社区实践活动，学生可体验自己力所能及的劳动，如环境维护、环保宣传等。引导学生关注社会问题，思考如何改善社会环境，提升人们的生活质量。培养学生的社会责任感和奉献精神，提高其责任意识，并在将来为社会发展作出积极贡献。

2. 社区服务

组织学生参加慈善活动，如为孤儿院、养老院等机构捐赠物资，为贫困儿童提供资助等。益小联合社区建立“心的希望”志愿者服务站，为心脏病人送去温暖与祝福；联合社区残疾人和养老服务中心建立志愿者服务基地，组织学生定期开展各项志愿服务活动。

（四）家校社企联动

1. 知识讲座

通过多元化的资源支持和多样化的知识引导，学生能够接触到不同类型的财经信息。例如，邀请从事经济行业的家长、企业专业人士等走进校园，为学生开展财经素养讲座，帮助学生了解金融市场和投资理财，拓宽他们的财经知识视野。

2. 华西证券投资者教育基地

益小充分挖掘社区教育资源，为学生搭建校外实践平台，建设了华西证券投资者教育基地校内服务站、志愿者服务基地等。益小携手华西证券投资者教育基地，建立校内服务站，不定期开展财经素养教育活动，为学生提供更真实的实践平台，促进其财经素养水平的提高。

第六章

育人方式

第一节　专题与“学科+”的高质量财经课堂

一、财经专题课，素养导向助力学生全面发展

为了对学生进行财经素养教育，校本化财经素养课程坚持内生外引的策略，丰富课程内容，强化学生的学习体验。经过实践研究，益小主要开发了两种课程实施方式：一是读本课程，包括学校自主创编的《小富翁·大财智——小学生财商教育读本》财经读本课程和学校参编的《小学财经素养教育》系列课程。二是青年成就（JA）财经素养课程，引进青年成就公益课程“我们的城市”与“我是理财小能手”，并将其与学校财经素养教育相结合，丰富了财经素养教育的课程体系。

（一）充分上好读本课，提升学生财经素养

读本不仅是财经知识的主要来源，还是提升学生实践能力、强化学生财经素养意识以及提升财经素养教育有效性的重要工具。为落实财经素养教育，结合益小的实践经验，财经素养课程的读本内容可以包括自主研发的校本读物和教师参编的系列读本。《小富翁大财智——小学生财商教育读本》是基于学校特点构建的有关财经素养的综合性读本，它以益小的财经素养课

程目标为指导，根据学生的身心特点，设计丰富多彩的课程内容，让学生了解财经知识，学习理财技能，培养学生树立正确的价值观。此套读本根据益小财经素养课程的年段目标，分为低、中、高三段，每段分别包括“小富翁牵手财富”“小富翁创造财富”“小富翁管理财富”“小富翁珍惜财富”4个单元，共计16个主题（见表6–1）。《小学财经素养教育》是中国教育科学研究院策划、我校参编的“中国财经素养教育系列丛书”，此套丛书小学共6册，1~6年级各1册。社会读本与校本课程的结合，能有效丰富财经素养教育的内容层次和教学方法，增强财经素养教育的针对性和实效性。据此，益小可以利用每周班会课、综合实践活动等开展两套财经素养读本的学习。

表6–1　《小富翁·大财智——小学生财商教育读本》各年段内容

单元	低段	中段	高段
第一单元：小富翁牵手财富	①钱币诞生记 ②有趣的钱币 ③特殊的钱币 ④认识人民币	①我会储蓄 ②神奇的银行卡 ③货币兑换的秘密	①我的压岁钱 ②我是家庭小主人
第二单元：小富翁创造财富	⑤劳动+智慧=财富 ⑥和钱币做朋友 ⑦有趣的跳蚤市场 ⑧我的财富我做主	④我的小金库 ⑤劳动与财富 ⑥志愿者护照	③支付方式面面观 ④我有存折啦 ⑤自动存取真方便 ⑥如何转账
第三单元：小富翁管理财富	⑨钱币也有家 ⑩钱币变形记 ⑪财富小管家 ⑫我的“Shopping”之旅	⑦走进五花八门的商店 ⑧购物小达人 ⑨今天我当家 ⑩我的小账本 ⑪价格与价值 ⑫春游消费小达人 ⑬跳蚤市场小达人	⑦投资小知识 ⑧投资的风险与回报 ⑨学做投资小达人 ⑩可怕的高利贷 ⑪我也来投资
第四单元：小富翁珍惜财富	⑬一寸光阴一寸金 ⑭小诚信大财富 ⑮珍惜身边的财富 ⑯亮眼睛欣赏财富	⑭爱心义卖小达人 ⑮时间与财富 ⑯借与还	⑫走进税务所 ⑬走进保险公司 ⑭走进企业家 ⑮我的财富小故事 ⑯我的生活我做主

除校本读物与社会读本外，益小还进行了课程资源的开发。在课程开发中，需要以读本为基础，结合学校经验，形成较为丰富的案例资源。以《小能的"飞鹰一号"》教学案例设计为例，校本化财经素养课程以活动串联读本内容，让学生在体验、感知中不断学习财经知识，具体设计如下。

1. 主题解读

（1）编写背景

《小能的"飞鹰一号"》一课是中段三年级的第六课，讲述了主人公小能因玩坏了飞机模型而想拿回商场退货的经历。经过爸爸和售货员的解释，小能理解了退货规则，进而对《中华人民共和国消费者权益保护法》有了更具体的了解（见表6–2）。

表 6–2 课程综合实践活动设计

核心问题：商品买卖中，消费者有哪些权利？如何维护消费者的权益？			
文本内容	小能去商店买航模	小能了解到爸爸买的修车工具不合适可以退货	小能知道已经玩坏的模型不符合无条件退换货规则，不能退货
三大主题	公平交易规则	《中华人民共和国消费者权益保护法》的相关知识	法律保护消费者的合法、合理行为，做诚信消费者
知识拓展	财经小知识——交易	《中华人民共和国消费者权益保护法》	商场无条件退换货细则

在师生共同阅读学生用书后，教师可以提出问题："小能通过爸爸的退货经历和自己的亲身体验，知道了消费者的权利受到保护。那么我们该如何维护自己作为消费者的权利呢？"随后开展"我是合格消费者"综合实践活动，让学生亲身体验并理解商品交易规则，懂得消费者权益受到法律保护，并能够运用《中华人民共和国消费者权益保护法》维护自己的合法权益。

（2）主题内涵

消费者权益是消费者在有偿获得商品或接受服务时，以及在以后的一定时期内依法享有的权益。

（3）结构布局

本活动位于制度与环境维度中的经济制度与体制结构下的小学中段主题6：《小能的“飞鹰一号”》板块（见图6–1）。

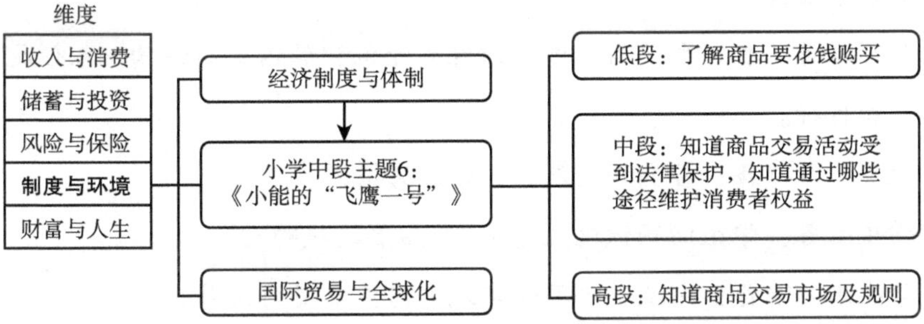

图6–1　结构布局

2.活动目标

①了解知识与事实：学生能了解什么是商品交易。

②获取方法与技能：学生能知道通过哪些途径维护消费者权益。

③形成观念与态度：学生能知道商品交易活动受到法律保护，形成维权意识。

④核心素养培养与提升：学生能懂得商品交易规则，学会作出明智、理性的消费决策，做理性消费者。

3.活动分析

（1）学情分析

在进行本课活动之前，学生已经积累了商品交易的经验，也能够独立完成商品交易，但是对于交易的定义、《中华人民共和国消费者权益保护法》等知识缺乏深入了解。因此，在活动时，要让学生在实际生活中经历收集、调查、整理信息的过程，经历把整理出的资料用语言、图片、故事等形式表达出来的过程，经历对消费者购物故事进行分析、判断的过程，从而更深入地理解本课的知识。

（2）重难点分析

在教学过程中，要加强学生教育，使其掌握商品交易的相关常识，培养学生在消费时的自我保护意识。

4.教学准备

教师准备：教师要了解全学段财经素养课程的内容与结构，以便把握活动方向和目标。

教师工具准备：各类调查表、视频、海报等。

学生准备：学生回顾低段主题6“商品要花钱购买”的知识。

学生工具准备：白纸、彩笔等实践中需要使用的材料。

课时安排：准备阶段进行前置作业布置，总结阶段为1课时，演练阶段为1课时。

5.活动建议

（1）活动提出

“我是合格消费者”综合实践活动的设计，可以采用探究性活动的形式引出。在师生共读学生用书后，教师可以提出问题：“小能通过爸爸的退货经历和自己的亲身体验，知道了消费者的权利受到保护。那我们该如何维护消费者权益？你知不知道消费者权益保护法？知不知道该如何运用法律维护自己作为消费者的权利呢？”

（2）活动策略

①生活性：本课的设计密切联系学生的生活实际，从他们自身的经历入手，进一步引导其了解相关维权知识。

②开放性：让学生在课前进行调查、了解、查询、访问，在课堂上交流自己找到的资料，然后走出教室，在生活中增加自己的感悟。在评价方面，

关注学生的个体体验及其在合作中的表现。

③连续性：通过活动环节的设计，让每个同学都直接参与，实现动口、动手与动脑的结合，注重活动之间的连续性，以帮助学生获得相互关联且持续深化的经验与体验。

（3）活动中要解决的问题

①消费者有哪些权益？

②如何保护消费者的合法权益？

（4）活动详情

第一环节　准备阶段——前置作业

活动一：消费者权益维护案例收集。

通过观察、访谈等方式，调查亲友的维权故事，如商场退换货经历、餐饮店维权经历、网上购物维权经历或其他维权经历等，以文字、照片的形式记录下来（见表6–3）。

表6–3　维权故事记录

项目	内容
交易物品	
交易时间	
交易地点	
维权原因	
维权方式	
维权过程	
结果	
记录者小结	

活动二：小组合作了解消费者保护协会、消费者权益保护法等相关知识。

师生共读课文《小能的“飞鹰一号”》，读后说一说课文讲了一个什么故事，你有哪些启示？你知道了什么财经小知识？

课文讲述了小能想将玩坏了的飞机模型拿回商场退掉，经过爸爸和售货员的解释，他知道了《中华人民共和国消费者权益保护法》，理解了退货规则。

小能通过爸爸的退货经历和自己的亲身体验，知道了消费者的权利受到保护。那我们该如何维护消费者权益？你知不知道消费者权益保护法？知不知道该如何维护自己作为消费者的权利呢？

活动三：通过小组合作的方式，有针对性地了解消费者保护协会、消费者权益保护法等相关知识，并形成汇报性材料（见表6-4）。

表 6-4 汇报性材料单

消费者权益保护知识

第二环节　总结汇报——学有所得

以组为单位，用 PPT、成果册、视频日记等多样化的形式记录活动过程。

以汇报、表演、辩论等形式展示活动一、活动二的成果。

教师从参与态度、合作程度、智力表现、活动成果等方面进行多元评价（见表6-5）。

表 6-5　多元评价单

项目	评价		
参与态度	☆☆☆（　）	☆☆（　）	☆（　）
合作程度	☆☆☆（　）	☆☆（　）	☆（　）
智力表现	☆☆☆（　）	☆☆（　）	☆（　）
活动成果	☆☆☆（　）	☆☆（　）	☆（　）
我得到了（　）颗小星星			

第三环节　实战演练——融入实践

活动一：购物“金点子”。

通过第一、第二环节的调查、统计、研究、讨论，学生对消费者权益的基本内容与内涵，以及消费者合法权益的保护有了基本的认识。为了保护消费者的合法权益，我们在购物时应该关注哪些信息？例如，购物时查看介绍、保留购物凭证、索要三包凭证、在正规途径购物等。

请学生讨论后完成“我的购物‘金点子’”任务单（见表6-6）。

表 6-6　我的购物“金点子”任务单

我的购物金点子 1. 2. 3.

活动二：情境实践。

教师创设情境，请同学们讨论并模拟操练，解决实际问题（见表6-7）。

表 6–7　　情境中的实践问题

生活中哪些物品是不能随意退换的？为什么？		
爸爸在药店买感冒药，回家后发现家里已经有同样的药了，钱小能说要去退掉，不然药会因为过期而浪费	钱小能买的足球袜子，踢了一场球下来发现不舒服，他希望去退换	妈妈买了一款手机，但没过几天，她又有了更喜欢的新款手机；妈妈的手机包装完好，标牌没有撕坏

教师引导学生进行总结。在消费过程中如果出现问题，要懂得拿起法律的武器维护自身合法权益。如果我们的权益受到侵犯，与商家协商无果时，我们可以到消费者协会进行投诉。每年的3月15日是国际消费者权益日，所以人们也把这个协会称为"315协会"。不管在哪个地方，只要拨打"12315"，就能联系到消费者协会。

最后，教师鼓励学生走出校园，走向实践，在真实的生活情境中体验消费者权益的保护。因此，教师可以组织学生开展课外购物实践活动。

6.活动作业

①课后实践活动：请你自己独立进行一次购物活动，并在购物中注意保护自己作为消费者的合法权益。

②议一议：一天，钱小能一家在某餐厅就餐，餐厅服务员称餐桌摆放的湿巾为非赠品，需要付费，并且必须使用湿巾才能正常使用餐具。小能爸爸认为餐厅的规定不合理，进而投诉，要求商家将收取的餐具费用退还给消费者。你认为餐厅的规定是否合理，商家是否应退还其收取的餐具费用？

7.教学拓展

①消费者权益保护法：https：//haokan.baidu.com/v?vid=11603960004061747749&pd=bjh&fr=bjhauthor&type=video。

②一起来学法——消费者权益保护法：https：//m.v.qq.com/play.html?&vid=u0819g09mk0&ptag=m.baidu.com%23v.play.adaptor%232&mreferrer=https%3A%2F%2Fm.baidu.com。

（二）高效落实引进课程，助力学生实践创新

为了让财经素养教育在学校教育中生根落地，形成独特的财经素养教育课程体系，校本化财经素养课程体系应当坚持内生外引的策略，丰富课程内容，强化学生的体验学习，引进青年成就课程。青年成就组织（Junior Achievement，JA），是全球最大的致力于青少年职业、创业和理财教育的非营利教育组织。该组织成立于1919年，遍布全球120多个国家，每年有1000多万名学生接受JA的教育项目。JA中国以品格培养为基石，以职业构建、责任创业与金融素养为方向，通过一系列循序渐进的课程，帮助学生学习商业和经济学的基本概念及技能，让其了解身处的经济世界，并为他们今后的学业和人生的成功做好准备。为高效落实财经素养教育，财经素养课程引进了JA课程“我们的城市”与“我是理财小能手”，与学校财经素养教育相结合，丰富了财经素养课程体系，助力学生实践创新（见表6–8）。

在JA财经素养课中，益小将财经素养知识的学习、理财技能的训练与运用等纳入学校的常规课程，注重关注学生所处的社会环境、所承担的社会角色，以及作为不同角色的他们成功参与市场经济所需的技能。

表6–8　“我是理财小能手”课程内容（部分）

课程主题	课程目标	课时安排
货币的故事	学生在活动中了解货币在交易中的作用 学生能够理解生活必需品和非必需品的区别	1课时
内心的秘密	通过“我们都有自己的兴趣”活动了解自己的兴趣及适合的工作 通过“内心的秘密”了解每个人都有不同的需求 了解几种获取收入的方式	2课时
了不起的经历	学生学会记录一项业务的收入和开支 学生能够了解经营一项业务的基本步骤 学生能够了解确保企业财务记录准确性的重要性	2课时
事业的开始	学生能够了解创办生意的基本步骤	2课时

关于JA课程的实施，益小坚持内生外引，在实践中不断创生，形成了切身体验、价值明辨、实践参与、反思总结四环引领的，具有学校特色的JA课程育人方式。切身体验强调的是学生通过直接参与或观察来获得对某一事物或情境的真实感受和理解。例如，“管理城市交通”一课中，学生通过观看交警指挥交通的视频，参与马路值勤的模拟活动，亲身体验了交警的工作内容和交通疏导的过程。这种体验不仅让学生了解了交警的职责，还让他们从实际操作中感受到交通管理的重要性和复杂性（见表6–9）。价值明辨是指学生在体验和理解的基础上，对事物的价值进行辨析和判断。例如，学生通过交流自己参与交通疏导活动的感受，认识到交通警察在维护城市交通中的重要责任，进而理解每一种职业都需要承担相应的社会责任。实践参与是指学生将所学知识和技能应用于实际问题的解决。例如，在“管理城市交通”一课中，学生面对城市交通堵塞问题，通过查阅资料、结合已有知识和经验，设计缓解交通堵塞问题的方案。反思总结是指学生对自己的学习过程、实践成果和所遇到的问题进行回顾和思考，以提炼经验教训、提升自我。例如，学生通过小组交流的形式展示和交流自己的设计方案，并在思想碰撞的过程中对方案进行深入分析。

表6–9　“管理城市交通”课程设计片段

环节	内容
环节一：切身体验	通过播放交警现场指挥道路交通的视频，创设生活情境，让学生参与体验活动——一次马路值勤；学生根据路口交通状况图，圈出违反交通规则的现象并模仿交警指挥车流、处理交通违规、实时发布交通疏导信息等；学生感知交警的工作内容，对这一职业形成初步的体验
环节二：价值明辨	师生交流参与交通疏导这一体验活动的感受，教师引导学生理解交通警察肩负着维护城市交通的责任，进而理解每一种职业都需要承担相应的社会责任；学生在讨论、交流中进一步认清职业意义，形成自我价值与社会价值的认知

续表

环节	内容
环节三：实践参与	面对日益严重的城市交通堵塞问题，教师引导学生参与实践活动，为缓解城市交通堵塞问题设计方案；学生通过查阅资料，结合已有知识和经验，设计缓解交通堵塞问题的方案，如设置单行道、快速公交专用道，分时段通行，设计限号区域等
环节四：反思总结	学生以小组的形式对自己所设计的方案进行展示交流，在思想碰撞的过程中，每位学生对自己所设计的方案细节及优势、问题等进行深度分析，进而感知个体与群体、个体与社会、个体与国家的关联；课后，教师设计拓展环节，让学生了解社会中的不同职业，寻找默默奉献的榜样，从榜样身上汲取力量，传递正能量

二、“学科＋课程”，多学科协同实现全面育人

为了让“五育”融合理念下的学校财经素养教育实践落地生根，益小开发“学科+课程”，多学科协同实现全面育人。“学科+课程”包括学科融合课程和学科渗透课程，以财经素养落实育人理念，让财经素养发挥育人作用。

（一）学科融合，以财经素养落实育人理念

学科融合是培养学生综合素养的重要方式之一。学科融合不仅能增加知识的广度、打破知识之间的壁垒，还能通过不同学科之间的融合，培养学生的综合运用能力和解决问题的能力。财经素养具有一定的综合性，财经素养教育是对学生综合能力与素质的培养。因此，学科融合是落实财经素养育人理念的一种重要方式。在财经素养课程体系中，学科融合课程包括“财经素养+语文”“财经素养+数学”“财经素养+美术”“财经素养+英语”“财经素养+劳动”等。在学科融合课程中，财经素养课程以落实“乐活”课堂理念为追求，形成了一批生动的课堂实践案例（见表6–10和表6–11）。

表 6-10　“财经素养＋劳动”案例——小富翁健康之旅

项目	内容	
一、学情分析	一年级的学生们将徒步去超市选购午餐。学生们年龄较小，平时生活起居多依赖父母，独立生活的能力相对较弱。学生们虽然有简单的购物经验，但都是在父母的陪伴下，独自合理购物的能力较差。因此，引导学生探究合理购物的方法，了解购物中的知识和技巧，并从中体验消费的奥妙和趣味，成为本课教学的主旨	
二、设计思路	创设购物情景，用闯关的方式帮助小学生学习购物中的知识和技巧	
三、活动目标	①了解购物清单的价值和用法，认识价格标签，知道食品有保质期 ②知道在购物中要合理消费，购买食品注意营养搭配 ③在活动中体验合理购物的方法，了解购物的过程，学会节约食物、不浪费	
四、活动内容	教师活动	学生活动
1.创设情景，导入新课	教师：孩子们，咱们益州小学“小富翁去春游”健康之旅活动开始啦！一起去看看吧！（播放视频） 教师：孩子们，你们想去吗？ 教师：要参加这个活动，需要闯过好几关，然后才能到达目的地，你们有没有信心？咱们乘坐益小小火车，跟着小小一起出发吧！	看视频
2.闯关得法宝，了解购物知识	**第一关：钱怎么来？** 教师：购物需要人民币，小小向你们求助啦。 小小：小朋友们，你们是通过什么方式赚钱的呀？ 教师：我来调查一下，在家里通过劳动赚钱的小朋友请举手。 教师：小小年纪就懂得财富要靠自己勤劳的双手去创造，为你们点赞，恭喜你们闯过第一关。	学生回答在家劳动，阐述具体是怎么做的

续表1

四、活动内容	教师活动	学生活动
2.闯关得法宝，了解购物知识	**第二关：买什么？** 教师：小小顺利来到了超市。哇！货架上有好多的商品。孩子们，如果是你，你会买什么呢？ 商品有面包、水果、点心、水、牛奶、魔法戒指、水晶宝石、玩具小车、书、气球、奥特曼等。 教师：购物时，我们要明确目的，要有计划，老师现在送你们一件法宝——购物单（介绍购物单）。	学生进行选择，在选择中明确购物主题，知道购物要有计划
	第三关：怎么买？ **（1）认识价格** 教师：小火车停下来了，原来是价格标签"拦路虎"挡住了我们的去路，这只大老虎说，小朋友们，你们要学会认识商品的价格标签，然后小火车才能通过。 教师教学生认识价格标签；同桌讨论认；全班闯关认。	学生认识价格标签
	（2）合理消费 **①营养搭配（冰川危机）** 教师：小小买了一包薯片和一瓶水作为午餐，小朋友们，想一想这样的午餐营养吗？ （学生回答） 教师出示选择题，让学生选择最营养、最合理的春游午餐，并根据学生的选择，给出合理建议（主食+点心+水果+牛奶）。	学会营养搭配，在选择中明确合理搭配的方法

续表2

四、活动内容	教师活动	学生活动
2. 闯关得法宝，了解购物知识	**②合理选择（森林冒险）** 教师：小小听了大家的话，来到货架前重新选购。 小小：同样是水，它们的价格可不一样，有几元钱的，也有十几元钱的，我应该买哪一种呢？ 教师出示同样价格的牛奶和酸酸乳饮料，请学生作出选择。 （隧道考验） 教师：小小觉得大家说得特别有道理，她准备去买面包了，她在打折区看到了自己喜欢的葡萄干面包，可是价格标签上的"8折"到底是什么意思呢？这一次她决定问问服务员阿姨，我们来听一听。 （播放音频听对话） 教师：孩子们，听了他们的对话，你们知道了什么？购买食品时，我们还要学会看保质期和生产日期。 教师：咱们一起来认识一下。 （实物演练） 教师：接下来，请同学们拿出你们准备的食品外包装，大家一起交流分享。 教师：（小小给我打电话了）小小，你看到了买一赠一的活动呀，但是你只想喝一瓶牛奶，也只剩下5元钱了。好，我请小朋友帮帮你。 教师：孩子们，你们太会动脑筋了，恭喜你们，最难的一关闯过去了！ （机动环节） 小小来到柜台结账啦（学生来演一演）。	学生根据自己零花钱的多少选择性价比高的商品 同样的价格，选择质量好的 认识保质期和生产日期 了解可以小组组合购买商品
3. 总结	教师：（小结）小小用40元钱成功地买到了自己喜欢的午餐。在购物过程中，大家做到了营养搭配、合理消费，把买到的食物都吃完了，没有一点浪费。这次的闯关非常成功，也祝贺我们所有同学成功拿到了去超市购物的通行证！期待我们下周二的购物之旅吧！	

续表3

项目	内容
五、板书设计	小富翁健康之旅 钱怎么来 买什么：购物清单 怎么买：营养搭配、合理选择 购买不浪费、注意文明礼仪

表 6–11　“财经素养 + 语文”案例——“贝”的故事

项目	内容		
一、教材分析	本课将统编教材二年级第三单元课文《“贝”的故事》与《小学财经素养教育》《小富翁·大财智——小学生财商教育读本》同一主题的内容进行了整合，形成了课程的主要内容。		
二、学情分析	低年级学生喜欢读故事、听故事、讲故事。这篇课文能吸引同学们的注意力，他们对“贝”字的由来、演变及发展充满好奇，有探究的兴趣。以兴趣为引导，从学生感兴趣的“钱币”入手，将其与财经素养课题中的“钱币演变”相链接，丰富课堂内容，开展融合课程，易于学生理解。		
三、设计思路	基于两本教材，选取有关“货币”的知识进行教学。在语文统编教材中，《“贝”的故事》一课引出了“贝”在古时的两种用法，其中一种便是作为钱币使用，这与“货币”的相关知识高度契合。因此，课程以此作为故事线索展开学习，可有效激发学生的学习兴趣。通过这种融合课的形式，尝试贯通学科间的知识。		
四、活动目标	①借助拼音，认记16个生字 ②了解“贝”字偏旁的特点，在语境和拓展内容中知道“大多”的意思 ③通过学习感受语言文字的魅力，归类并巩固识字方法，培养学生热爱汉字文化的美好情感 ④了解货币的由来，知道货币、钱币的演变，进而产生更多的探索兴趣		
五、活动环节	教师活动	学生活动	设计意图
1.故事导入	①介绍新朋友，讲述钱小小的故事，从而引出“贝币”	学生听故事	故事导入，增加兴趣

续表1

五、活动环节	教师活动	学生活动	设计意图
1.故事导入	②由故事引入语文学科内容《“贝”的故事》	学生与老师一起书写“贝”，了解题目中打引号的“贝”字	引出课题并了解引号在此处的意义
2.通读课文，随文识字	①教师范读	学生自由勾画难读的地方	听清字音并勾画出难读的地方，修正读音
	②教师出示较难读的三句	学生自由朗读最拗口的句子	读好长句子、生字多的句子
	③教师出示带拼音的生字	学生自由拼读	根据拼音读准字音
	④借助拼音，读准字音和多音字	学生借助拼音认读，通过回忆之前学过的课文，再次学习“漂”的不同读音	在不同语境中学习多音字
3.随文学习，记字了解意思	①随文记字，学习第一段	学生猜“甲骨文”的意思	便于学生了解汉字起源
	②教师请学生猜甲骨文中的“贝”字	通过猜测，学生进一步理解并运用课文	了解甲骨文
	③教师出示第一段，提问学生“哪个字最难记”	学生说明识字难点	通过提问，发现识字难点
	④教师演示“饰”“随”字的识记小故事	学生通过小故事记住生字	结合生活，了解字的意思，掌握记住生字的识字方法
	⑤“贝”字旁的字大多与钱财有关，引导学生说一说举例的生字是如何体现出来的	学生用自己的话，结合生活体验，尝试说一说	了解汉字表示的意思，学会用归类的方法识记生字
	⑥“则”字与钱财没有关系	学生发现并了解“大多”的含义	偏旁表义特点

续表2

五、活动环节	教师活动	学生活动	设计意图
3.随文学习，记字了解意思	⑦教师出示课后习题，让学生猜一猜	学生看图猜一猜字的偏旁与什么有关	通过课后习题，进一步理解“偏旁表义”
4.了解货币的演变	①故事“刀币小镇”	学生观看故事，知道古代货币中的刀币	故事激发兴趣，通过刀币，引出“金属货币”
	②课前小任务：你们认识这些金属货币吗？	学生通过课前查阅资料，尝试说出几种金属货币的名称	循序渐进地引出货币接下来的演变：金属货币—纸币—电子货币
	③故事“交子小镇”	学生观看故事，知道古代货币中的纸币——交子	
	④财经小博士进行“交子”概念的解说	学生了解“交子”属于古代纸币的一种	
	⑤学习货币的演变，阅读故事单	通过阅读，知道现代人大多为了便捷而使用电子货币	
5.课堂实践小游戏	①布置小组任务	学生分小组学习，利用图片教具，根据时间节点，摆一摆相对应的货币	进一步厘清货币演变的过程
	②课后小任务	搜索“中国钱币博物馆”在互联网上继续探索货币的世界	将所学延伸到课后，激发学生的探究欲望
六、板书设计	3500年前 2000年前　　　　“贝”的故事 1000年前　　饰品　　　　　　钱币 现在　　　　　　与钱财有关		

（二）学科渗透，让财经素养发挥育人效果

学科渗透是立足于常规学科，结合“五育”融合理念下的学校财经素养教育中的相关知识、思维方式、教学方法，进行渗透教学，让财经素养发挥

育人作用。财经素养渗透的学科教学，引导学生从中学习并加深对财经知识的理解，培养并提升财经素养，提高学生的创新能力与综合分析能力。

以数学学科渗透案例——二年级上册"买文具，认识人民币"为例，学生在日常生活中对人民币已经有了初步的认识，这一课通过一系列活动，让学生能够认识小面额人民币，并理解元、角、分之间的进率和兑换。课程以活动为载体，培养学生自主探索、合作交流的能力。此外，在活动中引导学生体会1元钱的价值，感悟数学知识与现实生活的密切联系，进而养成爱护人民币、合理使用人民币的良好习惯（见表6–12）。

表 6–12　　数学学科渗透案例——二年级上册
"买文具，认识人民币"教学案例片段

项目	内容
导入新课	（教师出示钱包，从钱包里拿出一些不同面额的钱来）"钱"是我们购物时使用的货币，在我国统称为"人民币"。这一节课，让我们一起来认识人民币，并学习用人民币来购买文具。
学习新课	1.认识人民币 （1）（教师出示不同面额的人民币）你认识哪些人民币？把你认识的人民币从老师手中拿出来吧！ ①你是怎么知道它是5元、2元、1元、5角、2角、1角的？（根据学生所拿的、自己认识的每一张人民币进行提问） ②你是通过什么来判断、来辨认的？除了这些，你还认识哪些面额的人民币？你是怎么知道的？ （2）根据课堂的实际情况，向学生提问或直接出示不同面额的硬币，让学生进行辨认，然后对纸币和硬币进行总结。 （3）看课本，认一认。图中有哪些人民币？给它们进行分类说一说哪些是纸币，哪些是硬币。 （4）同学们，你们知道1元可以换几张1角呢？几个1分可以换1张1角呢？ 2.拓展学习 （1）除了人民币，你们还认识哪些纸币？ （2）除了市面上流通的纸币，你们接触最多的还有哪种"纸币"？（我们学校的益小币） ①益小币只有10元、5元、2元、1元。 ②益小币只能在我们学校内流通，在美食节上可以用益小币购买很多美食……

第二节　以项目式学习落实财经素养

一、项目式学习的设计思路

项目式学习的设计是一个系统而复杂的过程，需要确定主题与目标、制订项目计划、开展活动探究、展示项目成果、进行评价与反思五个基本步骤。接下来，我们将结合财经素养导向的项目式设计方案——精打细算去旅行，具体阐述五个基本步骤的设计思路。

（一）确定主题与目标

确定项目式学习的主题是开展项目式学习的基础。在确定了项目式学习的主题后，教师和学生才有一个共同的学习方向。在确定项目式学习主题的基础上，教师还需设定素养目标，设计驱动性问题。

1. 确定项目主题

项目主题可以来源于学科内容、学生兴趣、教师特长、社会热点等，且项目式学习的主题需要具有一定的挑战性、趣味性和现实意义。在财经素养课程中，项目式学习主题的设计强调财经素养系列读本和校本财经课程的结合，以学习兴趣为基础，融合跨学科内容，初步设定项目的真实性情境。

“精打细算去旅行”项目式设计方案，以《小学财经素养教育》为基础，依托校本教材《小富翁 · 大财富——小学生财商教育读本》，调查学生的学习兴趣。由此，确定以学生们感兴趣的“旅游”作为项目式学习的主题。此项目融合财商、数学、语文、美术、计算机、综合实践等学科，作为财经素养教育的桥梁和载体。在旅游的主题下，设定一个真实的情境，学生需要扮演旅游策划者的角色，从选择旅游目的地、规划旅游路线、制定旅游预算等多个方面进行实际操作。项目以真实的驱动性问题激发学生们的学习兴趣，让学生深入了解旅行目的地的地理环境、人文历史、文化风情等，激发学生热爱祖国大好河山的思想感情。

2. 确定素养目标

财经素养课程建立了“三域两层”的教育目标体系，“三域”指向家庭财经生活、学校财经生活和社会财经生活三大领域，“两层”指向体验性学习、创生性学习两个层次。据此，以“三域两层”为素养目标的制定依据，从“三域两层”的角度对项目目标进行分析，并对其相关内容进行重新整合，从而形成素养导向的目标。在“精打细算去旅行”项目式设计方案中，主要形成了如下的素养目标。

（1）知识与技能

学生能理解、分析老师提供的信息，结合实际情况，通过合理思考、计算、比较，解决有关旅游费用预算的实际问题；能独立收集、分析与整理旅游地点的各类信息，结合自身实际，制定比较可行的旅游方案。

（2）思想观念

通过体验旅游线路选择的全过程，建立全局观念，树立正确的消费观和金钱观，为今后解决生活中的类似问题提供思考和决策方向，提升财经素养综合能力。

（3）伦理道德

通过省时、省钱、省精力、省资源等财商话题的探讨，激发学生自身的社会情感及责任意识，培养学生的财经思维，帮助其养成良好的个人行为习惯。

（4）合作交流

学生能体会不同学科、不同领域间知识的联系，培养自身与他人合作、交流的能力，体验成功的喜悦，学会评价与反思。

3. 设计驱动性问题

驱动性问题的设计既要结合课程所设定的素养目标，又要能联系项目的具体主题与情境设计，还要能不断激发学生的学习兴趣。项目式学习的核心驱动问题通常是一个宏观的、具有挑战性的议题，它涵盖了多个学科领域和复杂的概念。教师在设计项目式学习时，需要将核心驱动问题分解成子问题，帮助学生更深入地理解每个子问题的本质，从而更全面地掌握核心驱动问题的内涵。学生通过解决一系列子问题，逐步构建起对核心驱动问题的全面认知，形成更为深刻的理解。

例如，在“精打细算去旅行”项目式设计方案中，我们将核心驱动问题设定为“如何设计一份省钱旅游攻略手册”，子问题的设计包括：出去旅行该如何制定旅游“行程安排表”？我们该如何绘制并分享旅行攻略？如何制作旅游“最省经费预算表”？在这里，“省”给了学生三个维度的全局性思考和挑战：一是省钱，二是省时，三是省精力、省资源。在课堂上，“省钱”和“省时”可以通过计算来解决，教师可以为学生提供解决问题的工具；对“省精力”的讨论，可以引发学生的思考，激发学生的社会情感，培养学生节约资源的道德理念。

（二）制订项目计划

好的项目式学习，应在项目计划上投入更多的精力和时间，做好充足的准备，才能保证后续探究活动顺利有序开展。因此，在开展项目前教师应该组织学生制订项目计划。

1. 课时安排

课时安排是项目式学习的基础框架，旨在通过分阶段、分步骤的教学安排，确保学生能够循序渐进地掌握所需知识和技能。这一思路强调根据学习内容的复杂性和学生的实际需求，合理规划每个阶段的学习任务和时间，以确保项目能够顺利、有序地进行。在分解课时时，需要经历“明确目标—分解任务—合理分配时间—灵活调整”四个环节。例如，在“精打细算去旅行”项目设计方案中，总体目标是带学生们走出课堂，依托《跟着课本去旅行》这本书，到课本里提及的每个地方去旅行。然后，将总体目标分解为若干个具体的学习任务。这些任务应该是逐步递进、相互关联的。例如，将旅行计划分解为目的地的选择、方案的制定以及旅行攻略手册的制定等。接着，根据任务的难易程度和重要性，为每个任务分配合理的时间。这既保证了每个任务都能得到充分地关注和讨论，又确保了整体项目的进度。最后，在实际执行过程中，可能需要根据具体情况对课时安排进行微调（见表6-13）。例如，如果某个任务的难度较大或学生兴趣浓厚，可以适当增加课时；反之，则可以减少。

表6-13　　课时安排

课时安排	内容	学习任务
第一课时	目的地的选择	依托《跟着课本去旅行》这本书，教师带学生们走出课堂，到课本里提及的每个地方——山川湖海、历史奇迹、文化遗存、城市建筑等去旅行
第二课时	方案的制定	学生借助网络，统计并整理出各项经费，主要的费用包括车票、住宿、景点门票、购物、用餐、其他等
第三、第四课时	制定一份旅行攻略手册	学生将自己绘制的精美旅行攻略整理成册，通过各大平台进行推广，并在网络上定价售卖，把《省钱旅行攻略手册》变成一个小小的赚钱项目

2.小组成员分工

小组成员分工是为了确保项目式学习中每个学生都能发挥自己的特长和优势，共同完成项目任务。小组成员分工的思路强调发挥每个学生的优势，通过明确各自的责任和期望，促进小组合作和互补，以提高整个项目的效率和质量。同时，分工协作还能培养学生的领导能力、合作能力和自我管理能力，为学生的全面发展提供支持。以“精打细算去旅行”项目为例，小组成员分工主要经历了识别特长、明确角色、明确职责和培养技能四个环节。根据以上分析，形成了如表6-14所示的分工。

表 6–14　　小组成员分工

小组成员	角色	特长	主要职责	希望发展的技能
1	组长	组织和领导能力	组内监督、管理以及完成自己负责模块的内容	领导能力，阅读与写作能力，自主学习能力，信息检索、整合能力，小组合作能力，与人交流的能力，动手操作能力
2	经费预算师	分析数据、处理数据的能力较强	负责交通、住宿、门票、购物等预算工作	设计能力，阅读与写作能力，自主学习能力，信息检索、整合能力，小组合作能力，领导能力，与人交流的能力，动手操作能力
3	路线规划师	规划能力和绘画能力较强	根据设计图绘制省份路线图，并完成自己负责模块的内容	绘画技能，阅读与写作能力，自主学习能力，信息检索、整合能力，小组合作能力，领导能力，与人交流的能力，动手操作能力
4	电脑达人	熟练使用电脑	将全部成果导入电脑，形成网页版的攻略手册，同时完成自己负责模块的内容	动手操作能力，阅读与写作能力，自主学习能力，信息检索、整合能力，小组合作能力，领导能力，与人交流的能力
5	推荐官	沟通表达能力较强	在发布会上介绍本组作品并进行答疑，完成自己负责模块的内容	表达能力，阅读与写作能力，自主学习能力，信息检索、整合能力，小组合作能力，领导能力，与人交流的能力，动手操作能力

（三）开展活动探究

活动探究过程就是按照小组商议的计划表，以小组合作的形式进行探究。学生的探究活动通常有查阅资料、形成资料集、动手绘画等。以下是旅游攻略项目的探究性活动设计，经历了“问题的提出—研究过程—形成成果—分解评价—项目小结”五个部分（见图6–2）。

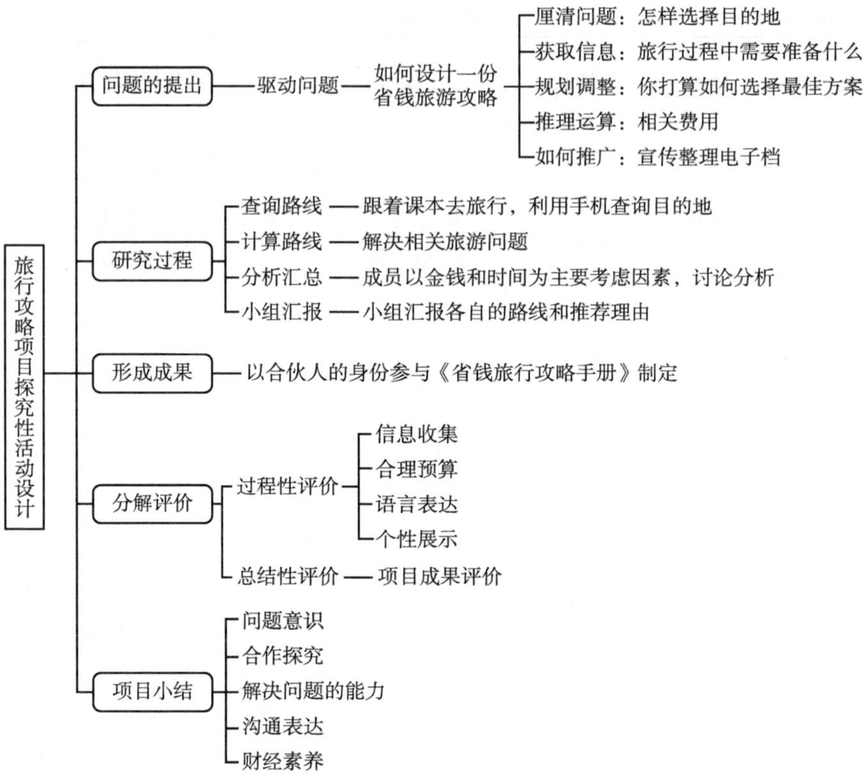

图6-2 项目设计方案

（四）展示项目成果

在作品制作阶段，教师需要依据项目式学习的素养目标，设计项目成果的展示形式。鼓励学生以多种形式展示项目成果，如报告、PPT、实物模型等。通过成果展示，学生分享他们的知识和经验，培养他们的沟通能力和自信心。例如，在“精打细算去旅行”项目中，教师建议小组成员将自己的手绘笔记整理成旅行手账素材，并借助相关模板，制作成电子旅行攻略，以此作为项目作品进行展示。

（五）进行评价与反思

活动评价是项目最后的关键节点，评价的内容不仅包括最后的成果评价，更应该包括活动过程中学生的表现评价。项目式学习的评价设计需要采用多元方式对项目成果进行评价，包括教师评价、小组互评、学生自评以及真实读者或观众的评价等。评价标准应以财经素养的发展为核心，全面覆盖知识、技能、情感、价值观等方面（见表6–15）。通过评价反馈，让学生了解自己的学习成果和不足之处，评估其财经素养的发展水平，鼓励他们进行反思和改进。

表 6–15　项目评价量表

<table>
<tr><td>项目名称</td><td colspan="7"></td></tr>
<tr><td>学生姓名</td><td colspan="2"></td><td>班级</td><td colspan="4"></td></tr>
<tr><td>实践类型</td><td colspan="7">探究实践：根据给定信息，提出问题，澄清必要的条件和步骤；形成问题及解决方案；分析和解释数据，将数据可视化；对方案进行合理的解释；表达自己的观点
社会性实践：分成项目小组，形成小组分工和职责表；积极倾听他人观点并给出回应
控性实践：制定问题解决的方案；反思问题解决步骤
技术实践：运用PPT、思维导图等说明自己的观点
审美性实践：实践表达和成果展示具有美观性，选材恰当，色彩搭配合理</td></tr>
<tr><td rowspan="4">实践与评价</td><td rowspan="2">评价维度</td><td colspan="2">评价标准</td><td colspan="4">评分方式</td></tr>
<tr><td>总目标</td><td>项目目标</td><td>自评（分）（30%）</td><td>他评（分）（30%）</td><td>师评（分）（40%）</td><td>总分（分）</td></tr>
<tr><td>信息收集（30分）</td><td>运用调研、收集、阅读、甄别等方法，合理准确地获取项目中所需的数字信息和数据</td><td>①收集数据并整理（10分）
②通过正规网站查询有用信息（10分）
③熟悉图表的绘制方法（10分）</td><td></td><td></td><td></td><td></td></tr>
<tr><td>合理推算（30分）</td><td>结合具体情境，能作出符合生活实际的推理；选择合适的数据、方法进行计算</td><td>①运用推算提出合理假设（10分）
②根据时间地点确定行程内容（10分）
③根据经费预算合理安排行程（10分）</td><td></td><td></td><td></td><td></td></tr>
</table>

续表

	评价维度	评价标准		评分方式			
		总目标	项目目标	自评（分）（30%）	他评（分）（30%）	师评（分）（40%）	总分（分）
实践与评价	语言表达（20分）	能运用自己的语言描述数字信息和数学观点；能用文字、符号、图表、图像等书写数字信息；能用操作、演示等动作表达学习过程	①能够口头表达自己的观点（5分） ②绘制的图表数据信息合理（5分） ③使用表格、思维导图、流程图等形式展示作品（5分） ④图表数据及其内容合理且设计美观（5分）				
	个性展示（20分）	能运用算式、流程图、思维导图、文字、PPT等展示并交流；能撰写数学主题小方案、小论文、调查报告等	①用图文分享统计结果（7分） ②备注注意事项，用图文展示攻略海报（6分） ③旅行攻略具有参考价值（7分）				
总得分							

二、项目式学习的设计案例

（一）项目简介

现以"精打细算去旅行"项目式学习为例，详细阐述该项目的具体设计（见表6-16）。该项目以《小学财经素养教育》为基础，依托校本教材《小富翁·大财富——小学生财商教育读本》，确定以学生们感兴趣的“旅游”为项目式课程主题。项目融合了财商、数学、语文、美术、计算机、综合实践等学科，作为财经素养教育的桥梁和载体。项目以真实的驱动性问题激发学生们的学习兴趣，让学生深入了解旅行目的地的地理环境、人文历史、文化风情等，激发学生热爱祖国大好河山的思想感情。在编写旅行攻略的过程中，学生借助搜索引擎查找资料，完成费用预算、金钱管理、行程安排等项目任务，解决旅游出行中可能会遇到的实际问题。在活动中，学生需要独立收集、分析与整理旅游地点的各类信息，结合自身实际，制定比较可行的旅游方案。最终，学生形成一定的理财思维，将劳动成果整理成《省钱旅行攻略手册》，并将其变成一个小小的赚钱项目，在网上进行售卖。以上活动过程对学生的财经素养教育有很大的助益。项目计划历时4周，学生的学习将经历驱动问题的确定、项目启动、解决问题并产生成果、成果展示、回顾项目五个阶段。

表 6–16　　　　　　　　　　项目信息卡

项目		内容
基本信息	项目名称	精打细算去旅行
	项目持续时间	4周
	核心驱动问题	如何设计一份省钱旅游攻略手册
	学科	科学、数学、美术
学生团队	项目年级	三年级
	实施团队	小队
	参与人数	40人
指导团队	项目设计老师	庞洪敏
	项目实施老师	庞洪敏

（二）项目依据

1. 现实依据

教师通过调查访谈发现，每当寒暑假，学生都会有旅行的计划，但多数学生的旅游体验仅限于吃喝玩乐，停留在“到此一游”的浅层次，对于如何做一份旅行攻略缺乏关注，对景点所蕴含的文化内涵也了解不足。

2.课标依据

《义务教育课程方案和课程标准（2022年版）》提出，各门课程用不少于10%的课时设计跨学科主题学习，明确了要积极开展主题化、项目式学习等综合性教学活动。2022年版新课标的重大特点是由过去单一的学科知识传授，向着更能激发学生综合素养能力的跨学科课程育人方向转变。

3.教材依据

教师依据《中国学生发展核心素养》的要求和《义务教育数学课程标准（2022年版）》中的子主题内容，设计了本次跨学科主题学习任务。该项目式学习旨在让学生知道旅行计划包含的基本要素，明确分析、制定旅行攻略的基本思路。通过计算和分析旅行费用预算、确定行程安排等，学生将体验综合运用所学知识解决实际问题的过程。学生在活动中将学习财经素养基础知识，树立正确的消费观和金钱观，懂得合理、理性消费。学生通过项目活动，学习旅行方案设计的整个思路和流程，并找到合理的方法对本组的方案和设计思路进行诠释。

（三）教学目标

1.学科学业目标

①财经素养：学生学习分段计算的方法，以实现旅行费用最低化，并能在路线选择中合理运用相关方法。注重理论与实践的结合，通过多样化的教学方式和活动形式，全面提高学生的财经素养和实践能力。帮助学生树立正确的消费观和金钱观，懂得合理、理性消费。

②语文：引导学生积极观察、感知生活，发展联想和想象能力，激发创造潜能，丰富语言经验，培养语言直觉，提高语言表现力和创造力，提高形象思维能力。

③数学：学生根据“性价比”这个指标，结合组内设计方案的过程，思

考其他小组方案的优点及可以改进的地方。在此过程中，学生能够体验解决问题方法的多样性，初步积累社会活动经验，增强应用意识和创新意识。

④美术：学生能够了解电子旅行攻略的设计方法，并利用不同的表现形式，对旅游手册进行美化，提高审美能力。

⑤计算机：指导学生借助网络等渠道获取资料，解决与学习、生活相关的问题。使用电脑制作精美的电子旅行手册。

2.核心素养目标

①学生能理解、分析老师提供的信息，结合实际情况，通过合理思考、计算、比较，解决与旅游费用预算相关的实际问题；能独立收集、分析与整理旅游地点的各类信息，结合自身实际，制定切实可行的旅游方案。

②通过体验旅游线路选择的全过程，学生能建立全局观念，树立正确的消费观和金钱观，为其今后解决生活中的类似问题提供思考和决策方向，提升并发展财经素养。

③通过省时、省钱、省精力、省资源等财商话题的探讨，激发学生自身的社会情感及责任意识，培养学生的财经思维，帮助其养成良好的个人行为习惯。

④学生能体会不同学科、不同领域间知识的联系，培养自身与他人合作、交流的能力，体验成功的喜悦，学会评价与反思。

（四）驱动问题

驱动问题及成果如表6–17所示。

表6–17　　驱动问题及成果

核心驱动问题	分解驱动问题	阶段任务	最终成果
如何设计一份省钱旅游攻略手册	如何选择目的地并制作“行程安排表”	撰写调查报告	旅游攻略电子手册
	如何制作旅游“最省经费预算表”	制作最省经费预算表	
	我们该如何绘制并推广旅行攻略	设计旅游攻略电子手册	

（五）项目实施

1.完成"某地几日游"行程策划

学习目标：根据《跟着书本去旅行》，选择目的地，绘制行程图或制作行程策划表，并结合图表进行分析汇报。

学生活动：在收集、分析学习任务单后，初步计划好旅行地点、时间及相应的准备工作，并进一步对各自选中的目的地的行程做详细策划。

核心问题1：组建团队并明确团队分工。

核心问题2：依据《跟着课本去旅行》，小组内探讨、交流最想去的旅行地点。

核心问题3：在出去旅游的时候，我们应该考虑哪些问题？

核心问题4：制定行程策划表的具体步骤是什么？如何合理规划旅行线路？

学生围绕以上4个核心问题，开展小组合作探究，并成立行程策划小组。围绕驱动性问题，学生们马上召开了启动会，并确定了团队的成员。在成员的分工上，他们更倾向于根据自身的兴趣和特长来分配任务，以确保每个团队成员都能明确并履行自己的职责。

【案例片段1】

团队组建成功后，学生面临的第一个问题就是如何确定旅游目的地，每个学生都有自己的想法。

我们将依托《跟着课本去旅行》这本书，带学生们走出课堂，到课本里提及的每个地方——山川湖海、历史奇迹、文化遗存、城市建筑等去旅行，去亲近自然、感悟文化、触摸历史，让我们一起点亮假期生活，在活动中去探索、成长！最终，各小组展开讨论并确定了自己的目的地。

学生1："我觉得，选择的这个地方除了景色美之外，应该要能体现我们中国的文化特色，像北京、西安这些古都就比较合适，具有代表性。"

学生2："我有不同的想法，我们应该去上海、深圳这些现代化城市，去感受国际大都市的魅力！"

学生3："上有天堂，下有苏杭"，杭州、苏州不仅有秀丽的风景，也有深厚的文化底蕴，有大量自然及人文景观遗迹，适合正在学习、认识这个世界的小学生们游玩。鲁迅的多篇文章都是语文课文中的经典篇目，绍兴也成为很多学生向往的地方。不如趁着这个假期去看一看，探访一下鲁迅的故乡。

学生4：我想去海边看海，去了解祖国的南海。西沙群岛，古称"千里长沙""七洲岛"或"九乳螺洲"，其海域宽阔，岛礁星罗棋布，海产十分丰富。我们在三年级上册就学习过《富饶的西沙群岛》这篇课文。

【案例片段2】

确认目的地之后，同学们讨论总结了旅行时的注意事项：

（1）安全

无论是国内还是国外旅行，安全始终是最重要的。要提前了解目的地的安全状况，避免前往可能存在安全隐患的地区。在旅行过程中，要时刻保持警惕，注意个人财物安全，不轻信陌生人。此外，在交通方面，务必遵守当地交通规则，确保行车安全。

（2）规划行程

在出发前，需要充分了解目的地的天气、交通、住宿等情况，制定合理的行程安排。这样不仅能避免在旅途中遇到麻烦，还能确保我们有足够的时间去游览和体验当地的风土人情。另外，每个地方都有其独特的文化习俗，我们在旅行中应该尽量去了解和适应，避免因为误解或冒犯而引起麻烦。在参观当地的宗教场所或古迹时，要注意遵守相关的规定和礼仪。

（3）必需的物品

在出发之前，确保携带好必需的物品，如护照、身份证、签证、机票、现金、银行卡、手机、充电器等。我们可以准备一个旅行清单，确保自己不会遗漏重要物品。同时，建议购买旅行保险，以应对意外情况。旅行中携带一些常用的药品和防护用品，如感冒药、止痛药、创可贴。

教师提问："如何制作一张行程计划表呢？"教师引导学生完成相关的学习任务单（见图6–3），以制定具体的旅行路线。

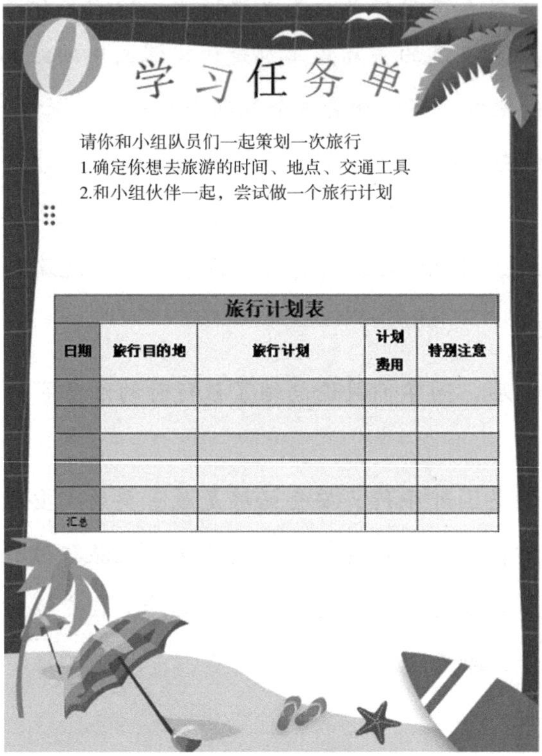
学习任务单

请你和小组队员们一起策划一次旅行
1.确定你想去旅游的时间、地点、交通工具
2.和小组伙伴一起，尝试做一个旅行计划

旅行计划表

日期	旅行目的地	旅行计划	计划费用	特别注意
汇总				

图6–3　学习任务单

在完成学习任务单的过程中，学生们初步制定简单的旅行计划表，明确旅行需要做哪些准备工作，并用图文形式形象简明地表达自己的观点。

在规划行程的过程中，学生们发现选择的时间、地点不一样，考虑的因素也会有所不同。那么如何妥善安排行程呢？我们需要综合考虑时间、行程、交通、住宿、用餐等情况。通过交流分享，培养学生提出问题、解决问题的能力。经过该任务组对行程表的深入分析，为另外两个探究任务的顺利开展奠定了基础。

2. 制定旅游经费预算表

学习目标：根据自选目的地绘制行程图或制作行程策划表，并结合图表进行分析汇报。

学生活动：利用网络等现代信息技术，查询与景点相关的交通、住宿、门票等费用情况，并制定本次行程的消费预算表。

核心问题1：经费预算表里主要包括哪几个方面的费用？

核心问题2：我们可以通过哪些渠道去收集相关费用信息？

核心问题3：如何制作一张经费预算表呢？

学生围绕以上3个核心问题，开展小组合作研究，成立经费预算小组。

（1）小小统计员：数据细收集，费用详安排

根据行程安排，查询正规网站并整理出各项经费，主要的费用包括交通、住宿、门票、餐费、保险、其他等。学生们制作的旅行预算表如图6-4所示。

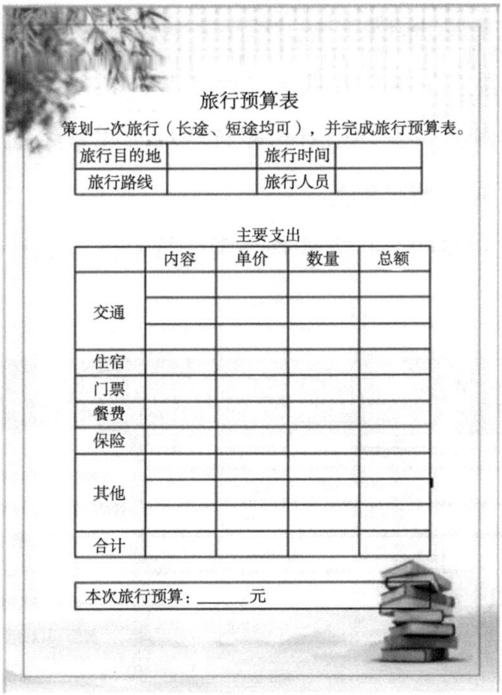

旅行预算表

策划一次旅行（长途、短途均可），并完成旅行预算表。

旅行目的地		旅行时间	
旅行路线		旅行人员	

主要支出

	内容	单价	数量	总额
交通				
住宿				
门票				
餐费				
保险				
其他				
合计				

本次旅行预算：______元

图6–4 旅行预算表

【案例片段1】

学生1：目的地已经确定了，接下来要根据预算估计我们大概要游玩几天。我们应该通过官方网站查询相关信息，因为这样才准确可靠。我们可以先把来回的车票订了（高铁、汽车这类的票价固定不变，所以提前预订就好，否则节假日可能会出现票卖完的情况；飞机票一般提前1~2周就开始预订，这样会比较便宜，每周二、周三票价相对便宜）。

学生2：然后去搜索目的地有哪几个景点（可以参考小红书、马蜂窝上的游记），看看有哪些是我们大家都想去的，先决定好大景点，再根据大景点去搜索这个范围内的小景点。这个时候我们可以用地图软件搜索一下景点到景点距离，大致预估一下一天可以玩多少个景点。接着就是找一些口碑好的餐厅（利用小红书、大众点评等软件），安排好每天的行程之后，根据当天行程的终点，提前订好住宿（住宿一定要选择那种允许在入住当天12点前退订的，以防有突发情况）。

学生3：像机票、景点门票或者其他费用，我们也可以通过携程、去哪儿、飞猪、美团等软件进行详细对比分析，从而选择更优惠的价格。

（2）经费预算师：精打细算

教师根据学生提供的出行方式整理了旅行预算（见图6–5），引导学生做进一步优化探究。

图6–5 旅行预算

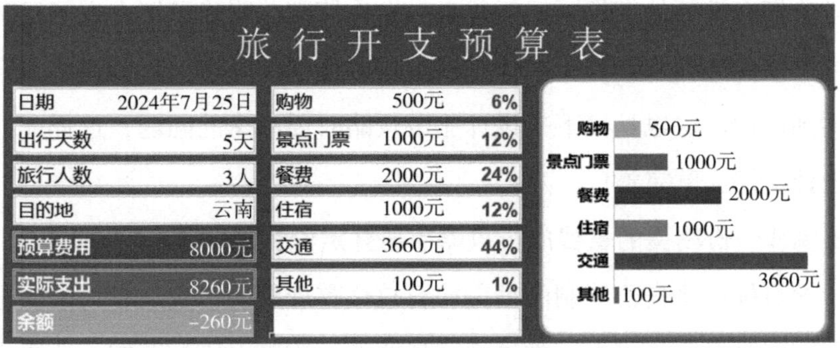

图6-5　旅行预算（续）

【案例片段2】

教师：现在有8000元预算经费，你们帮我算一算，这笔经费够吗？这样吧，我们4人为一个小组进行分工合作，选择1人做记录，1人使用计算器计算，2人通过网络查询相关信息。

学生1：3人5日云南游，往返交通我们选择的都是特价机票，住宿我们选择的是中档酒店的标间，住4个晚上。

学生2：景点门票及其他各项费用合计6300元，没有超出预算。

教师：有疑问的地方请大家提出来，由这两位同学来进行解答；大家手上有计算器的，可以快速地帮他检查一下。

教师：有没有算出来超过8000元的？这一组的设计超过8000元，你们觉得在哪个费用上可以做一下调整？

学生1：出行方式或者住宿这里调整一下，还可以调整旅游的天数……

教师：其他组的同学，你们的方案里有什么跟他们不一样的地方，还有需要补充的吗？

学生2：我们组建议去的时候坐飞机、回来的时候乘高铁，这里就可以省下2500元。

学生3：我们组通过讨论发现，交通费和住宿费是长途旅行里花费最大的两项，我们还可以对旅游的其他费用进行调整……

学生们在教师的带领下反复思考、合作探究，明确了解在进行经费预算的时候不仅要准确，而且要在计算的过程中根据实际情况灵活调整方案，让方案达到最优。这也是接下来设计旅游攻略时要考虑的问题，这样才能使攻略的设计更好、更完善！

3. 制作一份精美的省钱旅行攻略手册并定价售卖

学习目标：将自己绘制的精美旅行攻略整理成册，通过各大平台进行推广，并在网络上定价售卖，尝试把《省钱旅行攻略手册》变成一个小小的赚钱项目。

学生活动：各小组分工明确，对旅行手册进行整理。在任务一和任务二所制定的行程表及经费预算表的基础上，用海报的形式制订旅游计划。为确保旅行海报内容的经济、合理、方便、可行，可以用文字、数据、图表等多种形式进行说明，还可以备注相关注意事项等。

核心问题1：怎么制订营销计划，把《省钱旅行攻略手册》变成赚钱项目？

核心问题2：如何将小组制定的旅行攻略编辑成册？

我们会用一个合伙机制来把《省钱旅行攻略手册》运营成一个小小的赚钱项目。在制订营销计划时，学生需要了解手册的目标读者，包括他们的兴趣、需求和旅行偏好。当学生在网上分享《省钱旅行攻略手册》后，如果读者对其内容感兴趣并希望购买，他们可以通过线上平台进行打赏或支付购买费用。

（1）小组成员分工

统筹管理者：负责整个项目的总策划和推广，确保各个旅行环节的可行性，以保证活动的顺利开展。

素材制作者：负责语言组织工作，包括介绍著名景点、美食、文化习俗，说明交通、住宿等情况。

制作推广参与者：产品的制作推广参与者负责相关产品的推广及售后的

服务。

美术编辑：负责旅游宣传册的设计和排版，确保内容呈现清晰、美观。

（2）项目合伙机制

各成员作为合伙人参与整个合伙项目的运营，不获取工资报酬，最后依据个人出力确定项目利润分红比例（见表6–18）。

表6–18 成员分红比例

成员身份	分红比例	成员身份	分红比例
统筹管理者	30%	制作推广参与者	20%
素材制作者	30%	美术编辑	20%

（3）营销推广计划

首先确定利用线上渠道推广手册。学生可以在微信公众号中推送文章或发布短视频，在小红书中编辑文字和图片，或是在抖音中利用短视频进行推广，以多种方式开展线上宣传。

（4）产品定价及交付

整套《省钱旅行攻略手册》共计150页，打包一套定价10元，用户购买后以电子版进行交付。

（5）购买方式

用户可以在微信文章中打赏10元，小组成员为其发送素材下载链接；用户也可以添加小组成员的微信号并私信其10元，购买素材下载链接；用户还可以在闲鱼平台上进行购买。

（6）手册制作

小组成员将自己的手绘笔记整理成旅行手账素材，借助老师提供的模板，制作成电子版旅行攻略，主要内容包括国内旅游景点的历史地理背景介绍、交通餐饮指南等，共计150页（见表6–19）。

表 6-19　　编写分工及编写内容

项目	内容
封面的设计	使用高质量的图片和图表，增强视觉效果
目的地介绍	提供目的地的背景信息、历史、文化等
行程建议	提供不同天数的行程安排建议
景点推荐	详细介绍每个景点的特色、开放时间、门票价格等
住宿信息	推荐不同类型的住宿选项及预订方式
餐饮指南	推荐当地特色美食和餐厅
交通指南	提供到达目的地及当地交通的详细信息
购物攻略	推荐购物地点和纪念品
文化体验	介绍当地的文化活动和节日
安全提示	提供旅行安全和健康建议
实用信息	包括紧急联系方式、医疗资源、货币兑换等
编辑和校对	仔细编辑和校对手册内容，确保信息的准确性和语言的流畅性
视觉设计	设计统一的版式和色彩方案，确保手册的美观和专业

（7）总结

学生们在教师的带领下开展统筹和整理工作，并通过小组合作的方式探究了职责分工的最优方案。学生以合作人的身份参与《省钱旅行攻略手册》的制作，最终通过各大平台进行推广，并在网络上定价售卖，将《省钱旅行攻略手册》变成一个小小的赚钱项目。该项目能培养学生具备基础的财经知识、理财技能，拥有正确的财富观念与人生信念，从而应对未来经济生活中的各种挑战。

（六）项目评价

本项目坚持过程性评价和终结性评价相结合，评价方式可以包括自我评价、组员评价、教师评价。项目化学习过程评价聚焦学生的项目完成情况。

1.项目形成性评价

为了全面评估学生在项目式活动中的参与程度，我们设计了“项目化评价量表”，评价维度包括信息收集、合理预算、语言表达、个性展示这四个方面（见表6–20）。在评价过程中，教师需要营造一种畅所欲言的评价氛围，鼓励学生大胆地自评、互评。在评价量表的评分构成中，自评占30%，他评占30%，师评占40%，最后合计为总分，满分为100分。每当学生完成一个项目后，教师即可根据“项目化评价量表”对学生的表现进行量化考评。

表6–20　　项目评价量表

<table>
<tr><td>项目名称</td><td colspan="7"></td></tr>
<tr><td>学生姓名</td><td colspan="2"></td><td>班级</td><td colspan="4"></td></tr>
<tr><td>实践类型</td><td colspan="7">探究实践：根据给定信息，提出问题，澄清必要的条件和步骤；形成问题及解决方案；分析和解释数据，将数据可视化；对方案进行合理的解释；表达自己的观点
社会性实践：分成项目小组，形成小组分工和职责表；积极倾听他人观点并给出回应
控性实践：制定问题解决的方案；反思问题解决步骤
技术实践：运用PPT、思维导图等说明自己的观点
审美性实践：实践表达和成果展示具有美观性，选材恰当，色彩搭配合理</td></tr>
<tr><td rowspan="3">实践与评价</td><td rowspan="2">评价维度</td><td colspan="2">评价标准</td><td colspan="4">评分方式</td></tr>
<tr><td>总目标</td><td>项目目标</td><td>自评（分）（30%）</td><td>他评（分）（30%）</td><td>师评（分）（40%）</td><td>总分（分）</td></tr>
<tr><td>信息收集（30分）</td><td>运用调研、收集、阅读、甄别等方法，合理准确地获取项目中所需的数字信息和数据</td><td>①收集数据并整理（10分）
②通过正规网站查询有用信息（10分）
③熟悉图表的绘制方法（10分）</td><td></td><td></td><td></td><td></td></tr>
</table>

续表

	评价维度	评价标准		评分方式			
		总目标	项目目标	自评（分）（30%）	他评（分）（30%）	师评（分）（40%）	总分（分）
实践与评价	合理推算（30分）	结合具体情境，能作出符合生活实际的推理；选择合适的数据、方法进行计算	①运用推算提出合理假设（10分） ②根据时间地点确定行程内容（10分） ③根据经费预算合理安排行程（10分）				
	语言表达（20分）	能运用自己的语言描述数字信息和数学观点；能用文字、符号、图表、图像等书写数字信息；能用操作、演示等动作表达学习过程	①能够口头表达自己的观点（5分） ②绘制的图表数据信息合理（5分） ③使用表格、思维导图、流程图等形式展示作品（5分） ④图表数据及其内容合理且设计美观（5分）				
	个性展示（20分）	能运用算式、流程图、思维导图、文字、PPT等展示并交流；能撰写数学主题小方案、小论文、调查报告等	①用图文分享统计结果（7分） ②备注注意事项，用图文展示攻略海报（6分） ③旅行攻略具有参考价值（7分）				
总得分							

2. 总结性评价

总结性评价是在项目化学习活动结束后进行的评价，旨在确定学习效果，评估学生的实际水平，并为下一轮项目化学习的整体设计提供参考。我们设计了项目成果的评价量表和同伴小组评价规程（见表6–21和表6–22）。在评价过程中，教师始终坚持创设利于学生畅所欲言的评价氛围，鼓励学生大胆地自评、互评。在总结性评价的结果中，教师也可以了解学生整体的学习动机水平，从而合理调整任务难度，确保学生的学习动机达到最高水平，产生最佳学习状态。

表6–21　小组评价表

项目	个人评	小组评	老师评
承担任务，积极参与			
收集资料，资源共享			
关系融洽，团结合作			
合理安排，按时完成			
结合活动谈一谈你的收获			
你对自己的表现满意吗			

表6–22　总结性评价量表

评价内容	评价指标	分值（分）	自评	小组评
知识内容	使用高质量的图片和图表，增强视觉效果	5		
	提供目的地的背景信息、历史、文化等	5		
	详细介绍每个景点的特色、开放时间、门票价格等	10		
	提供不同天数的行程安排建议	15		
	推荐不同类型的住宿选项及预订方式	20		

续表

评价内容	评价指标	分值（分）	自评	小组评
表达呈现	汇报成果时，能清晰、流畅地介绍小组的设计思路	20		
	成果的呈现形式丰富多样	10		
	对于同学提出的疑问，能作出合理的解答	10		
反思总结	每个组员都对自己的活动成果做了合理的反思	5		
总计得分				

（七）项目总结与反思

本项目经历了驱动问题的确定、项目启动、解决问题、产生成果、成果展示、回顾项目五个阶段。在活动过程中，培养了学生的问题意识、合作探究意识、解决问题的能力、沟通表达能力、财经素养等。

1.问题意识

项目以学生们普遍感兴趣的旅游为主题，强调真实性情境，旨在明确各项行程安排的合理性。其中，情境的真实呈现具有强烈的代入感，强调在真实情境中进行问题探究与解决，使学生设身处地地思考问题，从而激发学生主动探究的兴趣。

2.合作探究意识

在任务的驱动下，小组内分工合作、交流讨论、制订方案，提升学生的团队合作意识。

3.解决问题的能力

本项目以设计一份省钱旅游攻略手册作为真实的驱动问题，在解决这个大问题的过程中，学生需要面对如何设计线路、如何计算经费等小问题。因此，在完成项目的过程中，学生需要运用综合思维能力、跨学科的学习能力、实践能力等，这也是提升学生数学核心素养的有效途径。

4.沟通表达能力

在项目进行的过程中，几乎每个环节都在训练学生的沟通表达能力。他们需要清晰地表达自己的想法，同时也需要理解他人的观点。有时他们需要咨询专家，或者寻求老师的帮助，这时他们必须清楚地陈述自己遇到的问题，并且对他人的回答作出进一步回应。在产品展示环节，学生们需要向公众讲解产品的构思、内容、结构等。

5.财经素养

本次项目式学习以培养学生具备应对经济生活所必需的财经知识、理财技能、财富观念与人生信念等财经素养为基本目标，帮助学生形成正确的劳动观，理解劳动与收入的关系；帮助学生建立合理的金钱观和正义的财富观，认识财富拥有与人生幸福的关系。从学生的评价来看，本次项目式学习基本达到了预期目标，对学生今后的持续发展和终身幸福将有所助益。

第三节　基于财经主题活动的校家社协同育人

通过学校、家庭和社会三方面的紧密合作、协同育人，财经素养课程努力为学生创造一个全方位、多层次的财经教育环境，从而提升他们的财经知识与技能，培养其财经素养、实践能力和社会责任感，帮助他们更好地应对未来的经济挑战。

一、学校财经活动，丰富学生的成长体验

学校是学生学习和成长的主要场所，学校通过开展多样化的财经主题活动，帮助学生在实践中理解和运用财经知识。益小根据实践探索形成了一系列可以覆盖全体学生的校园财经主题活动课程，主要的活动形式有专题讲座、模拟拍卖会、跳蚤市场、募捐活动等（见表6–23）。

表 6–23　　校园财经主题活动

活动形式	途径	意义和价值
专题讲座	邀请财经专家、企业家或学者走进校园或班级，结合当前热点财经问题进行深入解析和分享	使学生及时了解财经动态和行业趋势，拓宽视野，增强其对财经领域的理解和认知
模拟拍卖会	将教室、会议室或操场布置成拍卖会场，使用拍卖槌、竞价牌等工具，由教师或主持人引导学生进行模拟拍卖	通过模拟真实的拍卖过程，学生可以在真实性的活动中学习拍卖规则、竞价策略、市场供需关系等知识
跳蚤市场	在学校的操场或教室里，学生自行携带需要出售的旧物或者手工物品，并准备好必要的摊位设备，如地垫、告示牌等，然后自主宣传、自主售卖、自由买卖	通过售卖旧物或者手工物品，培养学生循环利用资源的意识和环保意识；在参与跳蚤市场活动的过程中，学生可以学习到如何管理自己的财务，培养初步的理财意识；跳蚤市场作为一个交流、分享与交易的平台，增进了学生间的互动，学生自主组织、策划和筹办跳蚤市场活动，可以提高其团队协作能力和组织能力
募捐活动	学生把在跳蚤市场售卖物品赚到的钱，通过募捐活动捐赠给对口帮扶学校的孩子们	通过参与募捐活动，学生们能够亲身感受到帮助他人的快乐和意义，从而增强他们的社会责任感和使命感，有助于培养他们的公民意识和社会担当精神

校园财经主题活动课程主要包括小娃玩转大中国、环游世界大冒险、爱心义卖小达人、当校园币遇上“双十一”、星空下的课程——校园奇妙夜五个课程（见表6–24）。通过这些活动的实践，学生能够真切地感受到财经知识在生活中的应用，如钱币的作用、钱币如何在市场中流通、什么是促销活动、什么是理性消费、捐赠的意义等；通过亲身参与财经实践，增强财经意识。

表 6-24　　校园财经主题活动课程集

课程	课程名称	课程目标
课程一	小娃玩转大中国	①了解中国各个地区的民俗文化、名胜古迹和美食文化 ②初步培养学生的理财意识，通过跳蚤市场活动，学生将体验公平买卖的乐趣，学习主动推销自己商品的方法，自主设计促销语 ③培养学生的语言表达能力、计算能力和社交能力
课程二	环游世界大冒险	①了解世界各地的建筑文化、服饰文化、货币文化和美食文化 ②初步培养学生的理财意识，通过跳蚤市场活动，学生将树立理性购物的意识，学会销售技巧 ③培养学生的沟通能力、计算能力和合作意识
课程三	爱心义卖小达人	①了解拍卖的流程和义卖的意义 ②通过活动，学生将理解付出劳动可以获取报酬，培养其财经素养 ③在捐赠的过程中培养学生的爱心，增强其社会责任感
课程四	当校园币遇上“双十一”	①充分理解促销活动的意义，培养学生树立正确的金钱意识和消费观 ②提高学生的理财意识，理解货币的流通职能
课程五	星空下的课程——校园奇妙夜	①在活动过程中锻炼学生的适应能力，增强其团队合作精神 ②通过集体生日，学生将更好地认识自我、突破自我，培养其感恩意识

财经素养课程的设计需要以学生为中心，注重贯彻实践与体验的教育理念，通过多样化的活动形式和内容，实现对学生财经素养、爱心与社会责任感等多方面的培养。在开展校园财经主题活动课程的过程中，益小形成了一系列较为成熟的活动案例。“爱心义卖小达人”活动案例如表6-25所示，该活动基于学习雷锋精神的社会背景，旨在通过实际行动传承和弘扬雷锋精

神，践行社会主义核心价值观。主题活动从学校构建的"三域两层"财经素养教育目标出发，设定了具体的教育目标，包括学习拍卖流程与义卖意义、理解劳动是获取报酬的途径、培养爱心和社会责任感。

表 6–25　"爱心义卖小达人"活动案例

项目	内容
活动名称	爱心义卖小达人
活动对象	1~6年级学生
活动地点	演播厅、操场、教室
活动背景	每年3月是学习和弘扬雷锋精神的重要活动月。在学校里开展学雷锋活动，有助于小学生深入理解雷锋同志"全心全意为人民服务"的崇高精神，树立奉献意识。益小于每年3月举行"爱心义卖小达人"活动，让雷锋精神内化于心、外化于行。通过这一活动，学生们以实际行动传承和弘扬雷锋精神，践行社会主义核心价值观，共同树立新时代的社会新风尚
活动目标	①了解拍卖的流程和义卖的意义 ②通过活动理解付出劳动可以获取报酬，培养学生的财经素养 ③在捐赠的过程中培养学生的爱心，增强其社会责任感
活动过程	（1）准备阶段 ①各班班主任教师介绍本月的活动主题——爱心义卖小达人，介绍雷锋及其感人事迹 ②学生进一步查阅资料，了解雷锋精神 ③学生回家设计制作手工艺品，并设计制作拍卖或义卖道具 （2）实施阶段 ①首先是爱心拍卖会，午饭后，教师带领学生和家长到达演播厅，布置拍卖会现场 ②参加拍卖的同学依次上台展示并介绍自己的手工作品，其他同学进行竞拍 ③所有商品竞拍结束后，同学们将竞拍所得全部捐出，献出自己的一份爱心 ④拍卖活动结束后，全校同学到达操场，参加跳蚤市场活动；一、四年级的学生售卖自己制作的作品，二、三年级的学生购买心仪的商品

续表

项目	内容
活动过程	⑤活动结束后，以班级为单位，在班主任的组织下进行爱心捐赠 （3）总结阶段 ①学生在班级内总结分享自己参加拍卖和义卖活动的收获与心得 ②完成“小富翁”爱心义卖购物任务单和“小富翁”爱心义卖活动任务单
活动反思	在这次义卖活动中，学生们不仅了解了拍卖与义卖的流程，提高了自己的财经素养，更重要的是进一步了解了雷锋精神，并努力践行了雷锋精神，增强了社会责任感，学会了关爱他人；同时，通过制作手工艺品，学生的环保意识和创新能力也得到了提升 活动也存在不足之处，部分同学制作的手工艺品没有实现很好的销售；还有一些同学对义卖物品的定价不合理，导致物品被低价售出或因定价过高而滞销；之后的活动中可以利用美术课对学生的手工制作进行前置教学，对物品的定价也需要进行指导

（一）爱心义卖购物任务单

学雷锋树新风，公益达人在行动——“小富翁”爱心义卖购物任务单如表6-26所示。

表 6-26　学雷锋树新风，公益达人在行动——“小富翁”爱心义卖购物任务单

亲爱的“小富翁”们，三月是学雷锋、树新风的月份。在这个温暖的日子里，让我们行动起来为那些需要帮助的伙伴们献上我们的爱心，争当公益小达人！希望你在这次活动中积极购买义卖物品，让我们一起用爱心点燃希望，用行动播种阳光！

班级		姓名	
我已有的益小币		我和家长兑换的人民币	
我向家长借贷了多少人民币			
我打算怎么来还这笔贷款			

我的购物清单

购买物品名称	价格	数量	金额
我的爱心捐款金额			
剩余人民币			
我的活动体会			
爸爸妈妈的建议			

（二）爱心义卖活动任务单

学雷锋树新风，公益达人在行动——“小富翁”爱心义卖活动任务单如表6–27所示。

表 6–27　学雷锋树新风，公益达人在行动——“小富翁”爱心义卖活动任务单

亲爱的“小富翁”们，三月是学雷锋、树新风的月份。在这个温暖的日子里，让我们行动起来为那些需要帮助的伙伴们献上我们的爱心，争做公益小达人！让我们一起用爱心点燃希望，用行动播种阳光！

班级		姓名	
我的手工DIY作品（照片）			

我的义卖清单				
手工作品名称	材质	标价	数量	实际售价

续表

手工作品名称	材质	标价	数量	实际售价
义卖总收入				
我的爱心捐款金额				
剩余人民币				
我的活动体会				
爸爸妈妈的建议				

爱心义卖小达人活动是一个典型的学科综合实践活动，学生通过前期课程的学习，详细了解雷锋精神，有利于其树立奉献意识。活动中，通过拍卖与义卖环节，学生不仅提高了自身的财经素养，还直接体验到劳动创造财富的价值。通过捐献活动，进一步培养了学生的爱心，弘扬了雷锋精神，增强了他们的社会责任感。活动适用于各年级的学生，全体学生积极参与活动并乐在其中，且整个活动的开展相对容易，可以作为财经素养教育的活动范例。

二、家庭财经活动，深化学生的实践感知

家庭在青少年成长过程中发挥的作用至关重要，家庭教育是影响青少年财经素养水平的关键因素。家长通过引导和教育学生，帮助其在日常生活中学习财务管理知识，为其未来的财务规划和经济管理奠定基础。为提升学生财经素养，学校可以挖掘家庭教育资源，与家长进行合作，共同为学生提供财经素养教育机会。通过家校共研，可以形成职业体验、美食制作、摆地摊、垃圾分类等家庭财经实践活动，进一步培养学生的财经素养（见表6–28）。

表 6-28　　家庭财经主题活动

活动形式	途径	意义和价值
职业体验	为了了解不同职业的工作内容，学生可以利用假期到父母或长辈的工作单位进行职业大体验，亲身感受工作的乐趣和挑战	通过真实的职业体验，学生可以了解自己的兴趣和潜能，有助于他们更好地确定未来的职业发展方向；此外，职业体验还有助于小学生更好地适应社会环境，学会与他人合作、有效沟通以及妥善处理人际关系；这样的体验还可以让小学生学会承担责任，提高其独立性和自我管理能力，有益于他们未来的学习和职业发展
美食制作	在家长的监督和指导下，在家庭厨房中尝试制作美食，如炸酥肉、番茄炒蛋、辣子鸡丁、小鸡炖蘑菇等，并在班级内进行分享	小学生在家制作美食不仅是一项有趣的活动，更是一种有益的教育方式，它不仅能让小学生掌握烹饪技能、增强自信心、开拓创新思维，还能促进健康饮食观念的传播，改善家庭关系，培养学生耐心和细心的品质；因此，家长应该鼓励学生多参与烹饪活动，为他们提供更多的学习和实践机会
摆地摊	在家长的指导下或者和家长一起体验摆地摊活动，准备要出售的商品，设计摊位，并选择规范的地点进行地摊售卖活动	摆地摊活动不仅能让学生们在实践中学习和成长，还能培养他们的财经意识、创业精神，提升其实践能力、团队协作能力、沟通能力、自信心等；同时，这也是一种家庭教育和社会教育相结合的方式，为学生的全面发展奠定了坚实的基础
垃圾分类	通过查阅资料了解垃圾分类的知识，在家庭、社区内践行垃圾分类，并制作倡议书，鼓励身边的人进行垃圾分类	垃圾分类活动不仅能够增强学生的环保意识和社会责任感，还能提升他们的实践能力和个人素养，为社区的和谐发展和环境保护贡献力量

通过家校合作，益小开发并实施了一系列家庭财经活动课程，包括今日我上班、我是小小美食家、地摊实战记、善公益 爱无限、会生活 慧分类等（见表6-29）。这些课程旨在让学生充分了解父母的职业，知道不同职业是

如何工作的，体会到劳动可以创造财富，形成关心他人、关注弱势群体的意识和社会责任，树立热爱地球家园、保护环境的责任意识。

表 6–29　　家庭财经主题活动课程集

课程	课程名称	课程目标
课程一	今日我上班	①了解不同职业是如何工作的 ②体验不同职业，知道劳动可以创造乐趣和财富 ③学会分享、合作，积极锻炼身体和心理，磨炼意志品质
课程二	我是小小美食家	①养成合理饮食的意识 ②体会到劳动的乐趣和家庭的温馨 ③学会合作与分享，掌握烹饪技能
课程三	地摊实战记	①提升对财富的认知，传递对未来的希望 ②敢于尝试，勇于表达，善于交流 ③真切体验生活的况味，在实践中增长知识、提升能力、锤炼品行
课程四	善公益 爱无限	①知道通过自己的知识和技能可以创造财富 ②形成关心慈善、关注弱势群体的意识和社会责任 ③学会和同伴分享，提升集体荣誉感和自信心
课程五	会生活 慧分类	①学习垃圾分类的相关知识 ②理解资源对于人类发展的重要性 ③知道对垃圾及时进行分类、回收再利用是解决垃圾问题最好的途径 ④形成热爱地球家园、保护环境的责任意识

在开展家庭财经主题活动的过程中，益小形成了一系列较为成熟的活动案例。"今日我上班"活动案例如表6–30所示，该活动的设计思路是让学生亲身体验不同职业的工作环境，通过走进父母或长辈的工作岗位，进行职业体验和劳动实践，学生可以直观地了解职业差异，感受劳动创造的乐趣与价值，培养自身的财经素养和分享合作精神，理解劳动的艰辛与财富创造的不易。该活动设计将理论与实践进行融合，注重学生的亲身体验与感悟，既有助于学生形成正确的劳动价值观，也能为其未来的职业规划提供有益参考。

表 6–30　　“今日我上班”活动案例

项目	内容
活动名称	今日我上班
活动对象	1~6年级学生
活动地点	各职业工作的地点
活动背景	结合益小“五会”育人目标，以及学校聚焦价值育人的财经素养教育特色课程，组织学生利用假期时间开展校外“今日我上班”活动，让学生走进父母或长辈的工作岗位，进行职业体验和劳动实践
活动目标	①了解不同职业是如何工作的 ②实际体验不同职业，知道劳动可以创造乐趣和财富 ③学会分享、合作，积极锻炼身体和心理，磨炼意志品质
活动过程	（1）准备阶段 在班级宣布活动的主题——今日我上班，介绍常见职业的工作内容，让学生思考并计划体验父母的职业或其他职业 （2）实施阶段 ①学生回家了解父母的职业，确定要体验的职业 ②体验选定的职业，如播音员、人民警察、小小服务员、环卫工、快递员等，切身了解家长们一天中是如何工作的，感受每一个职业的辛苦和不易；有的学生去了地铁站，在经过培训后，戴上志愿者服务的红色礼仪带，对来往的乘客进行路线的指引，对咨询买票的乘客作了耐心的解答，深入体验了服务工作带来的快乐与收获；有的学生去了亲戚家的火锅店，招呼客人，帮忙点餐上菜，感受工作不易的同时，也学会了如何在自己的岗位中敬业奉献；学生们还去体验了银行大堂经理、质检人员、快递员、社区工作者等众多工作 （3）总结阶段 总结本次职业体验的收获和心得，完成“我的职业大体验”任务单
活动反思	通过职业体验，学生们初步认知了社会百态；通过劳动实践，学生们品尝了劳动的艰辛，了解了每个行业背后，都有着不为人知的艰辛，也更加理解了父母赚钱的不易，懂得了只有靠自己勤劳的双手和智慧才能创造财富的道理；此外，学生们明白了要懂得分享、学会合作，这样才能解决工作中遇到的问题和困难，未来才能成为具有社会担当的一代新人

“今日我上班”活动是家庭财经主题活动的典型案例，此活动让学生走上父母或长辈的工作岗位，进行职业体验和劳动实践。通过这一活动，学生不仅能了解和体验各种职业，还能发掘个人兴趣和潜能，有助于其未来的职业规划。通过学校与家长的紧密合作，学生认真地参与体验，收获了知识和技能。家长职业的多样性丰富了学生的分享内容，同学们能了解到不同职业的情况。此活动具有简单、易开展且效果佳的特点，适用于所有学段的学生，可在学校广泛推广。

三、社会财经活动，拓宽学生的实践场域

社会是一个广阔的学习场域。通过社会财经活动，将所学知识应用于实际生活，培养青少年的财经素养，帮助青少年树立正确的金钱观、财富观、劳动观，拓宽他们的视野，提升其实践能力，助力青少年成长之路，为未来的幸福生活播种、为实现人生梦想奠基。在开展社会财经活动时，可以采取乘坐地铁、参观科技馆、超市购物、职业体验、探寻本地饮食文化等形式（见表6–31）。

表 6–31　社会财经主题活动

活动形式	途径	意义和价值
乘坐地铁	统一组织学生，在教师和家长的陪同下从学校出发，一同乘坐地铁前往目的地，践行绿色出行理念	通过乘坐地铁，学生可以学习规划行程、购票、换乘等知识，有助于培养其独立性和自理能力；同时，学生可以直观地感受到城市交通的便捷性和复杂性，拓宽其视野，培养其环保意识和节约意识
参观科技馆	学校组织学生统一前往科技馆进行参观学习，体验科学的乐趣和魅力	此活动不仅有助于提升小学生的科学兴趣和科学知识水平，使小学生能够更全面地了解科技的发展和应用，开阔其视野；此外，该活动还能培养学生的探究能力和综合素养，促进学生了解科学技术对社会的影响和贡献

续表

活动形式	途径	意义和价值
超市购物	学校组织学生到超市进行统一购物，学生根据限定的金额购买合适的食品和其他物品，随后和同学分享所购商品	通过购物，学生可以学会如何选择商品、比较价格、计算总价等，这些技能对他们的日常生活和未来的独立生活都非常有帮助；通过购物，培养学生的理财意识，增强其社会交往能力，拓宽学生的视野，培养其责任感和独立性
职业体验	学校组织学生到职业体验中心进行职业体验，在职业模拟体验中了解多种职业的工作内容	通过体验不同的职业，学生能了解不同职业的工作内容和工作职责，进而思考适合自己的职业；同时，让学生意识到职业不分高低贵贱，感受劳动的付出与收获
探寻本地饮食文化	学校统一组织学生到川菜博物馆进行参观学习，深入了解各种川菜的食材来源和烹饪方式，品尝各种特色菜肴和小吃	通过本次活动，学生可以深入了解本地饮食文化的独特之处和丰富内涵，从而促进文化的交流与理解，丰富个人体验，促进地方经济发展，传承并保护文化遗产

学校可以积极利用社会资源，针对地域情况和学生的学情，开发并实践一系列社会财经活动课程，包括快乐地铁行、春天的约会、最强大脑、职业大体验——数我最百变、好吃嘴传经典等，旨在让学生形成一定的环境保护意识，形成正确的消费观，激发理财潜能，初步了解各职业的工作内容，了解家乡的饮食文化等（见表6–32）。

表 6–32　社会财经活动主题课程集

课程	课程名称	课程目标
课程一	快乐地铁行	①通过乘坐地铁，初步形成节约资源和保护环境的意识 ②通过参观科技馆，了解更多的科学技术知识，懂得科技可以改善人类生产与生活
课程二	春天的约会	①通过真实的购物体验，了解常见生活物品的价格 ②学会根据实际需求和自己的资金预算进行合理购物 ③学会分享食物、分享知识，积极倾听他人，体验生活的美好

续表

课程	课程名称	课程目标
课程三	最强大脑	①通过会购物、会分享、爱数学三个实践主题活动，激发学生的理财潜能和学习兴趣，提高其在生活中运用数学的能力 ②通过超市购物，进行选材、询价、比较、计算，将课本知识巧妙地运用在生活实践中，极大地激发了学生们的学习兴趣和理财潜能 ③通过趣味数学游戏“最强大脑”，学生将体验学习数学的乐趣，提高其在生活中运用数学的能力
课程四	职业大体验——数我最百变	①体验不同职业，感受工匠精神，了解每个职业的职责所在 ②初步设想自己的目标职业并与同学和老师进行分享 ③意识到职业不分高低贵贱，感受劳动的付出与收获
课程五	好吃嘴传经典	①增强学生对川菜文化的兴趣和好奇心，提高学生对川菜的认知和理解 ②培养学生对传统文化的尊重和保护意识，提升其对川菜文化的自豪感 ③培养学生的动手能力和团队合作精神，通过制作川菜、参与竞赛等活动，增强学生们的实践能力 ④促进学生之间的交流和互动，培养学生的合作意识和社交能力

社会财经主题活动的设计需要紧密结合学生的生活实际和认知水平，通过一系列富有实践性和趣味性的活动，来培养学生的财经素养和实践能力。以“最强大脑”活动为例，该活动针对一、二年级学生设计，具体分为会购物、会分享、爱数学三个实践主题，让学生在超市中实际选材、询价、比较和计算，将课本知识与生活实践紧密结合，激发了学生的学习兴趣和理财潜能。同时，通过食物分享环节，学生学会了分享与合作，培养其社会交往能力。最后的“最强大脑”趣味数学游戏，则进一步提高了学生在生活中运用数学的能力，让他们在轻松愉快的氛围中体验到学习的乐趣（见表6–33）。

表 6–33　　　　　　　　“最强大脑”活动案例

项目	内容
活动名称	最强大脑
活动对象	一、二年级学生
活动地点	超市、公园
活动背景	本次社会实践活动分为会购物、会分享、爱数学三个实践主题，以激发“小富翁”们的理财潜能和学习兴趣，极大地提升其在生活中运用数学的能力
活动目标	①通过会购物、会分享、爱数学三个实践主题，激发学生的理财潜能和学习兴趣，提升其在生活中运用数学的能力 ②在超市购物的过程中，学生们进行选材、询价、比较和计算，巧妙地将课本知识应用于生活实践，这一过程极大地激发了学生们的学习兴趣和理财潜能 ③开展趣味数学游戏“最强大脑”，让学生体验学习数学的乐趣
活动过程	（1）准备阶段 各班级按人数分组，教师在班级内分享活动的流程，学生提前准备好购物现金、餐垫 （2）实施阶段 在学校教师和志愿家长们的带领下，学生安全、有序地到达超市，并在超市里进行选材、询价、比较、计算，在规定的时间和金额内完成购物 离开超市后，学生们前往公园，进入“小富翁会分享”环节；学生们在公园内分组进行野餐，在分享了丰盛美味的午餐之后，收拾好餐垫和垃圾，争当环保小卫士 最后，在老师的带领和组织下，学生们进行紧张激烈的趣味数学游戏环节——最强大脑；“小富翁”们个个使出浑身解数，积极开动脑筋，聚精会神地背诵、默写，力争在规定时间内写出最多的正确数字；经过几轮激烈角逐，每班各有一位“小富翁”脱颖而出成为班级冠军 （3）总结阶段 各班分组总结本次实践活动的收获，完成活动任务单
活动反思	本次财经素养实践活动将数学知识巧妙地运用在生活实践中，极大地激发了学生们的学习兴趣和理财潜能；“最强大脑”游戏更是将原本单调的数字通过趣味横生的形式展现出来，让学习变得生动有趣；然而，值得注意的是，本次活动中有部分学生在购买食物时超出了预算，这提示我们在未来的活动中需要更加注意预算管理；此外，为了使数学活动更加丰富多样，我们还可以探索并开发更多的活动形式

此活动基于一、二年级学生的认知水平，合理利用学校周边的社会资源，如超市和公园，将会购物、会分享、爱数学三个实践主题进行有机结合，更换教育场景，轻松愉快地开展教学实践。通过此次活动，学生不仅学会了理性购物，还学会了分享，激发了学生的理财潜能和学习数学的兴趣，极大地提高了学生在生活中运用数学的能力。

第七章

评价体系

第一节　评价指标

一、评价原则

教学评价是所有学科、专业教学体系的有机组成部分，承担着控制教学质量、评估教学成效、监督教学过程、推动教学改革等重要职责。[①]要建立科学合理的小学财经素养教育评价体系，其评价原则至关重要。评价原则就如同灯塔，为小学财经素养教育的评价工作指明方向。它不仅能确保评价的准确性和公正性，还能引导教育教学活动朝着正确的方向发展，激发学生的学习兴趣和积极性，促进教师不断改进教学方法和策略。

（一）公正性原则

公正性原则是评价体系的基石，它要求评价者在开展教育评价时要保持公正，确保在评价活动中对每一位受教育者实施无差别待遇，保障每个个体在评价体系中所处的环境均等，从而确保每位学生都能在公正无私的评价氛

① 孟林华，金娟琴，唐月明．开展课堂教学质量评价的实践与体会［J］．高等农业教育，2000（1）：75–77.

围中得到客观、平等的评估。为了实现这一目标，设计者采取了以下措施：

①制定明确、统一的评价标准，这些标准应事先确定并向所有参与者公开，以期达到透明性和可预见性。

②建立由教师、学生代表及家长组成的监督委员会，监督评价过程的公正性。

③采用多种评价方法，如纸笔测验、实践操作、自我评价等，以减少单一评价方式带来的误差。

通过这些措施，可以最大程度地减少主观影响，保证评价结果的公正性和准确性。

（二）科学性原则

科学性原则强调评价的设计和实施必须基于教育学、心理学和经济学原理，以确保评价过程的科学性和准确性。这要求设计者在设计评价内容时充分考虑学生的发展阶段和认知能力，确保评价内容的适宜性。

①运用心理学原理来理解学生的学习动机和态度，这有助于我们更好地设计评价任务，激发学生的学习兴趣和积极性。

②利用经济学理论来评价学生的消费行为和理财能力，这可以帮助我们了解学生在实际生活中运用财经知识的能力，从而更全面地评估其财经素养水平。

③根据社会经济的变化及时更新评价内容，保持评价的时代性和相关性，确保评价内容与当前社会经济环境和发展趋势相契合。

这样可以确保评价体系能够真实、准确地反映学生的财经素养水平。

（三）动态性原则

动态性原则要求评价体系必须具备灵活性和时效性，能够适应学生财经素养水平的发展和变化。这意味着设计者需要：

①定期更新评价标准和内容，以跟踪和反映学生的成长与进步。

②关注和采纳学生的反馈，调整评价方法，以更好地促进学生的全面发展。

③通过持续的过程评价而不仅是结果评价，关注学生在学习过程中的表现和进步。

这种动态调整机制有助于教师及时发现问题并调整教学策略，更有效地促进学生的素养发展。

（四）可操作性原则

可操作性原则强调评价指标必须是具体、明确且易于量化的。

①设计简单易行的评价工具和方法，减轻教师和学生的负担。

②确保评价方法相对高效，评价结果能够快速反馈给学生和教师。

③重视评价结果的应用，帮助学生识别自己的优势和不足，有效制订提升计划。

通过提高评价的可操作性，教育工作者可以更顺畅地实施评价，使其成为促进学生学习的有效工具。

（五）全面性原则

全面性原则要求评价内容必须覆盖财经素养的各个方面，确保所有重要领域均被考虑到位，包括但不限于知识、技能、态度和价值观。

①结合学生日常生活中的实际情境，设计评价任务，确保评价内容的实用性和现实关联性。

②使用多样化的评价方法和工具，如课堂观察、实践活动、项目评价等，以全面捕捉学生的财经素养表现。

③综合分析评价结果，从多个角度全面揭示学生的财经素养水平，为其全面发展提供有力的支撑。

二、评价依据

（一）学科知识：根据财经素养教育标准和课程大纲制定评价标准

小学财经素养教育应依据教育标准和课程大纲来制定评价标准。要了解国家对小学生财经素养的基本要求，并以此作为制定评价标准的依据。例如，参照《中国财经素养教育标准框架》提出的五个维度——收入与消费、储蓄与投资、风险与保险、制度与环境、财富与人生①，将其转化为具体且易于小学生理解的教育内容与评价指标。通过这样的方式，可以确保评价标准既符合社会发展趋势，又贴合小学生的学习特点与认知特点。

（二）学生发展特点：考虑小学生的认知发展水平

财经素养不是孤立存在的，受到个体的生活经验、文化背景、教育程度、国家发展政策、经济社会发展水平等多种因素的影响，不同年龄段的群体在财经知识、技能、态度、行为方面的需求和特点各不相同②，且小学阶段的儿童正处于认知与心理迅速发展的关键时期，对复杂抽象概念的理解能力较为有限。在设计评价体系时，应考虑学生的差异性，简化财经知识的复杂性，使用生活化、趣味化的教学方法，如开展模拟商店、角色扮演等游戏活动，让学生在实际操作中学习货币的使用、商品的购买与销售等基础财经知识。同时，在评价过程中应关注学生是否能够将所学知识应用到类似情景中，而不仅仅注重纸笔测验答案的正确与否。

（三）心理学理论：确保评价方法的有效性

结合心理学的最新研究成果，小学财经素养教育的评价方法应具备科学

① 中国财经素养教育标准框架［J］. 大学（研究版），2018（1）：9–35.

② 莫玉音，戚务念. 国际财经素养测评的框架、实施与启示［J］. 教育学术月刊，2024（5）：57–65.

性和有效性。心理学指出，学生的学习动机、情感态度、学习环境等因素都会影响学习效果①。因此，在评价学生的财经素养水平时，可以采用多元化的评价方式，如自我评价、同伴评价、教师观察等，多元的评价方式可以更全面地反映学生的学习状态和能力发展。此外，评价过程中应充分认可和鼓励学生的积极行为，以增强其学习财经知识的兴趣。

（四）国内外相关研究：借鉴成功经验和相关研究成果

国际上许多国家已将财经素养教育纳入学校课程，并形成了一套较为成熟的教育与评价体系。例如，美国、加拿大、澳大利亚等国家均有各自的财经教育项目，这些项目通常包括具体的课程内容、教学活动及评价标准。在借鉴这些国家成功经验的同时，可以根据我国的实际情况进行适当的调整。例如，可以参考国外教育实践中重视学生实际操作能力的做法，在课程中引入更多实操环节，并在评价时考量学生的实践表现。

三、评价内容

（一）财富观念的培养

1. 第一学段（1~2年级）目标评价

在初始阶段，教育的重点是让学生学会尊重钱币，了解劳动与金钱之间的关系，学会爱护公共财物。通过实际游戏，如角色扮演来模拟赚钱和消费，以此评估学生是否能将所学知识应用于日常生活。

教师应观察学生在日常生活中是否展现出对财物的尊重，以及他们是否能在团队活动中体现出诚信和珍惜时间的意识。这一阶段的评价可以通过观察记录和简单的口头询问来进行，以评估学生对这些基本概念的理解和实践。

① 张青，龙玉萍．我国近20年来在线学习效果影响因素研究的述评［J］．成人教育，2023，43（2）：44-53.

2. 第二学段（3~4 年级）目标评价

随着年级的增长，评估的重点转向学生是否养成了节约的习惯，是否具备自控能力。这一阶段可以通过组织学生参与模拟市场活动，如益小的数学节，来观察学生是如何管理零花钱、记账和消费的。

通过具体的活动，学生可以学习基本的买卖规则，掌握价值交换原理，并在实践中培养计划意识和合作精神。教师可以设置具体的理财任务，如制定购物预算，以评估学生的理财能力和公益意识。

3. 第三学段（5~6 年级）目标评价

在第三学段，评价的核心是学生对金钱与幸福关系的理解，以及他们在更复杂的社会经济活动中展现出的理财规划能力。此阶段可以组织学生参与辩论会、写作文或进行模拟投资游戏等活动，来评估学生对财富和金钱关系的客观认识，以及对相关知识的实际应用能力。

这些活动能帮助学生深入理解金融知识，并在实际操作中学会权衡风险与收益，培养其理性的经济行为和良好的财务规划能力。

（二）财务知识的掌握

1. 第一学段（1~2 年级）目标评价

在第一学段，重点是让学生了解基础的财经概念，如钱币的文化意义、人民币的面值以及收入的不同类型和来源。通过互动式教学游戏和简单的测试，教师可以评估学生对这些基础知识的掌握程度，同时引导学生理解时间的价值和基本概念。

这些活动应设计得既有趣又富有教育意义，以激发学生的学习兴趣，为后续更复杂的概念学习打下坚实的基础。

2. 第二学段（3~4 年级）目标评价

第二学段的学生应开始了解更为复杂的金融概念，如银行、储蓄、利率、信用等。课堂讨论、小组项目、实地参观等活动，可以帮助学生深入理解这些概念，并初步了解非营利组织的角色和功能。

教师可以通过案例分析和实际应用题来评估学生对这些概念的理解和应用，进一步培养学生的批判性思维和问题解决能力。

3. 第三学段（5~6 年级）目标评价

对于第三学段的学生，教育的目标是深化他们对投资理财（如股票、基金、企业家精神）的认知，学习社会保险制度，理解教育水平与收入的关系。通过金融专家讲座、模拟投资竞赛等活动，学生不仅可以学到理论知识，还能了解实际操作中的风险与机遇。

这些活动有助于学生形成综合的金融视角，为其未来的财务决策提供坚实的基础。

（三）理财技能的应用

1. 第一学段（1~2 年级）目标评价

在理财技能方面，第一学段的学生需要学会基本的货币辨识和换算技能。通过组织购物实践、设置模拟超市，教师可以观察学生是否能正确进行货币的辨认、单位的换算以及简单的账目记录。

这些实践活动有助于学生在实际生活中运用所学知识，培养其日常生活中的理财技能。

2. 第二学段（3~4 年级）目标评价

随着学生进入第二学段，教育目标转向更为复杂的理财技能，如制订购物计划、比较市场价格、使用金融知识进行货币存取等。家庭预算规划项目和时间管理挑战活动可以帮助学生在实际操作中学习如何合理规划和使用资金。

这些活动不仅能提高学生的理财能力，还能培养他们的独立思考能力和决策能力。

3. 第三学段（5~6年级）目标评价

第三学段的学生应能独立使用存折、计算利息和汇率，并能执行购物计划。通过模拟金融管理系统、开展金融知识竞赛，学生可以深入了解各种支付方式的优势与劣势，并在实际情境中应用所学知识。

这些活动有助于学生综合运用所学金融知识，提高其解决实际财务问题的能力，为未来的学习和生活打下坚实的基础。

四、核心指标

（一）知识理解力

1. 第一学段（1~2年级）

在第一学段，学生主要学习基础的财经概念，如货币、交易和储蓄。教师可以通过互动教学和实例演示，如使用具体的货币、模拟购物场景等，帮助学生理解这些概念在日常生活中的应用。例如，学生可以学习如何识别不同面额的纸币和硬币，并了解它们的价值。

此外，通过简单的角色扮演游戏，如开设模拟商店，学生可以在实际操作中学习物品的买卖，从而加深其对交易过程的理解。这种实践方式不仅使抽象的财经概念得以具体化，还激发了学生的学习兴趣和参与热情。

2. 第二学段（3~4年级）

进入第二学段，学生开始接触更为复杂的财经概念，如银行、保险、投资等。这一阶段的教学目标是让学生理解这些复杂概念是如何影响个人和社会的。例如，通过讨论家庭如何管理月度预算，分析保险如何在意外发生时提供帮助，学生可以学习理财规划和风险防范的基本知识。

组织学生参观当地的金融机构，或邀请专业人士举办讲座，可以进一步增进学生对金融行业运作知识的理解。这样的活动能够帮助学生将课堂知识与现实世界相连接，增强他们的实践理解。

3. 第三学段（5~6 年级）

在第三学段，学生应能够综合运用所学的财经知识来分析复杂的财经新闻或事件，并能够提出自己的见解。为了达到这一目标，教师可以引导学生研究国内外的经济动态，比如股市的变化趋势、新出台的经济政策等，并鼓励学生讨论这些变化对人们生活可能产生的影响。

通过案例研究和模拟辩论，学生不仅能深化自身对经济理论的理解，还能提高批判性思维和公共表达能力。这种教学方式旨在培养学生成为具有全球视野和批判性思维的公民。

（二）技能应用能力

1. 第一学段（1~2 年级）

在第一学段，重点是培养学生具备基本的货币识别和计算能力。通过购物活动或者设置模拟商店，进行简单的购买决策练习，学生可以在实践中学习如何选择商品，计算价格并完成支付。

这样的实践活动不仅提升了学生的数学计算能力，还加深了他们对货币价值的认识。通过实际操作，学生可以更好地理解抽象的财经概念，为后续的学习打下坚实的基础。

2. 第二学段（3~4 年级）

第二学段的学生应开始学习如何制订和执行简单的储蓄计划，以及如何参与更复杂的经济活动，如学校的跳蚤市场。通过这些活动，学生不仅可以学习到基本的理财技能，还能学会如何在有限的资源下作出最优的经济决策。

例如，学生可以用一个固定的预算来规划一次班级春游活动，包括交通、餐饮和活动安排，这样的实践可以增强学生的预算管理能力和规划能力。

3. 第三学段(5~6年级)

第三学段的学生应具备设计和管理复杂预算项目的能力,包括策划大型的学校活动或项目,并使用现代金融工具进行资金管理和投资。通过使用金融软件进行预算编制和跟踪,学生可以掌握更高级的理财技能。

同时,通过模拟投资游戏或参与校外实践平台的实践活动,学生可以学习基本的投资策略和风险管理技能,为他们将来的财务管理打下坚实的基础。

第二节　评价类型

在当今这个经济全球化的时代,财经素养是21世纪少年儿童适应并参与社会经济生活的关键因素[①]。对于小学生而言,培养良好的财经素养不仅是个人成长的需要,更是未来社会对其提出的必然要求。财经素养教育不仅能够帮助学生形成积极的财经态度,提升其财经知识和技能,还能培育正确的财经行为[②],为全面发展奠定坚实的基础。因此,本节将深入探讨小学生财经素养教育的评价类型。

一、构建全面而精细的财经素养教育评价体系

(一)自评与他评的深度结合:促进自我反思与团队协作

在财经素养教育的评价体系中,自评与他评相结合是一种行之有效的策略。自评让学生有机会对自己的学习过程和学习成果进行深入的自我反思,这种内省的过程有助于学生发现自己的优点和不足,从而有针对性地进行改

① 吴慧娴,王英杰,李燕,等.幼儿财经素养教育真的有效吗?——基于5—6岁幼儿的准实验证据[J].全球教育展望,2024,53(6):142-160.

② OECD.PISA 2012 Results:Students and Money(Volume IV)——Financial Literacy Skills for the 21st Century[EB/OL].(2014-04-01)[2024-10-22].http://www.oecd.org/pisa/keyfindings/PISA-2012- results-volume-vi.pdf.

进。他评则提供了来自同伴和教师的不同视角，让学生能够更加全面地认识自己。在具体实践中，教师可以设计多种形式的自评与他评工具。

例如，在模拟购物活动中，学生可以先自行填写购物清单，评估自己的消费决策和预算管理能力，然后小组内成员相互分享购物体验，进行互评。这种互动不仅增强了学生的自我监控能力，还促进了团队合作，有利于形成相互尊重的氛围。此外，教师还可以引导学生使用评价量表或评价单等工具，对自己在活动中的表现进行量化评分，进一步细化评价内容。

除了模拟购物活动，教师还可以设计其他与财经素养相关的主题活动，如“小小银行家”“家庭财务小助手”等。在这些活动中，学生可以通过角色扮演、团队合作等方式，体验不同的财经场景，锻炼自己的财经技能。同时，他们也可以利用自评与他评的方式，对自己的表现进行综合评价，不断提升自己的财经素养。

（二）过程性评价与总结性评价的有机结合：全面反映学习进展

过程性评价与总结性评价的有机结合，是构建全面评价体系的关键。过程性评价关注学生在学习过程中的表现，如参与度、合作态度、问题解决能力等；总结性评价侧重于学习成果，如测试成绩或项目完成情况。将两者结合，可以全面反映学生的学习表现，为教师提供及时有效的反馈信息。

在财经素养教育的实践中，教师可以通过观察记录、作业分析、随堂测验等多种方式实施过程性评价。例如，教师通过课堂观察记录学生的参与度和合作态度；通过批改作业了解学生对财经知识的掌握情况；通过定期的随堂测验检测学生的学习效果。这些过程性评价可以提供及时的反馈信息，帮助教师调整教学策略和方法。

总结性评价通常在学期末或课程结束时进行，旨在全面评估学生的学习成果。在财经素养教育中，教师可以设计综合性的项目展示、财经知识测试等活动，作为总结性评价的方式。例如，学生可以制作一个家庭预算计划报告，展示自己的理财技巧和策略；或者参与模拟股市交易活动，展示自己的投资能力和风险意识。这些总结性评价的结果不仅可以反映学生的学习成果，还可以为教师制订个性化学习计划提供重要依据。

为了更好地实现过程性评价与总结性评价的有机结合，教师还可以建立学生的成长档案或学习档案。这些档案将记录学生在不同时间点的表现和成就，帮助教师追踪学生的学习轨迹和发展趋势。通过定期回顾和分析学生的成长档案，教师可以更加清晰地了解学生的学习需求和挑战，为他们提供更加精准的指导和帮助。

（三）主题活动评价与成果评价的创新应用：展现学生实践能力

主题活动评价和成果评价是财经素养教育中不可或缺的环节。主题活动评价是通过组织一系列与财经素养相关的活动来评价学生的实际应用能力[①]；成果评价则主要关注学生在财经素养学习中的最终产出，如报告、演讲、作品等。这些评价方式能够直观地展示学生对财经知识的掌握程度和应用能力。

在主题活动评价方面，教师可以设计多种形式的财经主题活动，如模拟银行、虚拟股市游戏、家庭财务规划竞赛等。这些活动不仅能够激发学生的学习兴趣和积极性，还能够让他们在模拟的财经环境中锻炼自己的实践能力。在活动结束后，教师可以组织学生进行成果展示和分享，如制作海报、演示PPT、撰写活动心得等。这些成果将作为评价学生实践能力的重要依据。

在成果评价方面，教师可以鼓励学生创作多样化的财经作品，如家庭预算计划报告、投资策略分析报告、财经小论文等。这些作品不仅能够展示学

① 汤文茵．开展主题式活动评价 激发学生英语学习兴趣——"双减"背景下小学低年段英语学科评价设计［J］．现代教学，2023(Z1)：116-117.

生的财经知识和技能，还能够体现他们的创新思维和实践能力。在评价这些成果时，教师可以注重评价内容的完整性、逻辑性、创新性、实用性等，确保评价结果的客观性和公正性。

二、创新财经素养教育教学评价方法，提升教学质量

（一）观察记录评价的细致入微：捕捉每一个教学瞬间

观察记录评价是教师在日常教学活动中对学生的行为和表现进行系统观察和记录的一种评价方法。这种方法能够帮助教师捕捉到学生在课堂上的即时反应，如参与讨论的积极性、解决问题方法的适宜性以及对财经概念的理解程度等[①]。通过观察记录评价，教师可以及时了解学生的学习状态和学习效果，为后续的教学调整提供有力支持。

在具体实施中，教师可以设计详细的观察记录表格来记录学生在课堂上的表现。这些记录可以包括学生的参与度、合作情况、问题解决策略，以及对财经概念的理解程度等。同时，为了确保观察记录的准确性和客观性，教师可以邀请其他教师或助教共同参与观察，形成多角度的评价视角。

此外，教师还可以利用现代教育技术工具，如课堂录像、在线问卷等，来辅助观察记录评价。课堂录像可以记录下学生在课堂上的每一个瞬间，便于教师在课后进行回放和分析；在线问卷可以快速收集学生对教学内容和教学方法的反馈意见，为教师提供即时的调整依据。

在观察记录评价的过程中，教师需要注重对学生的个性化关注。每个学生都是独一无二的个体，他们在接受财经素养教育时会有不同的表现和需求。因此，教师在教学中要尽量做到因材施教，关注每个学生的特点和差异，为他们提供个性化的指导和帮助。

---

① 张燕.观察记录在思想政治课教学中的应用研究［J］.课程教育研究，2014(2)：76.

（二）情景模拟评价的实战演练：在实践中提升财经素养

情景模拟评价是一种通过创建接近真实的财经情境来评估学生财经知识和财经应用能力的方法。这种方法能够让学生在模拟的财经环境中亲身体验和感受财经活动的复杂性和多样性，从而提高实际操作能力和应对能力。

在财经素养教育中，教师可以设计多种情景模拟活动来评价学生的财经素养。例如，可以组织模拟银行活动，让学生扮演银行职员和客户角色，进行存取款、贷款等业务操作；可以开展虚拟股市交易竞赛，让学生在模拟股市中体验股票投资的风险与机遇；还可以设计家庭财务规划游戏，让学生在游戏中制定预算、管理开支并做出理财决策。

在情景模拟评价的过程中，教师需要注重情景的真实性和复杂性。只有接近真实的财经情境，才能让学生更好地理解和应用财经知识；适当的复杂性能够挑战学生的能力极限，激发他们的潜能和创新思维。同时，教师还需要在模拟活动中给予学生充分的指导和支持，确保他们能够在安全的环境中学习和成长。

（三）教学活动评价的持续优化：激发教学相长的活力

教学活动评价关注的是教师组织的各类教学活动的有效性和学生的参与度。通过评价教学活动的质量和效果，教师可以了解哪些教学方法更受学生欢迎、更为有效，从而不断优化教学策略和方法。

在财经素养教育中，教师可以开展多种教学活动来激发学生的学习兴趣和积极性。例如，可以采用案例分析法来教授投资基础知识；可以采用角色扮演法来模拟金融交易过程；还可以采用小组讨论法来探讨财经热点话题等。这些教学活动不仅能够丰富学生的财经知识，还能够培养他们的批判性思维和合作精神。

在教学评价的过程中，教师需要注重评价的多元化和全面性，不仅要关注学生的参与度和表现情况，还要关注教学活动的目标达成度和效果反馈情况。通过收集和分析这些评价信息，教师可以不断反思自己的教学实践、总结经验教训，为后续的教学改进提供有力支持。

此外，教师还需要鼓励学生参与到教学活动的评价中来。学生的反馈意见是评价教学活动效果的重要参考之一。通过听取学生的意见和建议，教师可以更加准确地了解自己的教学风格和优势不足，从而更加精准地调整教学策略和方法，提高教学效果。

总之，小学生财经素养教育是一项长期而艰巨的任务，需要全社会的共同努力和持续关注。通过构建全面而精细的评价体系，创新教学方法和策略，加强问卷调查与反馈机制，教师可以为小学生提供更加优质、高效、个性化的财经素养教育，为他们未来的成长和发展奠定坚实的基础。

第三节　评价工具

一、评价工具的设计

（一）评价工具的概念

我国教育界一般把教育评价定义为：在系统地、科学地和全面地搜集、整理、处理和分析教育信息的基础上，对教育的价值作出判断的过程，目的在于促进教育改革，提高教育质量[①]。评价工具是对某方面情况或结果进行判断、分析、得出结论时，所用的具体物化工具，包括量化评价工具和质性评价工具。

① 辛涛，李雪燕．教育评价理论与实践的新进展［J］．清华大学教育研究，2005（6）：38-43.

（二）评价工具的设计目的

1. 反馈学生阶段学习情况，提升学生财经素养水平

阶段性学习后，教师需要全面考查学生的财经课程学习状况，激发学生的学习热情，促进学生的全面发展。通过多层次、多样化的评价工具，获得反馈信息，整理并分析所得信息，适时调整和改善教学，从而提升学生的财经素养水平。

2. 反映教师教学情况，改善课堂教学质量

设计合理、科学的评价工具，能较为客观地反映教师的教学情况、班级的整体水平。教师利用评价工具反映出的结果，有意识地转变教学思路，改进教学设计，调整教学环节，从而提高其财经课堂教学质量。

（三）评价工具的设计类型

评价工具包括量化评价工具和质性评价工具。量化评价工具以纸笔测验为主要形式，包括实践开放性作业、阶段作业等。质性评价工具包括档案袋评价、观察、访谈等①。

实践开放性作业：以任务解决的方式、实践操作作答的形式，对学生的学习情况进行监测所产生的作业。

阶段作业：以纸笔作答的形式，对学生阶段学习情况进行监测所产生的作业。

（四）评价工具的设计流程

1. 量化评价工具设计流程及设计思路

通过阅读各科课程标准，从中提取、整理、设置财经素养培养目标，依据学生真实学情确定阶段目标，通过自编、选编、改编、创编等多种形式，尝试进行评价工具设计；解析每题的设计意图，并对作业的目标、类型、难

① 吴文娟，蒋彬．小学数学课堂教学评价理念与评价方式的创新研究［J］．小学教学研究，2024（24）：62-64．

度、时间、结构等进行总体反思与改进；最后投入实施，反馈实施效果。具体设计流程如图 7–1 所示。

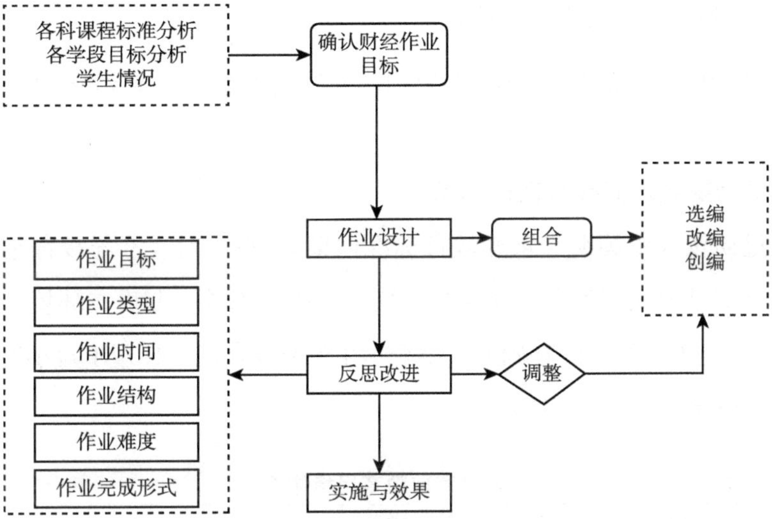

图 7–1　量化评价工具设计流程

2. 质化评价工具设计流程及设计思路

以活动促发展，在活动中设置多元评价载体，巧用档案袋，形成小学阶段总结性的质性评价。具体设计流程如图 7–2 所示。

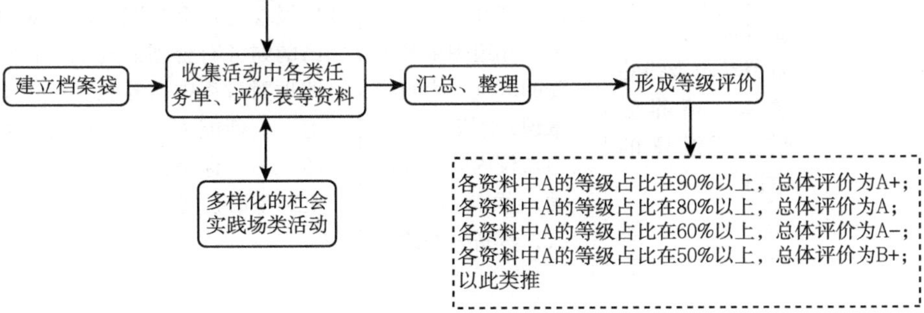

图 7–2　质化评价工具设计流程

二、评价工具的运用

（一）量化评价工具的运用

现以阶段作业的设计与应用为例，介绍财经素养教育量化评价工具的运用。

1.梳理财经素养教育目标体系

通过研读《中国财经素养教育标准框架》，得出财经素养教育包含五个维度，分别是收入与消费、储蓄与投资、风险与保险、制度与环境、财富与人生①。在这五个维度的基础上，结合学生的具体情况，梳理出益小财经素养教育目标体系，如表7–1所示。

表7–1 财经素养教育目标体系

目标层次	第一学段（1~2年级）	第二学段（3~4年级）	第三学段（5~6年级）
财富观培养目标	尊重他人财物，爱惜公共财物 ①学会爱护钱币 ②了解父母赚钱的辛苦，懂得感恩父母与长辈 ③通过简单的劳动获得零花钱，了解劳动与金钱的关系，培养珍惜、不浪费的意识	培养节约习惯、自控能力、计划意识、合作精神以及公益意识 ①学会管理零花钱，购物前有计划，购物后会记账，培养节俭、不浪费的好习惯 ②培养理性消费的意识，知道想要和需要的区别，有自控意识，不攀比 ③参与校内外公益活动，懂得关爱他人，具备公益之心	正确认识金钱与幸福的关系，明白"取之有道，用之有度"的道理 ①通过自身劳动赚取财富，明白"取之有道，用之有度" ②产生积极的经济行为倾向，知道节俭，懂得储蓄和预算 ③积极参与社会实践活动，对自己的财务有合理的规划，在实践理财过程中培养独立分析能力、判断能力、应变能力、创新能力，保持独立、自信、乐观的生活态度

① 姚小林.陶行知"政富教合一"视域下高中财经素养养成的实践思考［J］.生活教育，2021（22）：102–105.

续表1

目标层次	第一学段（1~2年级）	第二学段（3~4年级）	第三学段（5~6年级）
财富观培养目标	④明确物权的概念，在保护自己财产的同时，要尊重他人的财产，损害他人财物要赔偿，侵占他人财物要付出代价 ⑤懂得诚信，知道有借有还 ⑥培养珍惜时间的意识	④积极参与社会经济活动（存钱、义卖等），培养独立生活的能力，提高社会生存技能 ⑤培养动手动脑能力，培养团队合作、创造财富的意识，掌握更多生活技能 ⑥珍惜时间，做事前要有计划	④认识到财富对人生的重要性，培养创富思维；不崇拜、不神化财富的力量，懂得金钱与幸福并不是对等关系，不贪慕虚荣 ⑤大胆尝试，拥有面对挑战的勇气 ⑥了解时间管理也是一种财富管理，把握时机就是在把握财富机会 ⑦提高社会责任感
财务知识培养目标	了解财富、价值、交换、诚信等经济常识 ①了解钱币文化，了解其来源、演变、种类 ②认识人民币的面值，能够用不同面值的人民币组合出一定的总额 ③知道钱从哪里来，了解收入的类型和途径，知道劳动创造财富 ④认识时间，学会珍惜时间，知道1分钟能做什么	认识货币、银行、储蓄、利率、信用、理财等概念 ①了解银行（概念、起源、发展、种类、功能） ②有初步的生活理财观念，能自主管理零用钱 ③了解银行储蓄、存率、汇率 ④了解信用和债务 ⑤了解非营利组织	学习投资理财相关知识 ①了解企业家，知道创业的概念和内涵 ②了解证券、基金、股票等投资理财类型，知道其风险和回报 ③了解社会保险制度的产生和发展 ④了解教育水平、技能水平和收入的关系 ⑤知道纳税，了解税收的用途 ⑥理解金钱是把双刃剑，客观认识财富和金钱的关系
理财技能培养目标	学会管理个人财物与收支，学会简单的记账、算账	学会制订购物计划，能够比较市场价格，掌握货币存取方法	掌握基本的投资理财技能，学会多元化的支付方式与记账方式

续表2

目标层次	第一学段（1~2年级）	第二学段（3~4年级）	第三学段（5~6年级）
理财技能培养目标	①能够分辨钱币的真伪，学会爱护钱币 ②知道货币的单位符号，懂得元、角、分之间的换算，能利用不同面值的货币组合出一定的总额 ③会看物品的价格标签及收银小票；能够制订购物清单并完成购物，会进行简单的账簿记录 ④能够读取存折、银行卡的相关信息，初步培养储蓄意识	①利用额外的劳动换取报酬，能用图表等方式记录自己的收入、支出情况 ②知道存折、银行卡等金融知识，能在家长的帮助下进行存取款 ③知道如何安排购物的先后顺序；会比较物品价格，能自己制订购物计划并进行购物 ④能够估算、比较、混合使用不同面值的钱币，解决实际的钱币运算问题 ⑤知道时间的价值与意义，能够合理地安排自己的时间，学会制定时间安排表，了解效率、效益的概念	①能自主使用存折，会存钱、取钱，会使用自动存取款机，会进行转账等业务操作，能够使用银行业务中的一般术语 ②能够进行利息、汇率、贷款利率的计算 ③能制订并执行家庭一周购物计划，学会记录自己家庭的收入、支出情况 ④能熟练进行购物，知道如何选择商品，知道打折、促销、性价比等专业术语；能够解决现实经济活动中的百分比变化问题，如折扣问题 ⑤会使用各种支付方式（现金支付、信用卡支付、借记支付、网上支付、预付、电话支付和电子转账），了解不同支付方式的优势和劣势 ⑥从电视、媒体等多种途径寻找理财信息，能初步尝试一项自己感兴趣的、简单的投资理财项目，如股票或基金等

2.学科融合找准切入点

根据益小财经素养教育目标体系，结合第一学段数学课程标准，从“购物”单元入手，安排一节综合实践主题活动课，让学生们结合超市购物的情境，拿出人民币，选择自己需要的文具，如铅笔、橡皮、蜡笔等，然后记录下每一种文具的价格，最后计算总价并结账。在这个过程中，主要的教学目标不仅是让学生买到文具、完成付款，更重要的是让学生认识不同文具的价格，知晓如何使用人民币进行付款，将加法与减法的知识运用其中，注重学生的综合发展。

3. 评价任务的设定

评价任务与教学环节，如表7–2所示。

表7–2　　评价任务与教学环节

学习目标	评价任务	教学环节
在丰富的实践活动中获得适应社会生活和进一步发展所必需的基础知识、基本技能、基本思想、活动经验 学会付钱、找钱，感受付钱策略的多样性	认识人民币，了解人民币可分为小面额人民币和大面额人民币 在购物的情境中能正确知道每种商品的价格，能正确使用人民币进行付钱与找钱	创设情境，购买生活中的物品，如铅笔、橡皮、蜡笔等 操作实践，设置几项活动任务 ①买一买，积累购物经验 ②对一对，反思购物中付钱、找钱是否正确 ③比一比，组内交流各自的付款策略，体会其多样性 ④卖一卖，变换角度体会购物 总结与归纳，落实财经素养的培养

4. 评价量表的绘制

整个过程中，每位学生都有一份评价量表，时刻记录每个环节（见表7–3）。同时，学生以4人小组为单位进行合作学习、评价交流。最后，教师根据总星数和学生的综合表现给出鼓励语。

表7–3　　评价量表

环节	自评	他评（其余3人协商）	总星数	等级与鼓励语（师评）
买一买	我会认 ☆☆☆☆☆ 我会用 ☆☆☆☆☆	他会认 ☆☆☆☆☆ 他会用 ☆☆☆☆☆		
对一对	付的对 ☆☆☆☆☆ 找的对 ☆☆☆☆☆	付的对 ☆☆☆☆☆ 找的对 ☆☆☆☆☆		
比一比	我能听 ☆☆☆☆☆ 我也会 ☆☆☆☆☆	他能听 ☆☆☆☆☆ 他也会 ☆☆☆☆☆		
卖一卖	你感受到了什么，有什么想法，请在组内交流			

5.作业设计（节选）

①在括号里填上合适的数，并说一说自己是怎样想的。

20分=（ ）角 7角=（ ）分 60角=（ ）元

3元6角=（ ）角 23分=（ ）角（ ）分 70角=（ ）元

②在括号里填上">""<"或"="。

50分（ ）5角 4分（ ）4角 1元（ ）9角 3角（ ）31分

③换人民币（动手操作并填空，再读一读、记一记）。

1张1元可以换成（ ）张1角。

1张1元可以换成（ ）张2角。

1张1元可以换成（ ）张5角。

1张1元可以换成（ ）张5角、（ ）张2角或（ ）张1角。

1张100元可以换成（ ）张10元。

1张100元可以换成（ ）张20元。

1张100元可以换成（ ）张50元。

④看你能写出几种付钱的方法。

一个台灯65元，可以怎样付钱？

一个足球37元，可以怎样付钱？

（二）质性评价工具的运用

1.构建活动体系

（1）学校的生活体验场类活动

学校搭建生活化、情境化的财经素养课程体验平台，创新设计课程小工具[①]。益小积极开设"多多益善"加油站、"多多益善"小银行、"天籁坊"星秀台，让学生赚到的"银杏币"能够运用于生活。

①"多多益善"加油站。每周三营业，由志愿者担任售货员，完成奖品

① 骆景环.小学财经素养教育实施策略［J］.新教育，2024（22）：85-87.

的兑换工作。学生可以用自己赚到的“银杏币”购买自己喜欢的各种小奖品及心愿卡片，如爱心捐赠卡、同桌邀请卡、体育器材借用卡等。

②“多多益善”小银行。存取“银杏币”的场所，每周五开放。学生可以把自己平时赚到的“银杏币”以活期或定期的方式进行存取，存取情况会记录在每个学生的“小富翁”理财手册，即存折中。理财手册兼具知识传授与技能培养的作用，锻炼学生的自主管理能力，帮助其养成良好习惯。“多多益善”小银行还有电子银行，每个学生和教师都有自己的个人账户，学生存入的“银杏币”会记录在自己的账户中，在电子班牌和家长使用的App上都能看到存储情况。

③“天籁坊”星秀台。学生自主申报在“天籁坊”进行才艺展示，如舞蹈、器乐、课本剧等，并制作宣传海报，其余学生需使用“银杏币”购票观看。德育处审核申报者的条件，收取一定的“银杏币”作为管理费，其余门票收入均由展示者所得。

（2）多样化的社会实践场类活动

益小充分挖掘社区教育资源，为学生搭建校外实践平台，建设了华西证券投资者教育基地校内服务站、志愿者服务基地等。

①华西证券投资者教育基地校内服务站。学校携手华西证券投资者教育基地，建立校内服务站，不定期开展财经素养教育活动，为学生提供更真实的实践平台，提高其财经素养水平。

②志愿者服务基地。学校联合社区建立“心的希望”志愿者服务站，为心脏病人送去温暖与祝福；联合社区残疾人和养老服务中心建立志愿者服务基地，组织学生定期开展各项志愿服务活动。

2.整合评价载体

学校整合评价方式，创新设计课程小工具，实施多元评价，开发了“小富翁·大财智”排行榜、心愿卡、活动任务单、“五会达人”志愿者护照、“五会达人”成长记等多元的评价载体。

①“小富翁·大财智”排行榜。每天滚动展示学校“小富翁”财富榜（“银杏币”存款排名）、经济新闻、股市动态图、财经素养主题实践活动回放等，给学生更为直接的观察与体验，激励每位学生做“具有大财智的小富翁”。

②心愿卡。学生可将自己赚到的“银杏币”按定额要求兑换成相应的心愿卡，益小目前设计了同桌邀请卡、体育器材试用卡、角色体验卡、午餐邀请卡、生日祝福卡、打折卡、阅读卡、免作业卡8种心愿卡，供学生选择使用。

③活动任务单。开展主题活动的载体，记录活动过程及结果，同时设有学生自评、同伴互评、教师评价、家长评价等内容，客观评价活动效果。例如，“小蜜蜂会劳动”活动任务单、“小管家会当家”活动任务单、“小富翁会购物”活动任务单、“会生活 慧分类”活动任务单等。

④“五会达人”志愿者护照。学校为每位学生制作“五会达人”志愿者护照，积极鼓励学生们参加各种校内、校外的志愿者服务活动，让学生在帮助他人、服务社会的同时能传递爱心、传播文明。同时，在志愿者排行榜上定期展示积极参与志愿服务的同学，鼓励学生热心公益，丰富精神世界，树立无私的奉献意识。

⑤“五会达人”成长记。学校创编“‘五会达人’成长记”，记录学生的成长过程，以月为主题开展“五会十星”评比，争做自理之星、感恩之星、公益之星、环保之星、创意之星等，全面评价学生发展。

3.档案袋的收集与管理

设置档案袋，每次活动后，将学生的活动资料放入其中，由班主任统一管理并存放在班级内，注意建立完善的管理机制。如果学生能够协助管理，教师可适当放手让学生负责收取资料并装袋。6年后统计汇总，各资料中A的等级占比在90%以上，总体评价为A+；各资料中A的等级占比在80%以上，总体评价为A；各资料中A的等级占比在60%以上，总体评价为A-；

各资料中A的等级占比在50%以上，总体评价为B+，依此类推评定，形成最终的等级评价。

4. 加强问卷调查与意见反馈，汇聚多方智慧，共促财经素养教育发展

问卷调查是一种常用的数据收集工具，通常通过提问的形式，了解被调查对象的基本情况、行为、态度、观念等有关方面的情况，进而揭示所研究的问题和验证所提出的研究假设[①]，在财经素养教育中具有重要的应用价值。通过设计科学、合理的问卷并广泛收集学生、教师和家长的意见和看法，全面了解财经素养教育的实施情况和发展趋势，为教育决策者提供有力的数据支持。

调查问卷的设计需要注意问题的针对性和客观性。问题应该紧密围绕财经素养教育的核心要素，如教学目标、教学内容、教学方法、教学评价等，以确保收集到的信息具有针对性和实用性。同时，问卷的问题应该保持客观中立，避免引导性语言和主观判断，以减少偏差和误差[②]。

在实施问卷调查时，需要确保问卷发放和回收过程规范有序。通过学校官方网站、社交媒体平台、家长会等多种渠道向目标群体发放问卷，并设定合理的回收期限，以确保问卷的回收率和有效性。同时，需要对收集到的问卷数据进行整理和分析，从而提炼出有价值的信息和建议，为教育决策者提供参考。

除了问卷调查，建立健全的反馈机制能及时收集和处理来自各方的反馈意见和建议。这些反馈意见来自学生、家长、教师以及社会各界人士，对于开展财经素养教育具有重要意义。教师需要认真倾听这些声音并积极回应他们的关切和需求，不断优化财经素养教育的各个环节，从而提高教育质量和水平。

① 彭克宏，马国泉，陈有进，等．社会科学大词典［M］．北京：中国国际广播出社，1989：293.

② 朱乙艺，洪赛宇．如何在调查研究中用好问卷调查法［J］．福建教育，2023（36）：26-29.

第八章

育人成效

第一节　学生发展成效

一、学生能力发展

在社会经济迅速发展的大背景下，经济活动日益频繁地进入国民的日常生活，接触经济活动的学生也呈现低龄化的趋势。财经素养作为学生基本素养的一部分，是素质教育的重要内容，也是个人能力的重要体现。在十多年的财经素养教育实践探索中，益小始终把价值观教育作为德育工作的重点，紧紧围绕财经素养教育，着重培育学生的三大价值观，即劳动观、义利观与奉献观，积极构建有针对性、有实效性的，以价值观为引导的课程体系和实践模式，形成了依托财经素养教育的价值观育人目标、课程结构、课程开发模式、系列特色课程等，帮助学生更好地认识经济世界，培养财经素养，促进综合素质的提升。

针对城市学生普遍存在的非理性消费、追求享乐、奢靡浪费、功利性强等现象，以及由此导致的价值观问题，益小积极开发有针对性、有实效性的系列特色课程，逐步形成“切身体验—价值明辨—实践参与—总结反思”的四环价值观引导模式，取得了一系列成果。

（一）提升理财理解力

1. 实践活动增强理财意识

在实践研究中，益小从现实社会及实际生活中的问题出发，组织开展多种形式的经济、财务、商业等财经素养系列主题活动。学生在参与过程中，不断增强理财意识，培养了良好的消费观念，积累了相关理财知识。

在代币制德育评价体系下，益小整合了评价载体，创新设计了课程小工具，实施了多元评价，还开发了“小富翁・大财智”排行榜、心愿卡、活动任务单、“五会达人”志愿者护照、志愿者排行榜等多元的评价载体，多角度提升学生的参与积极性。一年一次的“小富翁玩转大校园”活动，以学生积攒的“银杏币”作为流通货币，活动中的跳蚤市场和美食闯关环节深受学生喜爱，在买和卖的过程中，学生了解了收入、销售、价值、广告推销等财经概念，锻炼了自身关注成本、详细记账、货比三家等财经能力。同时，如何赚取“银杏币”也成了学生的兴趣点和关注点。积累“银杏币”的过程让学生通过亲身体验，明白了一个最基本的道理：钱是通过劳动赚来的。学生主动参与班级劳动，了解劳动的意义，不断深化“劳动光荣”的观念，体会劳动带来的快乐和幸福。同时，学生对金钱的来源和用途有了更多的了解，在使用“银杏币”的过程中学会管理货币，合理规划收支。在实践中，不断培养学生的延迟满足能力和自我效能感，从而学会在日常生活正确对待金钱，树立正确的金钱观。

2. 学科学习整合理财思维

各大学科都包含财经素养教育的知识点，学生在“财经素养+数学”“财经素养+语文”等融合课程的学习中，认识财富、创造财富并学会管理财富。

在语文课程的学习中，学生感受着金钱带来的不同生活体验，更在课文人物的塑造里感受着金钱背后所体现的积极价值观。在数学课程的学习中，学生学习币值大小，感知商品价格，锻炼自身管理零花钱的能力和购买商品后的计算能力。通过数学语言和符号的运用，加深学生对财经要素之间关系的理解。在参加"我的生日我做主"项目式学习后，学生学会了靠自己的努力解决生日费用，用最少的资金过最有意义的生日，避免铺张浪费和互相攀比。在"认识货币""购物中的学问""认养一只会下金蛋的鹅"等融合课程中，学生对金钱的概念有了更明确的认知，认识到财富的来之不易，学会合理使用零花钱，让钱花在有价值的地方，进而学会储存自己的零花钱，做自己的小管家。经过学习，学生对金钱有了更丰富的理解，不断锻炼自己的理财思维。

（二）发展理财胜任力

1.情境体验提升生活力

财经素养能力既包括创造财富的能力，也包括应用财富的能力。随着"银杏币"的广泛运用，学生积累的财富日渐丰硕。通过搭建生活化、情境化的财经素养课程体验平台，开展"爱心义卖小达人""生活DIY""小富翁去购物"等德育活动，学生将自己赚取的"银杏币"用于生活实践，在真实的生活体验中学会花钱，懂得正确管理财富，拓宽财经视野。

在校园财经生活中，借助学校创设的"多多益善"小银行、"多多益善"加油站、"天籁坊"星秀台等生活实践场所，学生积极赚取并使用"银杏币"，在实践中学会作出正确的经济决策，体验投资和理财的乐趣。例如，学生把"银杏币"存到"多多益善"小银行里，在实践中认识到储蓄的作用并学会管理金钱。在家庭财经生活中，学生自主管理压岁钱、零花钱，参与家庭收支计划、家庭劳动等，在生活化的场景中积极承担家务劳动，懂得劳动才能创造财富，通过辛勤劳动去获取收入并积累财富。通过相关实践，知道"君子爱财，取之有道"，赚钱的途径不仅要正当、合乎规则，还要提前计划，通过合法的方式积累财富。学生通过储蓄积累自己的财富，感受学习理财、参与理财的乐趣，更在管理财富的过程中学会举一反三，以更好地运用生活中的资源。在经济活动的体验中，学生不断进行反思和总结，提升自身对经济问题的解决能力，增强财经素养行动力。

2. 学习活动激发学习力

在一系列财经素养活动如财经征文、讲故事、绘画中，学生进行探索性学习的空间更加广阔；学生的财经素养潜质以立体可见的方式呈现出来，他们在学习中的主体作用更加突出，自主学习能力得到了较好的提升，创新精神和信息获取能力得到了充分的发展。

在征文活动中，学生叙述自己如何靠劳动赚取零花钱，描述自己在财经素养实践活动中货比三家、讲究性价比的故事；在讲故事比赛中，学生讲述自己管理零花钱和压岁钱的经历，以及去银行存款的经历；在绘画活动中，学生用画笔描绘自己对金钱、劳动和奉献的理解。财经素养教育有效整合了课程与活动，在寓教于乐中成为学生发散思维、丰富经济生活体验的实践之地。

（三）形成财富责任感

1. 校内活动提升问题解决能力

当前，学校聚焦价值观育人的财经素养课程建设，深入挖掘财经素养教育中蕴含的价值观，聚焦财经素养教育的价值观育人目标（培养学生的劳动观、义利观、奉献观），在此基础上进一步完善财经素养教育课程体系，构建了以价值观为导向的财经素养教育课程开发模式和基于问题情境的四环价值观引导模式。学生在参与“小蜜蜂”“小管家”“小富翁”等特色主题活动课程群的过程中，在生活化的财经素养教育中进行了自我体验和实践，不断加深对个体与集体、个体与社会、个体与国家关系的理解。

在“学雷锋爱心义卖”活动中，学生通过家务劳动赚取义卖资金，明白了金钱的来之不易，更在模拟社会买卖的过程中锻炼了解决实际问题的能力。在"小蜜蜂·爱劳动——财经素养研学实践"活动中，学生需要合理使用有限的活动资金搭配出物美价廉、有营养的春游午餐，进而一步步掌握有效管理和使用钱财的方法，明白金钱要取之有道、用之有度；在消费观念上减少盲目攀比，认识到财富合理分配的重要性和分享的乐趣。同时，学生在学习的过程中也不断进行着自身需求管理，在意识到自己的欲望不能被无限制满足时，要根据需要的程度进行自我排序，对"想要"和"需要"进行合理取舍，以培养自身的自律意识和勤俭的品德。另外，学生将所学的理财知识和相关技能应用到生活中，能进一步内观自己的需求，在得失的权衡中更加了解自己，逐步建立延迟满足意识，提升理性思考的能力。

2. 校外实践深化价值观理解

理解财经生活如何影响社会存在和社会发展，是帮助学生走进社会、适应社会并推动社会进步的必要知识。通过挖掘社区教育资源，搭建校外实践平台，学生积极参与职业体验、公益劳动、志愿服务、消费理财等活动，亲身体验基层工作的艰辛，在岗位实践中进行感悟与反思，认识到社会各行各业都具有奉献性，每个人既是社会的享用者，也是社会的贡献者。社会是劳动创造的，劳动只有分工不同，并无贵贱之分。学生应学会尊重各行各业的劳动者，形成初步的职业认知，珍惜、爱护劳动成果，认识到人的价值不仅是个体价值，更在于社会价值。

借助"志愿者护照"，学生记录自己参加的各种校内、校外志愿者服务活动，如献爱心、捐衣物等，在帮助他人、服务社会的过程中不断丰富精神世界，提升自我效能感与信心，认识到自己的社会价值，懂得奉献的含义，自觉学习榜样，传递正能量。在理财过程中，对弱势群体进行帮助，也使学生逐渐懂得感恩和尊重，懂得关怀他人。学生通过积极为他人和集体奉献自己的力量，不断增强责任感，乐于助人、勇于承担、热心公益，树立正确的奉献观和义利观。

二、学生发展典型表现

通过开展聚焦价值观育人的财经素养教育实践，学生对劳动、义利、奉献的认识更加深刻。通过教育实践，学生能够明晰劳动的内涵，积极参与劳动；能够明辨义利，面对生活中的义利冲突，作出正确的判断；能够懂得奉献的意义，服务他人，向奉献者致敬，具有责任担当意识。

课程的设计和开展深受学生喜爱，学生均能自主选择并参与活动。在参与“小蜜蜂财商课程”活动后，90%以上的学生增强了自控意识，具备了一定的计划意识、合作意识、责任意识，尤其是中低段学生的自主管理参与率从实践之初的41.6%提高到90%；高段学生在参与银行金融体验活动后，35%的学生开始增加储蓄，42%的学生对管理自己的资金变得更有信心。总体来说，学生的消费习惯、储蓄行为和态度都有了明显的改善。在后续的跟踪访谈中，我们发现学生的知识、行为和自信心也都有了显著的提高。

在系列课程中，学生乐于参与劳动并真正体会到劳动的快乐。例如，在每周五开展“生活DIY”活动时，校园里总是一派热火朝天的劳动景象。学生在学校里积极创造财富，并善用财富帮助别人，每次的爱心义卖、公益捐赠都有非常高的参与率，展现了益小友善、和谐的校园风貌。学生会主动承担班级事务，自主自为，实现“人人有事做，事事有人做”。此外，学生还为班级、学校的发展出谋划策，使自己的冲突解决能力和沟通交流能力得到发展，体现出强烈的参与意识和主人翁意识。

据家长和相关社会人士反馈，益小的学生在知识积累、技能培养、观念形成等方面有明显的进步，公益心、社会参与意识等多方面呈现出积极主动的状态。家长们反映，学生在学校的财经素养教育活动课程中感知、体验和理解，展现出积极、阳光的心态，其财富品质、公益道德、计划统筹能力、合作能力等得到明显提升。高一级学校的反馈也显示，益小的毕业生乐观开朗、质朴友善、坦诚率真，相较其他同龄学生，益小毕业生的自我管理能力更强，行为更加规范，后续学力具有明显优势。

第二节　教师发展成效

一、教师专业发展

财经素养教育从以下5个方面不断促进教师专业发展。

（一）提升教师专业知识和技能

财经素养教育要求教师具备扎实的财经育人知识和技能，促使教师在专业领域内不断学习新知识，拓宽自己的专业视野，落实立德树人根本目标。益小教师将财经素养教育渗透至各相关学科，如数学、语文、英语等。这要求教师具备跨学科教学的能力，同时能够灵活运用不同学科的知识和教学方法，实现财经素养教育的有效渗透。

（二）促进教师专业理念更新

财经素养教育强调培养学生的财经素养和综合能力，而非单纯的知识传授，这促使教师的教育理念从注重知识传授向注重学生能力培养转变。财经素养作为核心素养的重要组成部分，其教育实施要求教师具备核心素养意识，注重培养学生的综合素质和创新能力。益小根据三大价值观育人目标，构建了"三域两层"的财经素养教育课程结构，帮助教师更新课程理念，明确教学目的，落实素养育人。

（三）增强教师专业发展动力

通过财经素养教育，教师能够看到自己的教学成果在学生身上的体现，如学生财经素养的提升、综合能力的增强等，从而获得更高的职业成就感。

实施财经素养教育，需要教师具备专业的财经知识和能力，促使教师不断反思自己的教学实践，发现自身存在的不足和需要改进的地方，进而产生进一步学习和发展的需求。

（四）推动教师专业发展路径创新

财经素养教育的实施促使教师不断探索新的教学模式和方法，如项目式学习、探究式学习等，以更好地满足学生的学习需求，提高教学效果。益小成立财经素养项目组，不断进行课程研究、课例开发、成果凝练，有序推动财经素养教育发展。

（五）促进教师专业发展成果的应用

财经素养教育的实施成果可以通过多种方式进行展示和分享，如教学案例、教学论文、教学成果、课题研究等，这些成果展示有助于提升教师的知名度和影响力。

基于以上原因，益小通过财经素养教育实践，让教师们进一步明确财经素养教育的价值目标，增强价值观育人的意识，提升专业素养。近年来，教师们在教育教学、科研领域取得了丰硕的成果。

二、教师发展典型表现

教师专业发展是学校的首要目标，通过学研创一体化实施，益小以财经素养教育为依托，陆续培养了市区教坛新秀、优秀青年教师、优秀德育工作者30余名，10余名教师取得教育硕士学位（见表8-1至表8-3）。

表8-1　益小教师获荣誉称号情况（部分）

序号	姓名	荣誉称号	级别
1	李艳萍	四川省优秀教师	省级
2	李　玲	四川省语文骨干教师	省级
3	李　玲	成都市优秀青年教师	市级
4	王　艺	成都市教坛新秀	市级
5	罗　维	成都市优秀班主任	市级

续表

序号	姓名	荣誉称号	级别
6	胡　蝶	成都市优秀班主任	市级
7	陈　兰	成都市优秀班主任	市级
8	韩　影	成都市优秀班主任	市级
9	郭玲丽	成都高新区高新工匠	区级
10	郭烜齐	成都高新区高新工匠	区级
11	李　玲	高新区首批教育管理学科带头人	区级
12	朱琴音	高新区德育学科带头人	区级
13	陈　兰	高新区德育学科带头人	区级
14	郭玲丽	高新区语文学科带头人	区级
15	朱琴音	成都高新区优秀德育工作者	区级
16	尹丽娜	成都高新区优秀德育工作者	区级
17	陈　兰	成都高新区优秀青年教师	区级
18	姚向艺	成都高新区优秀青年教师	区级
19	龚　妮	成都高新区优秀青年教师	区级
20	阳　露	成都高新区优秀学科教师	区级
21	韩　影	成都高新区教坛新秀	区级
22	裴原浩	成都高新区教坛新秀	区级
23	杨　露	成都高新区教坛新秀	区级
24	王　艺	成都高新区教坛新秀	区级
25	高亚祎	成都高新区教坛新秀	区级
26	雷　琳	成都高新区教坛新秀	区级
27	陈　红	成都高新区优秀班主任	区级
28	张　韧	成都高新区优秀班主任	区级
29	龚　妮	成都高新区优秀班主任	区级
30	韩　影	成都高新区最美女教师	区级
31	刘虹宏	成都高新区十佳团队干部	区级

表 8-2　　益小教师德育论文、案例成果获奖情况（部分）

编号	姓名	题目	级别	奖项
1	李　玲	《小议财经素养教育落地》	市级	一等奖
2	蒋　菲	《荆棘中的玫瑰》	市级	一等奖
3	雷　琳	《培养小学生的社会责任感》	市级	一等奖
4	廖若伊	《尊重各行各业的劳动者》教学设计	市级	一等奖
5	李　玲	《课程，拥有巨大的社会主义核心价值观力量》	市级	二等奖
6	龚　妮	《论青少年的财经素养教育》	市级	二等奖
7	韩　影	《问题与机遇并行 失败与成功同在》	市级	二等奖
8	黄　波	《风雨历练见彩虹》	市级	二等奖
9	刘虹宏	《财经素养教育实践随想》	市级	二等奖
10	赵　芳	《财经素养教育——孩子成长的必需品》	市级	二等奖
11	黄晶晶	《五十二个未接来电》	市级	二等奖
12	李美松	《浅析游戏在小学生财经素养教育中的意义》	市级	三等奖
13	王　雁	《润物细无声》	市级	三等奖
14	董力嘉	《用爱和智慧守望成长》	市级	三等奖
15	李美松	《一封信引发的教育反思》	市级	三等奖
16	陈　红	《做个用心的孩子王》	市级	三等奖
17	龚　妮	《发现你的闪光点》	市级	三等奖
18	马雁屿	《愿你成为一棵树》	市级	三等奖
19	陈　兰	《以特殊儿童教育为例漫谈》	市级	三等奖
20	藏彦琴	《故事浸润童心，阅读塑造品格》	市级	三等奖
21	雷　琳	《交通法规助我成长教学设计》	市级	三等奖
22	李美松	《打败“讨厌的”浮躁》	市级	三等奖
23	刘芯宇	《小学新生入学适应性问题成因及策略研究》	市级	三等奖
24	张　丹	《唤醒心灵》	市级	三等奖
25	钟　洁	《论小学德育教育中的行为引导教育》	市级	三等奖

表 8-3　　财经素养教育课题研究成果获奖

序号	获奖、发表报刊	颁奖单位	时间
1	四川省第十九次优秀教育科研成果评选中荣获二等奖	四川省教育学会	2020年
2	四川省教育科研课题阶段研究成果三等奖	四川省教育科学研究院	2019年
3	成都市第十七届基础教育优秀科研成果评选二等奖	成都市教育学会	2020年
4	成都市第十五届教育改革与研究论文评选报告类一等奖	成都市教育科学研究院	2020年
5	成都市教育科研课题成果阶段评审二等奖	成都市教育科学研究院	2019年
6	成都市教育科研课题研究阶段评审 优秀	成都市教育科学研究院	2016年

第三节　学校发展成效

一、学校办学美誉度持续提升

在各级领导的关心支持下，益小的办学美誉度不断提升。财经素养教育已成为益小发展的一张独特名片，推动了学校课程建设，促进学校、教师、学生多方面的发展，取得了可喜的成绩。

自建校以来，益小荣获多项称号，获评全国文明校园，四川省文明校园、成都市文明校园，成都市首批社会主义核心价值观校园文化建设示范校，成都市新优质学校，成都市"未来学校"等荣誉称号。此外，益小被中国教育科学研究院授予"中国财经素养教育协同创新中心实验基地"称号，被中国教育学会命名为"中国教育学会财商教育实验基地学校"，成为成都市首批"财经素养教育实践基地学校"（见表8-4）。

2019年9月，益小开办新校区，形成了"一体两翼"发展新格局，充分彰显学校品牌力量。四川省委教育工委李江书记来益小调研工作，充分肯定益小"从起步走向卓越，于细微处见精神"的办学主张，鼓励益小实现优质教育资源的辐射。时任四川省委副书记、成都市委书记的施小琳在2024年“六一”国际儿童节来临之际来到益小，她强调，要深入学习贯彻习近平总书记关于少年儿童和少先队工作的重要论述，全面落实党中央和省委决策部署，扎实推进学校、家庭、社会协同育人，促进少年儿童成长成才、全面发展，为中国式现代化建设培养优秀接班人。益小聚焦价值观育人的财经素养教育实践，先后在中国学生财经素养教育论坛、全国财经素养高峰论坛、巴蜀儿童文学教育联盟活动上向全国进行介绍。益小举办了中国财经素养教育协同创新中心牵头的《财经素养教育教师指导用书》编写说明会、成都市财经素养教育研究共同体会议，引起与会专家、学者、同行的积极反馈。益小与重庆市、成都市、南京市、武汉市、郑州市、北海市、山南市等地的学校、教师开展学习交流活动50余次。益小出版的《小富翁·大财智——小学生财商教育读本》被推广运用到北京、上海、广州、南京、苏州、南宁、成都等地的多所学校，详见表8–4。

表8–4　学校所获荣誉一览表（部分）

序号	获得荣誉	时间	颁奖单位
1	全国文明校园	2020年	中央精神文明建设指导委员会
2	四川省文明校园	2017年	四川省精神文明建设委员会
3	成都市文明校园	2017年	成都市精神文明建设委员会
4	成都市社会主义核心价值观教育校园文化建设示范学校	2015年	成都市教育局
5	成都市义务教育新优质学校	2018年	成都市教育局
6	成都市教育科研先进单位	2020年	成都市教科院
7	成都市未来学校试点学校	2016年	成都市教育局
8	四川省教育科学研究院教师教育实训基地学校	2018年	四川省教育科学研究院
9	中国教育学会财商教育实验基地学校	2015年	中国教育学会
10	中国财经素养教育协同创新中心实验基地	2017年	中国教育科学研究院

续表

序号	获得荣誉	时间	颁奖单位
11	成都市首批财经素养教育基地学校	2020年	成都市教科院
12	成都高新区劳动教育实践基地学校	2020年	成都高新区教育文化和卫生健康局
13	华西证券投资者教育基地益州小学服务站	2019年	华西证券投资者教育基地

二、学校发展典型案例

近年来，益小以培育和践行社会主义核心价值观为主线，始终秉持“精益求精”的精神，坚持“每个孩子不可能都是第一，但每个孩子却是我们的唯一”的育人理念，强化校园文化建设，优化课程体系，先后承担多个国家、省、市课题，将前沿教育理念和教学实践相结合，取得了一系列成果。

（一）文化立校，厚植文明沃土

自2011年建校以来，益小探索出高新本土孕育、自主成长的品牌发展之路，坚持纵深推进文明校园创建，并于2020年11月获得“第二届全国文明校园”称号。

1.打造特色课程，引领校园文化建设

益小创新性地将社会主义核心价值观与学校“五会”育人课程体系相融合，推动社会主义核心价值观进教材、进课堂、进学生头脑。以培育会生存、会做人、会学习、会分享、会创造的具有现代文明素养的学生为目标，构建“关照每个儿童发展”的多元化课程体系，并将“五会”育人特色德育课程与学校每月的主题活动相结合，提高学校的发展水平和学生的品德素质。益小深度开发“一课三育”，让学生在课程中树立理想信念，掌握体育技能、艺术才能，拓展多项兴趣爱好。

益小积极搭建各种校园文化平台，于细微处践行社会主义核心价值观。

校园内“精益求精”的标语引人注目；文化长廊、理念文化墙、“奔跑·益小”雕塑等，时刻陶冶着学生的情操；校门口的正衣镜提醒孩子们做一个文明守纪好学生；“送宝贝回家”失物招领处培养学生们诚信、友善的好品格；“多多益善”加油站由志愿者们担任售货员，认真敬业地完成“益小币”奖品兑换工作，让社会主义核心价值观无处不在。

2. 着眼整体育人，建构志愿服务课程

围绕学校“五会”育人目标，结合学校财经素养课程，益小紧扣社会主义核心价值观，积极开展志愿者服务活动，旨在挖掘育人内涵，创新志愿服务课程体系，将财经素养特色课程与志愿服务课程相融合，使财经素养课程的整体架构紧扣志愿服务的主体内容，体现志愿服务内容与形式的校本化、创新性。益小搭建多元志愿服务平台，让学生亲身体验，将志愿服务活动融入学校财经素养“小富翁”主题活动、国旗下主题活动、班级特色研学主题活动。例如，“小富翁志愿者玩转大校园”系列活动、“小富翁志愿者学雷锋手工DIY爱心义卖”活动、“小富翁志愿者去购物”活动等丰富多彩的主题活动课程，模拟社会场景，引导学生们参与社会实践，并学以致用，从小学会理财、学会生存、学会做人。同时，形式多样的主题活动，还能引导学生感受劳动的艰辛与快乐，树立公民责任意识，培养学生的公益心。除此之外，学校还利用现代信息技术（5G和VR），创新志愿服务情境，将VR技术与教育教学情景相结合，形成智慧教育体验场景，探索5G+VR在小学财经素养及志愿服务课程中的创造性应用，创新场景开发与学习方式，使志愿服务实践方式更加灵活、课程资源更加丰富、学习体验更加便捷。

为了让志愿服务过程可见，扎实推进志愿服务课程，学校开发了“五会达人”志愿者护照、志愿者排行榜、益小“银杏币”、“小富翁理财手册”等过程性评价小工具，并通过评选年度“公益之星”，对学生的志愿服务进行总结性评价。

3. 深耕财经素养教育，有效落实劳动育人

财经素养教育的核心在于深植学生的“三观”，即正确的劳动观、合理的金钱观、正义的财富观。近年来，益小持续开展财经素养教育课程，并以领跑者的姿态走在全国财经素养教育的前列。益小认真落实立德树人根本任务和高质量发展根本要求，着力建设以“学生为本，国家为重”为主题的财经素养校本体验课程，紧扣劳动教育的育人内涵和时代特征，有效落地、落实劳动教育。

以校本财经素养课程为依托，让学生了解基本的财经知识，提高学生的理财技能，培养学生正确的“三观”，通过劳动去创造财富，理解财富的正当意义，积极承担社会责任。

以学科融合为主渠道，聚焦学科特点，精准定位融合切入点，让劳动教育在语文、数学、美术、安全教育、道德与法治等学科中进行综合渗透，实现劳动教育在学生学习生活中的落地，促进学生综合素养的培养与提升。

以主题活动为载体，搭建多种平台，将劳动教育融入“小富翁”主题活动、国旗下主题活动、班级特色研学主题活动和家长课堂主题活动。例如，开展“我是自理小能手”“我是安全小卫士”“我是环保小卫士”“我是阅读小助手”“我是最棒小农夫”“我是厨艺小达人”等活动，不断拓宽劳动教育的广度，引导学生积极参与社会实践，将各种劳动知识与技能学以致用，从小学会理财、学会生存、学会做人，感受劳动的艰辛与快乐，树立“幸福都是奋斗出来的”的思想。

益小依托财经素养教育，细化推进新时代劳动教育，筑牢学生德智体美劳全面发展的基石，使劳动教育与学科学习融合、与儿童生活融通、与家校社企联结、与未来发展同向，坚持“五育”并举，培养时代新人。

益小用社会主义核心价值观引领学校的文化建设，全校师生自觉努力将社会主义核心价值观内化于心、外化于行。让文明成为师生的一种习惯、一种常态、一种时尚……校园的每一个角落都绽放着文明之花，散发出迷人的

芳香。全体学生将成为会生存、会做人、会学习、会分享、会创造的具有现代文明素养的国际小公民，并“带着东方特质走向世界”。

（二）课题强校，聚焦“五育”并举

从探索德育评价到落实价值观育人，益小以课程形式全学段推进财经素养教育，至今已持续实施十余年。

1. 前期探索，依托财经素养的德育尝试

将代币制融入学生个人、班级、年级的德育常规评价，形成全校一体化的德育评价工具。如何赚取“银杏币”，是这一阶段学生的兴趣点和关注点。

随着“银杏币”的广泛运用，学生积累的财富日渐丰硕。针对“银杏币”的流通与管理问题，益小积极创设生活实践场所，策划实施德育活动，积极开展多样化的德育实践。

2. 深入研究，依托财经素养的课程建构

在深入研究阶段，益小注重财经素养与德育课程的融合，开发了以“小蜜蜂”“小管家”“小富翁”为主题的特色活动课程群，建构了具有益小特色的德育实践模式。通过学生的感受、体验、实践，我们逐步认识到财经素养教育在德育课程建设中的广阔天地，及其中可深入挖掘的价值观。同时，学校充分挖掘家长资源，建立家长导师群，与家长合作创编财经素养教育读本《小富翁·大财智——小学生财商教育读本》。本阶段，学校还申报了市级重点规划课题“小学生财商教育实践研究”，课题获成都市教育成果阶段评审优秀奖。四川电视台拍摄《小富翁玩转大校园》宣传片，对益小的财经素养教育实践进行专题报道。益小与中国财经素养教育协同创新中心专家组联合发起成立“小学生财经素养教育教师研学共同体”，并在学校内设立国内首个小学财经素养教育专家工作室。

3. 内化提升，聚焦价值观育人的课程建设

经过前两个阶段的经验积累，益小注重挖掘财经素养教育蕴含的价值

观，进一步完善财经素养教育课程体系，构建以价值观为导向的财经素养教育课程开发模式，提出了依托财经素养教育的价值观育人目标（劳动观、义利观、奉献观）和基于问题情境的四环价值观引导模式（切身体验—价值明辨—实践参与—反思总结）。同时，益小教师积极开展省级课题“小学生财经素养教育实践研究”的研究工作，课题成果获四川省第十九次优秀教育科研成果评选二等奖、四川省教育科研阶段成果三等奖、成都市第十七届基础教育优秀教育科研成果二等奖、成都市第十五届教育改革与研究论文评选报告类一等奖、成都市教育科研课题阶段评审二等奖、成都市教育科研课题研究阶段评审优秀、成都高新区教学成果评选一等奖等。国家、省、市新闻媒体对益小进行了20余次报道。成都市政协提案委员会副主任何长明到益小开展财经素养教育专题调研，并将案例写入政协提案，积极进行推广。一大批理论专家对益小的财经素养教育表示高度认可。

第四节 社会辐射效应

一、对学生家庭的影响

历时近10年的小学生财经素养教育实践，不仅让学生在财经知识、财富技能、价值观念等方面得到明显提升，更潜移默化地影响了众多家庭。

（一）填补家庭财经素养教育空白，更新家庭教育理念

在现代家庭教育中，家长更为注重对学生智商的开发和情商的培养，对财商的开发和财经素养的培养却常被忽略，甚至为教育空白，这对少年儿童的健康成长而言是一种缺失。财商与智商、情商并称为“三商”，是现代人的重要素养，尤其是对成长中的少年儿童而言，财经素养教育对其形成正确的价值观有重要作用。益小家长表示，经过短短2年时间，学校开设的财经素养教育课程为家庭教育打开了一扇窗，财经素养教育实践活动潜移默化地

培养着学生的劳动观念、财富智慧。家长欣喜地发现，在财经素养教育过程中，学生习得了一些基本的财务知识，体验了不同的社会角色和财经生活，更重要的是形成了对劳动、金钱、财富价值的正确认识，对培养其价值观具有极其重要的意义，填补了家庭教育的空白，更新了家庭教育理念，为学生的全面发展、健康发展打下了良好的基础。

（二）建立和谐稳定家庭氛围，丰富家庭生活，提升家庭生活质量

益小采取家校联动的形式，有序开展财经素养教育活动，家长们对此深有感触。尤其在起始年级，更是需要家长配合和深度参与。不少家长表示，财经素养教育活动拉近了家校距离，有利于建立和谐的家校合作关系，使沟通更为有效。教师、家长特别认同的是，财经素养教育培养了学生的公益道德之心、感恩之心、责任感、计划能力、时间管理能力等财富素养，与许多家长的教育理念高度契合。家长们在活动反馈中纷纷表示，财经素养教育活动特别有意义，不仅有助于学生形成积极的生活态度，同时对家庭成员产生了积极的影响，间接促使家长养成良好的生活习惯，有助于营造健康和谐的家庭氛围，让家庭生活更加有意义。通过财经素养教育实践，学生提高了自己做事的计划能力和时间管理能力，培养了自控力，提高了生活的效率。

（三）增加家庭幸福感，促进社会和谐

家庭和社会是开展财经素养教育最主要、最理想的场所，家庭能为财经素养教育提供所需的内容、材料并组织具体的活动，家庭对学生劳动观、金钱观、财富观的形成起到潜移默化的作用。对每个家庭来说，教孩子正确认识财富、建立劳动观念、习得相应技能，训练孩子形成独立思考、自主管理的习惯，激发孩子创富与理财的潜能，不仅对其成长与发展有极其重要的意义，而且也是提升家庭幸福感的前提，更是社会和谐的微观基础。

许多家长表达了对益小财经素养教育的高度认可，下面以一位家长的感言为例。

财经素养教育——千万别小看它

第一次和财经素养教育的亲密接触，是在益州小学的新生家长会上，李校长介绍益小的办学特色之一是财经素养教育。至此，我就对它充满了期待。

第一次参加"小富翁玩转大校园"活动时，禹萱还是刚刚入学的一年级新生。活动中有一个环节是专门为一年级新生准备的，就是跳蚤市场。小娃娃们把自己在家里精心挑选的玩具、书本拿到跳蚤市场里售卖。在摆摊、叫卖、与高年级哥哥姐姐们的讨价还价中，孩子真真切切地体验了一次"赚钱"的乐趣。让禹萱最开心的，是活动的最后一个环节——美食节。这里的各种美食都由家长们亲手制作，孩子们要花"益小币"才能购买。小家伙完全控制不住自己花钱的欲望，看到心仪的玩具二话不说就买下，吃的、喝的更是毫不犹豫。虽然把自己赚得的"益小币"花个精光。但是这是禹萱从"赚钱"到"花钱"的最初体验。活动期间，家长们也完全融入其中，通过整个活动的过程来发现孩子们所存在的问题。最终要填写完成的"收支记录总结表"则是让孩子学会记录收支情况，并对自己在活动中的表现做一个总结，从而学会制订合理的支出计划。这是活动中孩子与家长们最大的收获。

随着每年一次的活动参与，我惊奇地发现孩子对自己的"益小币"越来越有规划，家长们也积极地参与其中并献计献策，比如让孩子试着去投资，收取利息回报。今年的美食节活动对我们班的娃娃们又提出了更高要求，由家长和老师为孩子们制定美食促销任务，让孩子们通过自己的促销方案为本班的美食摊招揽更多的客源，创造更多的利润。这不仅要求孩子们正确地认识金钱，更要求他们懂得劳动的价值和创造财富的意义，培养其大胆尝试的精神，以及面对挑战的勇气。

学校的另一项活动——小富翁去购物，则是把春游和购物完美地结合在一起。让财经素养教育走出校门，孩子们在真实的购物中学会了如何精打细算、计划消费和理性消费，培养了他们的团队合作精神。

在学校搭建的财经素养教育体系中，我看到了娃娃的成长和进步。通过接受财经素养教育，孩子们树立了正确的金钱观念，知道了如何正确获得金钱，如何规划、使用金钱，从而更加体谅父母，正确看待职业，更好地去管理自己的时间，学会有规划地生活。在孩子的成长中，我越来越深刻地认识到财经素养教育的重要性，千万别小看它。

2019级2班禹萱的妈妈

二、对其他学校的影响

益小历时十多年的财经素养教育，为小学财经素养教育课程标准的制定提供了先行实践基础。益小的财经素养教育课例，在全国、省、市级各类研讨活动中进行展示并深受好评，辐射和影响到北京、上海、南京、济南、重庆、成都等地，许多学校也纷纷加入财经素养教育的阵营。

（一）教育实践的推广交流

在中国教育科学研究院主办的全国教育科研工作会议暨中国教育科学论坛上，李玲校长做了题为《财经素养教育——许给孩子一个自主幸福的未来》的交流发言，广受与会专家好评。顾明远教授高度赞誉了益小在财经素养教育方面的先行实践和丰硕成果。多地学校受益小影响，逐步加入财经素养教育的行列。

益小于2020年成功创建“全国文明校园”，李玲校长在全国交流会上做经验分享，特别阐述了财经素养教育之于益小发展的意义：益小的财经素养教育，聚焦价值观育人目标，融合“五会”育人特色，将劳动教育、财商教育、德育、智育等有机结合，实施基于学生未来发展的素养教育。从最初的德育形态到课程化，再到面向未来的新型劳动者培养，可以说财经素养教育的不断深化，伴随了益小创建成都市文明校园、四川省文明校园、全国文明校园的一路历程。

随着全国各地财经素养教育阵营的扩大，2018年10月，小学财经素养教育教师研学共同体动议会暨小学财经素养教育课堂教学观摩研讨会在南京外国语学校仙林分校召开。益小作为财经素养教育先行实践学校，李玲校长应邀带队参加，并在研讨会上做了有关财经素养教育实践的交流发言。中国教育科学研究院高等教育研究所所长张男星教授高度肯定益小的实践研究，称其"有思想引领、有行动示范、有团队建设"，为全国中小学财经素养教育提供了很好的实践案例，将对各地区中小学开展财经素养教育起到良好的引领和推动作用。同时，张男星教授对益小财经素养教育后续的深入研究寄予厚望。

由四川省众多学校组成的巴蜀儿童联盟，在达州市通川区第一小学召开了学校特色课程建设分享会，我校袁华老师在会上做了财经素养教育课程的交流，受到与会专家、学校代表的一致好评。他们认为，益小将财经素养教育课程化，多样态实施教学，是真正落地的素养教育。2017年10月，李玲校长在财经素养教育实践分组讨论上就益小在财经素养教育方面的探索实践做了精彩交流，并被评为"财经素养教育实践一线讲师团队建设项目首批讲师"。

随着交流的增多，益小的财经素养教育读本《小富翁·大财智——小学生财商教育读本》悄然走进了更多的学校。南京市雨花外国语小学花神庙分校的教育同仁专程到益小，就财经素养教育课程开发与建设进行学习交流，并在细读益小的财经素养教育读本后表示，这套读本的编写特点非常突出，有体系、有层次，符合小学生身心发展特点和社会发展实际，配套的财经素养课程资源平台建设有特色，值得学习。

（二）课程建设与课例分享

2018年10月，全国财经素养教育协同创新中心启动会在南京召开，全国数十所开展财经素养教育的学校参会。益小的韩影老师现场展示财经素养教育课例《小富翁·大财智》，并广受好评。与会专家南京师范大学朱曦教授作出了高度评价："该课例可以成为探索小学财经素养课例的典范，是具有教材意义的课例。”此课例还在四川省教育科学研究院承办的广安市第三届骨干教师培训活动中进行了展示，与会教师纷纷赞叹课例的设计极具儿童趣味性和财经素养教育专业性。

2019年，由中国财经素养教育协同创新中心牵头的《中小学幼儿园财经素养教育教师指导用书》编写说明会在益小举办，幼儿园、小学、中学共50余所学校参加说明会，益小教师杨露、龚妮展示双师同堂财经素养课例“忙碌的招聘季”，广受与会者好评。朱曦教授认为：“财经素养教育一定要有‘铜臭味’，但绝不能只是财经技能的培养。益小的课例‘忙碌的招聘季’，将财经素养教育与美术学科教育相整合，可操作性强、有价值引领，是小学财经素养教育的课例典范，对财经素养教育研究具有很好的启发作用。”

朱琴音老师先后在全国中小学课程创新成果展评活动和成都市德育研讨会上交流汇报益州小学的财经素养教育课程，分享益小开展财经素养教育的实践经验。

（三）辐射引领省内外学校

益小财经素养教育的影响逐渐扩大，来自重庆市、南京市、武汉市、郑州市、北海市、山南市等全国各地的中小学校到益小进行学习交流50余次。通过学习，不少学校逐步实践财经素养教育，甚至将财经素养教育纳入学校课程范畴。

南京师范大学相城实验小学的教育同仁到益小专题交流财经素养教育的课程实施情况，高度评价益小将社会主义核心价值观教育和财经素养教育紧密融合，整体提升师生的综合素养。在益小财经素养教育的辐射引领下，该校也于2019年10月开始进行财经素养教育实践，发行了“能行币”，还先后进行了财经课例展示、教材解读活动，将社会主义核心价值观的教育融入财经素养教育，开发系列特色课程，建设课程资源平台，以课程的形式在全校各年段整体推进。通过财经素养教育实践，教师和学生的整体素养得到提高，进一步提升了学校的办学影响力。

成都市双庆小学从2018年开始实践财经素养教育，借鉴益小财经素养教育系列读本《小富翁·大财智——小学生财商教育读本》，从财务知识、理财技能、财富观几个维度进行财经素养的教育。该校开展"六一"跳蚤市场活动，举办财经素养教育研讨会和教师培训会。同时，该校还将财经素养教育和德育相结合，课程化、序列化推进校本特色财经素养系列活动课程，凸显财经素养教育的综合育人价值，渗透价值观教育，进一步提升了学校的育人品质。

成都高新中学天府一街分校于2017年12月开始进行财经素养教育实践，借鉴益小财经素养教育课程资源，在各年段整体推进财经素养教育。结合学校校情，将德育和财经素养教育相结合，从开发系列活动课程做起，以劳动教育为基础，将社会主义核心价值观的教育融入活动课程。例如，在"我是服务小达人"实践活动课程中，学生通过在班级内认领1~2项班级事务，体会劳动的意义、服务的价值，从而增强集体归属感和责任意识；在家庭中坚持做1~2项力所能及的家务劳动，学习生活自理，增强服务家庭的意识；持续开展"阳光集市"财经素养教育活动。通过几年的实践，该校学生在财经素养、道德品质、综合能力等方面得到整体提升。财经素养教育是一门很有意义的课程，是落实全面育人的良好途径。

益小参与各级各类文流活动一览（部分），如表8-5所示。

表8-5　　益小参与各级各类交流活动一览（部分）

时间	活动名称	举办机构	分享内容	地点
2017年2月	中国学生财经素养教育论坛	中国教育科学研究院	专题分享：《财商教育——许给孩子一个幸福自主的人生》	北京
2017年2月	中国学生财经素养教育论坛	中国教育科学研究院	主题交流：《学校财商教育目标体系》和《小富翁·大财智——小学生财商教育读本》	北京

续表

时间	活动名称	举办机构	分享内容	地点
2017年5月	全国财经素养高峰论坛	中国银监会	专题发言：学校财经素养教育的实践研究	成都
2017年10月	巴蜀儿童文学教育联盟活动	巴蜀儿童文学教育联盟	主题报告：学校财经素养教育的实践与研究	达州
2018年9月	中国财经素养教育发展论坛	中国教育科学研究院	专题发言：财经素养教育实践	成都
2018年11月	小学财经素养教育区域实践论坛	中国教育科学研究院	课例示范：《小富翁·大财智》	南京
2019年5月	中国财经素养教育区域实践论坛	中国财经素养教育协同创新中心	主题交流：《小学生财经素养教育读本编写经验》	南宁
2019年9月	财经素养教育中小学教师（志愿者）高级研修班	广东省教育研究院	主题交流：《教师财经素养能力的提升》	广州
2019年12月	《中小学幼儿园财经素养教育教师指导用书》编写说明会	中国财经素养教育协同创新中心	主题分享：《小富翁·大财智》	成都
2020年11月	新评价政策与学校财经素养教育发展论坛	四川省教育科学研究院	主题交流：《财经素养教育评价的落地》	成都

三、对企业、社区、社会的影响

益小充分挖掘社会教育资源，与相关企业、社区机构进行合作，为学生搭建校外财经素养教育实践平台，如华西证券投资者教育基地校内服务站、志愿者服务基地等。

（一）校企合作，搭建华西证券投资者教育基地校内服务站

益小与华西证券股份有限公司开启校企合作模式。2019年12月31日，华西证券投资者教育基地正式落户益小，为益小师生提供相关的财经素养教育资源，如定期为师生开放货币演变展览馆，派驻校讲师为学生讲授财经素

养专业课等。校企合作相关活动的开展，打开了学生的视野，也让学校财经素养教育紧跟时代步伐，内容更为与时俱进。

（二）校社联动，创建社区志愿者服务基地

益小联合社区建立“心的希望”志愿者服务站，为心脏病人送去温暖与祝福；联合社区残疾人和养老服务中心（简称“两中心”）建立志愿者服务基地，在端午、重阳等传统节假日，组织学生到“两中心”开展各项志愿服务活动，如节日慰问联欢会、节日大扫除、亲子运动会等。学校会定期邀请“两中心”残疾儿童带着他们的手工作品到校，并在学校内开展义卖活动，通过这种方式将益小师生的温暖分享给他们。“两中心”工作人员纷纷称赞，益小的财经素养教育落实了价值观育人理念，是有意义的素养教育。

近年来，财经素养教育班级活动陆续进社区，其中以班级为单位开办的社区跳蚤市场最有名气，不仅吸引了社区小朋友前来参与，也深受社区居民的青睐。社区工作人员表示，益小的财经素养教育课堂延伸至社区，跳蚤市场让广大居民养成了节约、规划的好习惯，给社区增添了一道独特的风景线。

（三）宣传报道，扩大社会辐射影响面

国家、省、市新闻媒体对益小进行了20余次报道，《教育导报》《成都日报》《中国德育》《时代教育》等报纸、期刊也分别对益小进行了专题报道。新闻媒体的报道，使益小的财经素养教育实践得以全面推广，让财经素养教育受到社会各界的关注和认同。

2016年4月，成都市政协提案委员会副主任、致公党成都市委副秘书长何长明一行到益小进行调研，高度评价益小的财经素养教育实践研究具有前瞻性，过程扎实、系统，成效、成果显著，走在了该研究的前沿，值得推广。何副秘书长将益小开展财经素养教育的探索作为案例写进政协提案，积极推进全市中小学生财经素养教育。

2018年9月，四川省副省长杨兴平到学校调研，盛赞益小办得很好，学校很年轻，但是底蕴深厚，理念新颖，财经素养教育有实效。2019年8月，时任成都市市长罗强到学校调研，对益小的办学给予充分肯定，并在益小的志愿者护照上进行留言，评价志愿者课程很有意义。2020年4月，四川省委教育工委书记、教育厅厅长李江到学校调研，称赞益小秉持“从起步走向卓越，于细微处见精神”的办学主张，财经素养教育有特色，实现了优质教育资源的辐射。

2024年5月30日，在“六一”国际儿童节来临之际，时任四川省委副书记、成都市委书记施小琳来到益小，看望慰问少年儿童和教职工代表，向全省各族少年儿童致以节日问候。她强调，要深入学习贯彻习近平总书记关于少年儿童和少先队工作的重要论述，全面落实党中央和省委决策部署，扎实推进益小、家庭、社会协同育人，促进少年儿童成长成才、全面发展，为中国式现代化建设培养优秀接班人。施小琳走进益小，与同学们亲切交谈，和大家一起参加庆祝“六一”儿童节社团活动，认真观看书法、绘画、文学、科普、版画、烹饪、川剧、志愿服务等社团展示，向社团赠送图书。她指出，习近平总书记十分关心少年儿童的健康成长，对少年儿童事业寄予殷切期望。四川省委认真落实习近平总书记的重要指示精神，始终把培养好少年儿童作为一项战略性、基础性工作抓紧抓实。希望同学们从小立志为强国建设、民族复兴而读书，学好文化知识，练就强健身体，提高综合素质，争当德智体美劳全面发展的新时代好儿童。施小琳详细了解益小建设发展、教育教学、教师队伍建设等情况，强调要把立德树人作为根本任务，强化思想政治引领，加强党、团、队一体化建设，在少年儿童心中播下听党话、跟党走的种子。要推动义务教育优质均衡发展，通过名校引领、结对合作、网络课堂等方式，全面提高基本公共教育服务水平。要着力构建协同育人格局，健全益小积极主导、家庭主动尽责、社会有效支持的工作机制，合力抓好少年儿童科学知识、道德品质、身体和心理素质等的培养，切实维护校园安全，为少年儿童快乐学习、健康成长创造良好环境。

四川大学经济学院常务副院长朱方明教授称赞："学校以课程为载体在小学生中开展财经素养教育，在我国无疑是一个创举，是一件非常有意义的事情。"

后 记

本书是对益小财经素养教育十多年实践经验的全面梳理和系统总结。成都高新区益州小学李玲、四川师范大学刘冲整体构思全书主题与内容框架，论证各章逻辑与思路。成都高新区益州小学许静、罗维、朱琴音、李美松多次组织并参与改稿会，共同协调各章进度和质量要求。全书由序言、导论、后记，以及发展历程、建设背景、育人理念、育人目标、内容结构、育人方式、评价体系、育人成效等八章内容构成。序言由李玲撰写，导论由刘冲撰写，后记由本书编著组撰写。成都高新区益州小学财经素养教育部分骨干教师参与了初稿撰写，具体分工如下：罗维、高亚祎、罗钰、刘建华撰写第一章；罗维、马玲、李晨、伏犀撰写第二章；朱琴音、杨露、藏彦琴、古萌睿撰写第三章；朱琴音、王艺、田宣宣、王雁撰写第四章；朱琴音、刘虹宏、王小奉、刘旭撰写第五章；许静、李美松、庞洪敏、刘玉琴撰写第六章；许静、胡铃苹、张秀林、雷琳撰写第七章；许静、陈兰、姚向艺、马雁屿撰写第八章。四川师范大学教育科学学院对小学财经素养教育有研究兴趣的部分研究生参与了改稿工作，具体名单如下：张正英、刘琪、邹婷婷、邓雨杭、罗言颜、李书琴、唐鸿、周海童。刘冲对全书各部分做了反复修改，直至最终定稿。

成书之际，我们深深感谢十多年来为成都高新区益州小学提供大力支持的专家、领导及各界同仁。感谢中国教育科学研究院及四川省、成都市各级教育行政部门、教研机构的领导、专家对学校财经素养教育研究与实践的倾心指导；感谢成都市高新区教育文化体育局、成都市高新区教育发展中心对学校发展与教师成长的关心与指导；感谢学校全体教师十几年来的扎实研究与积极参与；特别感谢参与撰稿和修订的各位优秀的老师和研究生同学，本书凝聚着我们的智慧与心血。

本书可作为小学开展财经素养教育的实践参考书，也可作为家庭及相关社会机构开展财经素养教育的参考读物，还可作为高校师生开展小学特色课程研究、小学财经素养教育研究的典型案例。因水平有限，书中难免有不妥甚至谬误之处，敬请教育同仁不吝赐教。

编委会

2024年10月16日